新媒体语境下
图书馆少儿阅读服务研究

王君英　刘萌萌　著

山西出版传媒集团

三晋出版社

图书在版编目（CIP）数据

新媒体语境下图书馆少儿阅读服务研究 / 王君英，
刘萌萌著 . -- 太原：三晋出版社，2022.6
ISBN 978-7-5457-2509-4

Ⅰ.①新… Ⅱ.①王… ②刘… Ⅲ.①儿童图书馆—
图书馆服务—研究—中国 Ⅳ.① G259.257

中国版本图书馆 CIP 数据核字（2022）第 106952 号

新媒体语境下图书馆少儿阅读服务研究

著　　者：王君英　刘萌萌
责任编辑：张　路
出 版 者：山西出版传媒集团·三晋出版社
地　　址：太原市建设南路 21 号
电　　话：0351-4956036（总编室）
　　　　　0351-4922203（印制部）
网　　址：http://www.sjcbs.cn
经 销 者：新华书店
承 印 者：武汉市首壹印务有限公司
开　　本：787mm×1092mm　1/16
印　　张：16
字　　数：263 千字
印　　数：1-1700 册
版　　次：2022 年 6 月第 1 版
印　　次：2022 年 6 月第 1 次印刷
书　　号：ISBN 978-7-5457-2509-4
定　　价：68.00 元

如有印装质量问题，请与本社发行部联系　电话：0351-4922268

前 言

  随着网络和信息技术的不断发展，新媒体成为信息传播的重要载体。以数字化、交互性、个性化、超时空性为鲜明特点的新媒体，与用户连接更加紧密，人们对新媒体的依赖性更强。新媒体语境下图书馆业务发展挑战与机遇并存，新的信息传播方式倒逼图书馆转变服务理念、创新服务模式，以适应新时代的发展需求。

  本书围绕新媒体与图书馆服务关系的相关内容，针对新媒体语境下的阅读特点，结合当下图书馆少儿阅读服务现状，对新媒体语境下图书馆少儿阅读服务进行理论分析和案例论述。本书共有六章，各章节编写分工为：第一章、第二章、第五章第三节、第五章第四节由王君英著，共计13.2万字；第三章、第四章、第五章第一节、第五章第二节、第六章由刘萌萌著，共计13.1万字。

  本书由两名青年馆员共同编写，在编写过程中参阅了诸多专家、学者的著作及论文，得到了济南市图书馆领导和专家的支持与帮助，在此表示诚挚感谢。由于水平有限，书中难免存在不妥之处，欢迎读者、专家及同仁批评指正。

目　录|

新媒体概论

第一节　什么是新媒体

一、新媒体的定义

人们常说这是一个新媒体的时代，伴随着移动互联网技术的飞速发展，新媒体渗透到工作生活的方方面面。年轻一代更是从一出生就沐浴在网络环境中，聊天、购物、饮食、娱乐、社交、阅读等等，新媒体无所不在。究竟什么是新媒体？

新媒体（New Media）一词的提出最早可以追溯到 1967 年美国 CBS 技术研究所所长彼得·卡尔·戈德马克（Peter Carl Goldmark）发表的一份关于开发电录像商品的计划书中。之后美国传播政策总统特别委员会主席 E·罗斯托（E·Rostow）将之发扬光大。至此，"新媒体"一词迅速在美国社会盛行起来并逐渐扩展到全世界。随着信息化时代的到来，新媒体产业迅猛发展，学术界对于新媒体的探索与研究更加深入，不同学者也有不同的视角和观点。确切而言，新媒体这一定义并不严谨。"新"是与"旧"相对立而言的，因此，这一定义是动态的，并且较为宽泛。它还具备了两大要素。其一为内容，其二为技术。在时间的延续以及科技的革新中，新媒体有了更新的含义，更广的外延。

（一）国外学者研究

和我国相比，不管是在新媒体的运用方面，还是与其有关的认知以及分析，国外都更加敏锐。西方对新媒体的分析比较早，其中欧美等国为主要代表，他们的不少学者站在技术层面，即新媒体技术本身，依据技术的不断革新，研究技术产生了怎样的社会功能，带来了怎样的社会影响，以此来剖析新媒体，并出版了众多有关的著作。

在 1984 年，罗恩·赖斯，来自美国，创作出《新媒体：传播、研究与技术》（The New Media：Commuication，Research and Technology），由此西方开始了新媒体的分析与探究。他于该部著作中指出：新媒体即为一种新型的传播技术，通过它，各个用户抑或是用户和各种信息能够展开互动。由此能够得知，从最开始，新媒体就被划分到技术的定义层面。在 1986 年，罗杰斯（Rogers）学者创作出《传播技术：社会中的新媒体》（Commuication Technology：The New Media in Society），一方面，将新媒体更为细致地呈现；另一方面，也以一种新的视角来分析它带给社会以及某个人的众多问题。在 1985 年，约书亚·梅罗维茨（Joshua Meyrowitz）创作出了《消失的地域：电子媒介对社会行为的影响》（Lost Region：Impact of Electronic Media on Social Behavior），详细地说明了新媒体在人们的感知以及社会上产生的作用，同时也介绍了随之而来的新型的社会群体。托马斯·基南（Thomas Keenan）以及其他学者一块出版了《新媒体·旧媒体》（New Media，Old Media：A History and Theory Reader）。在这部著作中，作者依据主题的不同类型划分，借助数篇论文，将新媒体的"新"更加明显地展现出来。

之后，约翰·帕夫利克（John Pavlik）学者创作出《新媒体技术：文化和商业前景》（New Media Technology：Cultural and Commercial Perspectives）。在这部著作中，他着重分析了发展如此之快的新媒体产生了怎样的商业以及文化价值。他一方面详细并且带有批判地分析了新媒体这项技术；另一方面，也研究了其对大众的日常生活、交流以及工作带来的影响。除此之外，保罗·莱文森（Paul Levinson）的《新新媒介》（New New Media）、赛迪·普莱恩（Sadie Plant）的《论手机》（On the mobile）等等，全部想要借助研究新媒体的某一项功能以及有关的影响，进而掌握其发展以及带来的社会价值。

（二）国内学者研究

和西方的一些国家相比，中国在新媒体上的重视以及分析都比较晚，我国着重学习他们的一些分析观点，吸收其取得的硕果。我国的研究着重针对新闻传播学。由于新媒体包含着众多的交叉学科，我国的研究还没有如同西方学术领域一般，具有完善的理论体系。纵向而言，我国对新媒体的定义着重历经了三大阶段。

第一阶段：概念的辨析期，主要从 1986 年到 2005 年。着重站在技术层面以及其带来的作用与影响，并站在社会以及历史发展的层面等，针对新媒体具备的深刻内部含义以及外延，进行了什么是新媒体的分析。很多学者站在技术层面展开了新媒体的分析，对其特性以及内涵做出了概括，像熊澄宇以及其他学者指出："新媒体是一个由数字技术、网络技术等组成，通过互联网、宽带局域网等渠道，以电脑、手机、数字电视等终端，向用户提供信息和娱乐服务的传播形态。"部分学者把新媒体和网络技术画等号，然而，新媒体的"新"不单单涉及技术，还指代随之而来的新型的信息产出以及传播，并也强调带来的新的效果。像匡文波以及喻国明等学者就站在技术更新、传播内容以及社会文化等等层面对新媒体做出了有关解释。

第二阶段：蓬勃发展期，主要从 2006 年到 2009 年。在这一阶段之中，对新媒体概念的分析就非常少，对于何为新媒体，学界观点和理解的分歧已不明显，各位学者不再对其定义进行辨别。他们把目光转向新媒体的影响力。然而，这方面的分析着重局限在传播学领域。

第三阶段：反思阶段，从 2010 年直到现在。自 2010 年，各位学者对新媒体的分析倾向于其带给社会以及政治经济文化方面的作用，特别是关于其产生的积极以及消极作用的各种分析越来越多。就其积极作用而言，他们着重介绍其促进了民主，推动了经济的繁荣，也促进了文化的碰撞，一定程度削弱了精英文化的主导地位，促进了草根文化的发展繁荣。就消极作用而言，他们着重于其带来了众多的虚假信息，存在着一些负面舆论导向，在这个基础上，也出现了一些经济犯罪，产生了网络道德方面的众多问题。

二、新媒体的类型

新媒体传播利用现有的传播手段，使大众可以获得更佳的感受，也得到了沟通交流的好途径。于实际中，新媒体主要存在三大普遍的形式。其一为互联网，其二为移动终端，其三为数字电视。

（一）互联网新媒体

20 世纪 60 年代，依据美国国防的有关要求，相关的部门将 4 所重点高校的 4 台计算机进行连接，就形成了最初的互联网。这时，其仅仅为一种传播各种信息的媒介，空间也较小。历经数载，现在的互联网早已发展为强大的信息媒介，具有众多的强大的功能，成为各种信息以及不同信号进行传播的新媒体。在 20 世纪末期，联合国把它当成第四媒体，也就意味着它带给社会的作用，如同广播、报纸以及电视。于中国，网络有了长足进步。一方面，新闻工作人员的不断增多，使宽带网络走进普通人家得以证实；另一方面，人们也借助网络来发表自己的观点、展开沟通与交流。站在这一层面，网络媒体早已发展为不可缺少的传播途径，并慢慢变得更加完善。

1. IM（即时通信），属于终端服务，大众借助网络可以和朋友聊天或是发送文字信息等。别的有关技术更加完善，即时通信也随之具备了更多的功能。其功能比较综合，可以进行聊天或是展开办公合作，属于信息工具。

2. BBS（电子公告板），属于在线服务。大众能够由其将有关的信息进行交换，或是自己发布一些信息。简言之，其为公共电子白板，各个使用者可把自己想表达的意思在上面进行公布。借助该手段，大众一方面能够展开交流，另一方面能够公布各种信息，也能够以某一问题为中心表达自己的观点。总而言之，它的运用让大众获得了更多的交流。

3. BLOG（博客），属于网站，某一个体对其进行掌管，不定时地完善内容，此为其管理办法。博客的出现建立在网络的进步之上。借助网络，作者能够把自己各方面的体会于网页中进行公布，他人在上网过程中就可以看到有关的信息。可将其看成是一种具备灵活便捷方式的交流平台。至 2005 年，在我国，博客数量已经达到了 1500 多万。总体而言，博客有着十分重要的价值。它使信息的传播更加有效果，因为网络的出现使传播从两个人扩展到很多人之间，同时让大众之间进行更为便捷的沟通交流。得益于互联网，不少新兴事物获得了自己的价值。

4. broadcasting（播客），即借助互联网来进行各种音频的传播。作者把自己想要分享的有关音频上传至网站中，别的使用者可以进行订阅，进而一同享用该音频。使用者无须坐在电脑前，同时也无须实时收听，可以在任意时间任意地点收听。播客有着重要价值，不仅可以让大众便捷自由地发表自己的观点，同时也提供了一种传播、发布各种信息的途径。

（二）移动终端媒体

移动终端媒体属于通信工具。极大地转变了大众信息传播的途径，也使大众交流途径发生了变化，它被叫作"第五媒体"。它连同别的媒介极大地方便了大众的生活。于媒体传播中，移动终端为不可缺少的组成。其运用更为方便，可以节约大众的时间。由此，它有着重要价值，不仅把人际传播也慢慢融进大众传播之中，同时也极大地转变了传播途径，慢慢发展成新媒体。

微博的不断进步和移动终端的革新密切相关。实际上，微博属于变形的博客，它能够更加简便地公布有关信息，使用者能够借助手机等把有关的信息发送至某一个体抑或是某部分群体。然而，力求获得更好的性能，它要求公布的内容一定要在 140 字之内。可以在相同的时间中同时进行搜索以及分享，它通过裂变来进行传播。这就和线性以及网络传播存在着差异。通过裂变，可以使信息传播速度更快。这得益于该传播途径通过叠加的方式进行传播。因此，其优点如下：一是简洁，任何人都能使用其发布信息。二是开放，可以在任何时候传播信息。三是高效，能够在尽量短的时间内传播信息。四是交互，信息可以在极短的时间内被很多人收到。微博传播的出现对社会的发展具有举足轻重的作用，不仅丰富了信息流动的方式，而且在话语与权力体系方面超过了传统媒体，它采用个人作为交流的中心，给大家现代传媒是一种公共的服务的印象。

（三）数字电视媒体：DTV（数字电视）

数字电视媒体属于电视体系。它最突出的特征即借助数字技术，将和节目有关的各种信号进行记录，并对其进行传播以及显示。换言之，不仅是节目的采集，还有其制作，全部借助数字来呈现。它具备的功能，和模拟电视相比，要大得多。数字电视把具有较高质量的信号输送给各位观众。同时各位观众能够积极地融进节目之中，能够进行点播。由此就可以避免节目于各个时间段播出带来的消极影响。在电视机的发展历程中，有线数字电视的问世即为里程碑。它的出现，让电视变成公共知识以及信息传播的绝佳途径。通过有关研究可知，直至 2009 年末，在我国有将近六千五百万的人使用这种电视。

三、新媒体特点

（一）数字化

信息技术的不断革新，不管怎样都是使世界发生变化的强大力量。如同我国的四大发明一般，无线电广播又将人类文明向前推动了一大步，数字化科技带领大众进入到新时期。

尼葛洛庞帝创作了《数字化生存》，并在其中强调，信息技术的不断进步最终会使大众的学习、工作甚至是娱乐方式发生改变。用一句话概括，即它改变了大众的生存方式。而各个产业在探究其于数字化中的发展前景时，往往要考虑其能不能将自身的产品以及服务变成数字化的形式。对新媒体而言，最为显著的特点即科技发展产生的数字化传播。而通过数字化，传媒业又得到了什么呢？现在，我们能够确定的是：其将传统媒介具有的介质壁垒从根源上打破了。新媒体产生，由此也出现了各种媒体的相互融合。同时其也转变着当下传媒领域的结构，改变了该市场中的游戏准则，使旧有的运作架构和赢利模式日渐式微，催生着与这一时代发展相适应的新媒体和新型产业模式。特别是，数字化传媒不仅极大地冲击了传统产业，同时其产生的新型产业，也带来了众多新机遇。

新媒体最为突出的一大特点即数字化传媒。同时它也使传统大众传播具备了新型特征，让其更能满足大众的诉求，更为多样，也能够实现市场的细分要求。以往媒体单向传播的特点，变成了具有双向互动的功能，大众更能按照自己的意愿来接受有关的信息。在之前，不管是收听广播，还是观看电视，都要同步，但是数字化传媒出现之后，这一特征就被改变了，能够异步性进行，也就是大众可以挑选自己合适的任意时间来观看或是收听。假设对某一内容特别感兴趣，大众也能够多次反复观看。在数字化传媒的作用下，信息不再如同之前一样受到严格的控制，信息能够更为自由地进行传播。特别是互联网借助自身不同的强大功效，发展成大批量的信息源。在数字化传媒的作用下，传统媒体的地域性也被冲破，各种信息能够在全世界进行传播，其极大地促进了全球化。通过它，不管谁，所处何地，在何时间都能够和别人展开任意信息的交流。

诚然，数字化以及新媒体带来了正面的影响，但同时也带来了消极影响。比如，经常出现假新闻，不良信息众多，并且群众的隐私极易被践踏等问题。以上众多的问题都要引起我们的关注，甚至是在以后谋求各个国家间的协作解决。

（二）传播语境的"碎片化"

"碎片化"为现在对我国社会传播进行描述的一个特别恰当的词汇。我们所说的"碎片化"，英文名称是 Fragmentation，它的本意是完好无损的事物被破坏成很多的零块。通过有关研究得知，如果一个国家的民众平均而言能够达到 1000 到 3000 美元的收入，那么其就正处于从传统社会发展成现代社会的过渡阶段。而该阶段的重要特点即为碎片化。不管是之前的社会关系，还是市场构造，还是社会观念，全部不具备整一性，自精神家园直至信用系统，自说话方式直至消费模式，全部都被瓦解。取而代之的是不同的利益群体以及"文化部落"的不同需求，还有社会成分被瓜分的碎片化。所以，站在传播的作用力角度，之前某一媒介统领天下的时代早已过去。传统媒介在市场中占据越来越小的比例，不管是话语权，还是其传播效能，都在一直减弱。同时，新兴媒介也在日益发展壮大：传播通路的激增、海量信息的堆积以及表达意见的莫衷一是，这便是现阶段传播力量构建所面对的社会语境。

面对这样的现实，首先应该明确的是我们应对"碎片化"的基本态度。的确，许多知识精英往往怀念那种社会整一性阶段时的那种统一目标与绝对共识，而对于现阶段的杂芜、混乱、娱乐以及物欲抱以偏见和批评，低估了"碎片化"现实背后的社会进步价值。其实，碎片化以及与碎片化相伴随的传播领域的分众化，并没有改变我们社会进步的趋势和潮流，它不过是除旧布新的一个必要的中介阶段。在这一阶段上，以往被忽视甚至被损害的普罗大众及他们的个性与价值得到了前所未有的凸显和关注。学术权威和平民百姓，演艺明星和一个普通人之间的距离，至少在心理层面上不再横亘着一条不能逾越的鸿沟。从"超女"到新东方直播，大众能够于数字传播平台中更好地实现自我价值。但是于传统社会中，其或许仅仅为一个普通的追随者。

受众出现了分化，由此也导致受传者发展成不同的群落碎片。要想使传播产生功效就一定要十分关注所有细分的个性族群特点，并关注所有消费人群的个性以及心理诉求。如果传播者能够清楚地知晓该阶段的特点，就一定能够透过这些碎片化，理解社会的真正内涵。此即为躲藏于"分众"之后的新型"聚众"的有关诉求。换句话说，所谓的"分"即在统一的社会群体中，找到拥有明显个性特点的不同小族群。所谓的"聚"，即将具备相同价值，有着一样的生活方式，并且具有相同文化特点的个人，通过某一传播途径或渠道汇聚在一块。很明显，不管是分，还是聚，他们的辩证法都会成为将来大众要经常进行演练的一种社会习题。对碎片化进行恰当的把握，给予足够的关注的重要价值就是教会大家怎样将这些碎片再一次聚集。首先进行细分，之后再进行归聚。由此就能够获得具有显著特征的目标传播，进而通过最少的传播成本得到最好的传播成效。把那些尚未被利用的传播资源再次进行运用。

站在传播资源的配置角度，不能再运用之前集中轰炸式，要依据有关的实证数据，进行"套装"组合。该组合要冲破之前媒体边界，融入数字新型媒体之中，甚至要摒除之前依据传播进行的单方面作用，使其发展至社会活动层面，让传播发展为和"行为艺术"相随的一种真正的社会活动，甚至发展成一种社会仪式，由此让其和大众的生活以及精神更加紧密相连。

站在传播内容层面，不再如之前一般，只注重事实的判断，而要注重价值的判断。大众生活在资讯海量、观点杂陈的世界里，却想拥有一种秩序。假设在现在的判断指标下，在大众当下的意义解读之下，由此进行的重要性排序可以让大众更加确定地认识当下这个一直改变着的世界，让其可以更为方便而又精确深入地了解身边世界的改变。在此基础上其社会认知以及社会决定都会被影响。

最后，就传播模式的建构而言，要改变我说你听，我打你通的传统模式，转而寻求受众 DIY 式的全方位参与表达。新兴数字媒介极大降低了平民参与社会传播的"门槛"，而多元碎片的社会群落的沟通、融合以及新的秩序与规则的建立，不是少数人"闭门造车"可以完成的，必须建立在人们的广泛参与和诉求表达的基础上。权威的建立、引导的成功，之前卡拉 OK 式的单项传播是一定不能实现的。此时，全民 DIY 的积极融入，不但能够让大众更加赞同最终的结果，并具备更高的责任意识而且能使它的过程变得更加有趣。

（三）话语权的阅众分享

新媒体的出现，使新闻传播面临了一场本质上的剧变。普通民众通过互联网、借助手机与 iPad 等工具、依托网络 BBS 和博客（Blog），以及即时通信软件等新渠道，使人们接近、使用与处理信息的方式对新闻产业原先在历史上的功能定位造成极大冲击，更进一步对新闻领域的未来发展产生根本的影响。

2005 年 3 月发表的《卡内基报告》（Carnegie Reporter ）的封面故事足以令传统新闻界触目惊心:《放弃新闻》（Abandoning the News），这篇报告的主题在探讨新闻的未来走向。卡内基的研究调查指出，美国18 至 34 岁的成年人会通过一种截然不同的途径来获得有关的新闻，在报告中我们能够看到不少典型的案例，表明了科技的发展将会由源头上转变新闻机构性质。报告并且指出，青年一代已经远离传统新闻，这给新闻产业带来了极大挑战。另外，报告也指出，新闻在采集以及传播上出现了更为新颖的形式，像草根（Grassroots ）或"平民新闻"（Citizen Journalism ），以及为数众多的博客，正在改变由什么人来产制新闻的本质。

我们长大的世界充满着极高的中心化，信息进行社会化的传播仅仅局限于小部分人，并且也只有一小部分人把握着话语权。受众这一词汇，于之前的传播学领域中一直代表着下游角色。它最高的能动性即选择抑或是不选择某一媒介，接受抑或是拒绝某一内容抑或是形式。然而，现在传播世界中出现的重大变革即"上游"角色有了不同以往的成分。

站在传媒产业层面，如果之前的受众最终变成了新闻产业的上游，并不仅仅为纯粹的受众时，这就表明媒体或许在不久会出现生态的巨大变化。新闻集团董事长鲁珀特·默多克在"美国报纸编辑协会"演讲时表示，如同新闻集团一般的新闻供给人要对网络更为熟悉，不再对阅众进行说教。媒体应该发展成一种对话的场所，同时进行对话也是其目的，媒体要促进各位博客以及播客和广大的记者做深入的研讨。

很明显，在该传统媒体进行革新的过程中存在着两个关键要素。第一为阅众参与以及去中心化。第二即为平等对话。创造新闻，不仅仅为一小部分媒体单位的编辑以及记者的专属权利，早已慢慢发展为大部分人彼此传播新闻的新型方式。这即为我们现在不得不进行探究的新课题。而我们最终的答案水平也会直接作用在以后的生存质量上。

（四）全民出版：自媒体模式

当下，传统媒体正激烈地讨论着"冷冬说"，也深深地担忧着新兴网络媒体是否能承受受众以及广告的两方面的压力。和传统媒体相比，其实网络媒体也面临着极其严重的危机。

在 2005 年，中国都市报研究会颁布了《南京宣言》。其指出，都市报将不再允许各个商业网站不付任何报酬就借用报纸中的新闻或是别的内容，倡导不同的报社要加强合作，通过各种法律途径来维护自身的知识产权，保障自己的合法权益，使各个商业网站不付任何报酬或是以极低价格运用各种新闻产品的状况得以改善。通过这种方式维护自身权益已经是各个报社的共识。

或许《南京宣言》在网络运营中的作用不会马上产生效果。然而，其确实为一大标志。它意味着网络媒体或许马上就不能再免费得到传统媒体的种种内容。我们要再次来探讨网络媒体的获利方式问题。要想处理该问题最为重要的就是要考虑怎样发展并增强核心竞争力。

我们所说的核心竞争力，即为那些他人不能拿走同时也学不会只属于自己的能力。其具备两大含义。其一即为各个媒体间，只限于其中一类的性质的核心竞争力。其二即为同类的媒体中，各个媒体中，只限于其中一个的性质的核心竞争力。在此探讨的是第一种核心竞争力。我们也能够知道，该核心竞争力一定是依据某一类的媒体技术。更精确地讲，其大小和其所属媒体的类别的技术可能性开发情况呈现一种正向关联性。也就是说，其如果能够更好地利用自己那类媒体技术的可能性，其就会具备更高的核心竞争力，其他的媒体就更不容易给自己带来压力。反之，假设借助其他媒体独有的核心竞争力，不管早晚一定会面临生存危机。这正是当下网络媒体面临的危机。就网络媒体而言，其首次的盈利方式即像新浪或是搜狐等门户网站一般。虽然其借助了网络的大量存储以及超链接，也运用了多媒体和一定的互动。然而，其于内容上却特别仰仗传统媒体，它的众多内容全部来源于传统媒体，靠传统媒体的免费供给。如果传统媒体要维护自身的合法著作权，让其依据著作权的有关标准进行付费，那么该盈利方式就不能再实行。这是由于其长处就是大量众多的信息。但是将这些信息依据传统媒体的产出方式进行生产的时候，不管是由自己来生产，还是直接买进他者的内容，站在经济层面，都不能获益。

就其第二代的盈利方式而言，谷歌以及百度即为典型。其产品不单单具备网站的独特技术，同时还借助了网络智能化，运用了其搜多技术。它们让内容不再依靠传统媒体呈现，抛开了之前的"把关"式，依据智能化，自动地产出有关内容。由此，也就不再涉及内容侵权。相比于门户网站，其实行的是更优越的"竞价排名"。这也能够清楚地知道，其更充分地发挥了网络技术的可能性。然而，这类盈利方式也存在着弊端。其最大的弊端还是归到了原创内容上。其不具备自身的原创。所以，该盈利方式不管怎样都是不正常的，不完善的。然而这里又存在一大问题，怎样获得网络媒体的原创呢？借用传统媒体的方式很明显是行不通的。这是由于传统媒体的方式并未借助先进的网络技术进行内容的生产。

如此，借助先进的网络技术而获得的原创内容又是怎样的呢？维基百科就做出了示范。其和传统百科全书存在着区别。在维基百科中，不管是谁都能够依据自身理解来给某一词条进行概念的界定，做出自己独特的解释。而不同解释的最终排序就由大众的认同程度决定。如此，和传统词典相比，该词典具备两大有利条件。其一即其最充分地利用了人类的智力，不管是谁，只要其拥有自己独特的观点，尽管其于所有的领域都并非专家或是权威。只要其于该词条上具有自己独特的见解，就能够把自己的聪明才智展现于人前。和传统词条相比，这是其新型的编撰方式。其二即其为活的。即依据大众的赞同程度以及支持量的多少来随时对解释的排序进行一定的动态调整。不管谁的真见都不会被淹没。也就是说哪怕大众一时眼拙，尚未发现某一解释的恰当与完美，然而历经时间的洗礼，金子总会发出应有的光芒。

通过以上我们可以得到，假设我们可以将网络中这种集大众智慧以及高超原创能力的技术好好地加以运用，就能够发展自己的产出方式，此即为全体人民的 DIY。

DIY 是什么？DIY 是"Do It Yourself"的英文缩写。它最开始运用在电脑拼接方面，慢慢发展成一种较为受欢迎的生活方式。简言之，DIY 即自己动手进行各种各样的制作。不受相关专业要求的制约，只要想就可以做，不管是谁都能够通过 DIY 制作出展现自我的产品。那么以网络内容为中心的 DIY，即全体人民进行出版，全体人民进行传播。其为一种和之前传统媒体生产截然不同的新型方式，并且也带来了不一样的消费思想以及模式。像"春节一日"，其能够把全部中国人民在春节那一天的生活、感情以及思维进行整体概述，并加以呈现。不管哪种传统媒体都不能如此。再比如，在创作某一影视剧的过程中，哪怕你只具备一个想象力，就能够吸引不少创作之人，激起其创作的思维。之后按照网络中民众的投票结果进行取舍，再继续续写，以此反复，这样下来就能够得到一部优秀的作品，并且摆脱了传统的创作模式。相同的还有新闻报道。有人提出疑问，怎样处理把关这一问题？怎样来确保真实？其实，只要你开放传播通道，"无影灯效应"就会发挥作用，假信息就会在众多资讯提供者的见证下露出原形。

DIY 得益于大众文化的飞速发展，同时也得益于新兴网络科技。它是由此达到的一种内容生产方式。该方式仅仅限于网络媒体。所以，在网络媒体中，其为一种重要的竞争要素。虽然在详细的生产步骤以及模式的创建上仍存在不少操作方面的问题，但其早已展现出良好的发展前景。博客以及播客等的出现就给该方式奠定了社会基础。而我们怎样把博客以及播客等进行自我生产以及创造的方式，借助某一转换接口，转换成促进社会发展的生产。而此即为该生产模式的重要技术。

四、新媒体功能

（一）政治功能

信息技术迅猛发展，网络技术日益更新，同时各种新型的数字以及通信技术不断问世。随之新媒体也如雨后春笋般发展起来，在大众的生活、学习以及工作中无处不见。新媒体具备显著的特征，其具备多种渠道，并且能够全民参与，同时可以做到即时传播等。其众多的优点一方面达到了受众的不同信息诉求；另一方面，也对我国的政治产生了重要影响。详细来说，就新媒体而言，其着重有四大政治功能。第一为对政治进行传播，将共产党以及各级政府发布的各种政策、规划等即时地传达给下级部门或是报告给上级单位。第二为对政治进行教化。借助新媒体，将各种正能量传递给各位民众，对各位民众进行道德教育，使其具备更高的道德素质，并具备更规范的行为。第三为对政治进行宣传。借助新媒体具备的各种有利条件对大众进行法治思想、政治理念和国家核心价值观以及其他优秀思想的宣传，使民众具备更高的法律意识，拥有正确的价值观。第四为实时新闻功能。国家借助新媒体，将我国以及世界上的时事政治及时地公布给民众。民众能够在最短时间内就知晓各国的大事，极大地参与到政治讨论中。

（二）经济功能

当下，我们已经进入到信息化时代。新媒体产业随之如同雨后春笋般壮大起来。新媒体逐渐发展成经济提升的主要力量，于经济中发挥着越来越重要的作用。就新媒体而言，其不单单存在着媒体特性，也存在着产业特性。和传统媒体相比，其是一种新型的科技，一方面冲破了传统媒介自身具备的局限；另一方面，也促使新经济点的产生。其不仅促进了社会各界积极进行创新创业，更重要的是，其也促进了一批新型行业的产生与壮大，比如"互联网+"以及各种电商等。把网络以及手机媒体当成典型事例，新媒体一方面于硬件上促进了经济的腾飞；另一方面也通过有关的衍生内容以及服务促进着经济的繁荣。淘宝或是微博以及其他不同的购物软件都使受众能够在任意时间任意地方进行购物。一方面促使消费额不断增长，另一方面，也促进商品的生产，促进经济的繁荣。另外，在新媒体的作用下，公司公关具备了更新颖的办法，公司品牌获得了更大的市场。而受众也能够借助新媒体发展自己的企业或是创业。商品销售过程不再是以往面对面的直接交换过程，而是逐渐演变成在虚拟环境中进行购物、消费和服务的过程。

（三）文化功能

文化的发展和媒体传播密不可分。当下社会科技先进，社会进入到数字化时代。新媒体的到来，一方面让文化知识有了别样的传播途径；另一方面，一种新型的文化形态正在悄然形成。在新媒体的作用下，文化知识不再进行盲目的传播，具有目的性，同时也具有互动以及灵活性。让各位群众可以在任意地方任意时间内就能获得较高质量的各种各样的文化知识，给予广大群众一个方便的文化环境。此外，新媒体同时产生了多样的文化形式，发展了新型的文化秩序。除此之外，其在文化的挖掘以及弘扬方面也有着不可替代的价值。把江西作为典型，其旅游局就借助新媒体，组织了"Show美江西风景独好"全球海选旅游体验师深度体验之旅活动。来自新浪微博、腾讯微博的知名博主和天涯社区、优酷网的著名版主、拍客化身旅游体验师齐聚江西井冈山，开始为期十天的江西红色旅游深度体验之旅。这不仅对外宣传了江西独特的红色旅游文化，更让众人深入体会到了江西红色旅游文化的独特魅力。除此之外，江西红色旅游景点上的声光电的使用、南昌西汉海昏侯墓的发掘和传播等等，都离不开对新媒体的使用。

（四）社会功能

新媒体的重要价值不单单发挥在我国的政治、经济以及文化方面，同样对我们的社会生活带来了巨大的影响。详细而言，其社会功效着重表现为：能够进行舆论监督，可以进行社会协调，同时也给大众新型的娱乐方式。新媒体属于一种传播媒介。所以，其一项天生的职能就是进行舆论监督。于日常生活中，各位群众能够借助社会管理主体以及广大人民共同创造出的对话平台，表达自己的观点，说出自己的建议。新媒体也如此发挥了其舆论监督的功效。就社会协调而言，新媒体也有自己不可取代的价值。其用不同的方式把社会中不同阶层的有关建议以及需求呈现，使社会不同阶层的人民都能够发表自己的言论，这就会让不同等级的政府部门加以关注，如果人民的建议是可行的，需求也是恰当的，政府就能够实行一定的政策加以调控。而对民众那些不恰当的需求、不合理的建议，政府就能够借助舆论来加以指引、做出解释说明。以此来协调或平衡社会各个群体之间的关系，避免社会的震荡。在反腐倡廉方面，新媒体不仅为公民检举贪官污吏、监督政府行为提供了一个窗口，更为党和政府实施反腐倡廉建设创造了重要的平台。在娱乐服务大众方面，新媒体为受众提供了网游、视频通话、电影、购物等内容丰富的娱乐服务，让受众在繁忙工作之余有了广阔的放松和消遣的平台。

第二节　新媒体与社会

一、新媒体与网络社会

新媒体在二十世纪末获得了迅速的发展，同时也极大地推动了社会进步，有利于消除不平等现象。这就导致更多的民众开始分析它于我们的社会中充当的角色。历经数年发展，新媒体成为不可缺少的载体，大众以此进行交往，并谋取自身利益。其着重表现为：其一，更多的个体能够运用新媒体。其二，借助新媒体的运用，大量的个体展开沟通交流，它慢慢发展成一种促进群众交流的平台。而在新媒体众多的传播方式中，互联网占据重要地位。它更大程度上被当成一种新型的信息传播媒介，由此被叫作"第四媒体"。互联网发展十分迅速，大众也随之慢慢了解到其尚未抛开我们人类而独立存在，它发展成可以包容大众的空间。站在这一层面而言，不管是当成传播媒介，还是其结构带给社会不同领域的强大冲击，网络深深地作用在我们人类社会上，甚至是产生了极大的作用。这种冲击不会于短时间内就消除的，但其或许会由于特殊的原因而发生中断。互联网早已发展成我们人类社会不可缺少的一种物质环境。它这方面的巨大作用力早已高过它的新媒介作用。

随着信息化时代的到来，人类社会已经飞速进入网络时代，一个明显与传统社会具有不同特点，同时对现实社会运行能够产生巨大影响的网络社会正在形成。

网络社会是由卡斯特在《信息时代：经济、社会与文化》中提到的，是一种构成社会结构形态的元素。与传统社会相比，网络社会存在很多方面的差异。具体来说，卡斯特所言"网络社会"的特征主要有：

（一）网络是组成社会形态的基本结构

现实中的很多网络一同组成了新的社会形态，每两个事物之间组成的网络就是这个社会基本的组成单元。据卡斯特的观点，在网络社会中，"网络"并非专指互联网，而是指"一组相互连接的节点"，而"什么是具体的节点，根据我们所谈的具体网络种类而定"。卡斯特引用凯利对网络逻辑的阐述："原子是过去式了。下个世纪的科学象征是动态的网络，原子代表了干净的、简单的特质，网络则引导了复杂性的散乱力量。网络是唯一能够没有偏见而发展，不经引导而学习的组织，其他的形态均限制了可能性。网络具有开放的特点。事实上，从结构性的组织的角度来说，网络是具有双面性的，很难对其进行判定。"越来越复杂的社会交流需要网络改善形态，使它能够满足逐渐发展的社会的需要。卡斯特认为这种形态学上的构造就是网络，此外，社会决定作用是由网络化逻辑的出现诱发出来的。

（二）信息技术范式是网络社会的物质基础

卡斯特援引里曼的论述道："技术——经济范式乃是一群彼此相关的技术、组织与管理的创新。在每个新范式里，都有一个或一组特定投入，能够称之为该范式的'关键因素'，而此因素的特征为相对成本的下降，以及普遍的可及性。"借鉴经济学中的技术范式，他认为信息技术范式也是存在的。在这里，信息技术是一种多类技术按照一定的方式杂合而成的整套技术，电脑、微电子和广播等都是这个复合体中的一部分，甚至遗传工程也是其中的一个组成元素。

卡斯特指出，在新型信息技术范式中，存在着最为重要的核心特性，而它也就是网络社会必不可少的一种物质基础。其着重涉及五大内容。第一，信息自己即为它的原料。它们为对信息进行处理的各项技术，并非对技术进行处理的不同信息。之前技术革命的实际同样要包含在内。第二，新型技术存在着多样的成效。于我们人类的各种活动之中，信息活动为不可或缺的构成。因此，社会中的所有人都在被新技术打造着。第三，不管哪种系统、哪种关系运用了新技术，都要进行网络逻辑化。第四，在信息技术的范式中，最为根本的就是弹性。其即为将社会中的某部分进行排列加以整合，借助某一途径，使有关的组织以及制度发生变化，更甚者，使其进程发生改变。所以，站在该层面而言，在新技术范式的作用下，可以构造出一些新事物。第五，各项技术是可以被聚合在一起的。在聚合基础上发展而来的系统，因为彼此之间有着非常小的差异，所以借助一些常规办法，对其做出精准的辨别是非常困难的。

就信息技术范式而言，其并非封闭的体系，而是开放并且多变的网络。就它的特性而言，特性众多，比如开放性或是适应性等等。在它不断完善的基础上，新型的发展模式也应运而生。生产力与权利使组织内出现了诸如传递与处理信息的方式。根据卡斯特的观点，从其对社会的改变的角度来说，技术是力量的一种形式，技术已经被应用于生活的各个方面，

（三）网络社会的发展方式：信息主义

卡斯特提出信息主义是网络社会的发展方式。他认为社会可以用两个坐标轴来描述其特征，在一个坐标轴上区分前工业主义、工业主义和信息主义，在另一个坐标轴上区分资本主义和国家主义。其中，资本主义和国家主义属于生产方式，而工业以及信息主义就是发展方式的一种。在这个地方，信息主义就将工业主义加以取代。信息主义为一种较为新型的发展方式，其就建立在新技术范式中。就工业方式而言，要想获得生产力，就要引进更多的新能源。这种范式早已把能源的运用贯穿在生产以及流通的所有环节之中，并将其当成一种能力。就信息发展而言，生产力的发展存在着各种各样的含义。一方面要处理各种知识以及有关的信息；另一方面，也要做好沟通。在发展方式中，信息以及知识占据着重要地位。然而，在信息的发展方式中，其还涉及别的内容，要想不断提升生产力，最为重要的就是要不断积累知识。在信息处理过程中，一项重要的任务即完善有关的技术。这同样可以推动生产力的提升。

卡斯特指出，信息主义的最终问世得益于社会的支配性领域。然而，其会进行扩散，最终蔓延到所有的社会关系以及构造中，甚至会对权力以

及有关经验进行一定的冲击和整改。所以，发展方式最终打造出社会行为的方方面面。而在信息主义中，最为根本的就是信息以及知识技术。因此，于信息发展的整个阶段，文化与生产力，或者我们可以说是物质与精神之间，是密不可分的。或许在未来会出现截然不同的社会互动、控制以及变迁。卡斯特同样认为，假设技术创新未曾于社会中进行蔓延，就会使其原地踏步，这是因为不管是创新机构，还是创新者全部不具备一定的社会文化反馈。

二、新媒体语境下的人

自 2010 年，"新媒体语境"这个词出现的频率越来越高，与其相关的学术研究也越来越多。"语境"这个词源于希腊文"contextre"，意为"交织在一起"。"新媒体语境"应该是相对于"传统媒体语境"而言的一种宽泛的概念，它以交互性与即时性、海量性与共享性、多媒体与超文本、个性化与社群化为特征，通过数字的技术支持，向用户提供信息和娱乐的传播形态和媒体形态。

"社会形成观"的代表思想认为，要想真正了解新媒体，一定不能仅仅局限于对其技术的重视，要把更多的目光放在新媒体技术给大众的行为方式和社会的构造产生的影响。不言而喻，和技术相比，各位学者更为关注的是新媒体内在的文化价值以及社会学功效。在新媒体的大环境中，我们人为主体。这是由于我们人类深受新媒体的作用，并有了和之前时代以及环境下不一样的状态，出现了和之前截然不同的社会组织，也有了新型的惯例。并且人类具有的种种状态，最终也会对新媒体环境中的别的要素产生一定的反作用，也会作用于新媒体。所以，在新媒体环境中，我们人类对其状态进行分析是势在必行的。

（一）"永久在线"状态

新媒体中移动媒体的出现，如移动电视、平板电脑、智能手机等，让大众能够在任意时间任意地点就可以接触到媒体。特别是智能手机，早已发展成"第五媒体"。和之前的四大媒体相比，手机具有的最显著特点即"用户永久在线"，也就是大众可以随时随地和其发生接触。因为现在的大众可以说除了睡觉，其他时间都和手机密切接触。智能手机存在着各种各样的应用，特别是一些社交软件，像微信或是微博等，能够在后台持续运行，也就是永久开放，只要出现了新内容，就会马上进行更新，并推送给用户。如此，各个用户也密切关注着它，成为一种高热度的"永久在线"。

不知从几时起，社会成为信息社会，生存在信息社会中的人类，就再无法离开传递信息的载体——媒体。更严重地讲，在现在的社会，假设媒体不存在了，那么就不具备和信息相连的桥梁，我们人类或许就会与世隔绝。在新媒体时代，信息每分每秒地发生着更新，假若脱离了新媒体，或者是没有手机新媒体，这是不少人不能忍受的一种生活状态。手机包含了各种媒体，存储并传递着各种信息，方便着人民之间的通信以及交流等，大众已经不能过没有智能手机的生活了。

新媒体作为一种媒介，其给予的生存环境的一大显著特点即为无处不在。生活在该环境里的所有人从头到尾都会一直"在线"。于该状态中，某个人具有的主观思想早已没有那么大的价值，它们早已彻底沦陷在新媒体的行为逻辑之中。此即为我们所说的被技术抑或是被媒体进行了"同化"。于现在的实际社会中，深受新媒体影响的社会群众的思想、价值取向乃至情感波动，很大程度上取决于形形色色的移动新媒体以及由这个新媒体所提供的数字信息。这些信息随时随地提供给我们娱乐并在潜移默化中改造我们的意识。

（二）"日趋麻木"状态

在新媒体时代之中，随处可见各种媒介。大众也由于被各种媒介包围着而有些反应迟钝。于此，人的存在即为一大突出问题。麦克卢汉曾指出媒介就是人类的一种延伸。沿着他这种观点，我们就要对自身的存在危机有一定的认识。数字化的新媒体更加和我们人类相容，现在，充分的理由能够表明，人类的这种延伸会导致其变得麻木。

如果媒介已经不再是之前的"点到面"的传播，而变成了"点到点"的传播。那么我们面临的第一大问题即信息泛滥。众多毫无价值的垃圾信息传播在不同的媒介中。传统媒体会对信息进行挑选，一般发布的全部为有价值的、有存在意义的信息。现在媒体上传播的各种信息，可能仅在某一个体抑或是某一群体眼中具有价值而对大部分人而言全部为垃圾。众多的垃圾信息充斥于大众的生活里，随之而来的问题，或许就不单单是麻木了，而会引起"厌烦"甚至"抵触"。

也是由于这样的"麻木"，大众就大大减少了对媒介的信任程度。当发展至"个媒体时代"，消息的发布也不再是那些权威媒体的专利，所有人都能够随意地发布各种信息。那么大众就会对媒介环境表现出一种不清不楚的暧昧。也就是对新媒体中一般个人公布的有关信息，群众清楚对此要持一种怀疑态度，不能全部地接受。站在该角度，我们就能清楚地看到传统媒体的权威以及公正。大众更倾向于通过新媒体来得到各种信息，再通过传统媒体来加以证实。

另外，因为大批量信息的生成，人们同样会减少对媒体信息的持续关注。现在，传播更多地展现出注重当下，抛开过去的态势。也就是信息急速更新，进而也导致群众飞快地转移自己的注意力。现下刚发生的才是关注的热点，才可以得到人们的注意。而已经过去的新闻，无论多么重要，无论于那个时候造成了多么轰动的局面，都随着时间变成了过去，当时人们的所有反应，不管是悲伤还是愤怒，都会随着新媒体的进一步传播，在新事件不断地出现中被抛掷脑后。群众对信息转瞬即逝的火热以及冷却，都证实着现在新媒体时代的群众已经变得麻木，甚至可以说已经变得冷漠。

（三）"没有权威，只有认可"的状态

正是由于大众被新媒体围绕而慢慢变得麻木，不相信媒介，也不会长久地关注某一事件。在新媒体时代中，出现了不存在权威，唯有认可的一种状态。也就是于新媒体中，不会如同传统媒体一样，存在绝对话语权的权威媒体。而当下，任意个体能够发布各种信息，在缺少信任的传播大背景中，谁可以作为权威呢？专家于现在传媒中早已变成了一个带有讽刺意义的词汇。所以，不存在权威的专家把握着话语权的情况。于新媒体里，把握着话语权，并且具备传播作用力的人即为得到了大众赞同的"意见领袖"。

其实，从古至今，凡有社会，有人群，就有"意见领袖"型的角色。具备怎样的特征和品质才能够被称为"意见领袖"？在细致地研究后能够得到答案，我们所说的"意见领袖"通常要有以下这几大重要的特征。首先，具备丰富的知识，并且谈吐优雅、非凡。其次，由于之前的一些事情抑或是由于已经发表的一些观点，其早已具备了部分固定的跟随者。这些跟随者一直十分密切地关注并且支持他们。第三，具备自己的"圈子"，同时于该圈子中处于比较靠前的位置，具备一定的名望，同时拥有话语权。

在传统媒体中，所谓的"意见领袖"即为在报纸抑或是杂志中某一专栏的知名作家抑或是电视中非常有名的特约评论者等。由于需要通过大众媒体来完成其二次传播。所以，他们极其依赖传统媒体。进而有些时候就不得不抛开自己的立场，做官方的发言人。在传统媒体时期，"意见领袖"多指代那些精英人士，话语存在着一种自上而下之感。

现在，在新媒体时期，这些"意见领袖"们就具有了截然不同的风格。首先，其无须再仰仗大众媒体，现今的个媒体平台，就可以让其尽情展示，也可以让其聚集众多的群众，并达到一定的规模，让其能够从中显现出来，比如微博。所以，在新媒体时期会出现更多的"意见领袖"，同时会更快地发挥作用。其次，今天的"意见领袖"们，不再是精英话语的代言人，他们更多来自民间，带有草根性的话语，更符合今天社会环境下二级传播的效果。这些"意见领袖"们不再是由传统媒体刻意打造，而是通过大众自己进行的选择。而要想成为现在的"意见领袖"，就要契合广大群众的喜好。基于这一原因，新媒体时代中的各位"意见领袖"一般也得到了大众的高度好评以及追随。但是这并不是由于其专业性，更多的是因为其具有的特殊魅力，如鲜明的了解社会的角度和富有个性的陈述风格等。于新媒体时代中，众多"意见领袖"的出现，正好也从反面证实了之前的观点，新媒体带来了信息的泛滥，使媒介进行延伸，这实际上使越来越多的个体变得麻木。众多的人都不再具备自主判断的能力，也失去了积极进行评论的兴趣以及动力。也就是对某一事情而言，与其积极地陈述自己的观点，还不如安静地当个旁观人，仅仅看看"意见领袖"们的观点，之后跟随在后面发表一个"赞"字，或者"顶"字即可。

（四）大众智慧被"激活"

假设将"永久性在线"当成一种较为客观的叙述，自麻木开始直至厌烦，此为一种消极的结构。那么新媒体是否给人带来了积极的作用呢？这肯定是有的。生活在新媒体环境中的个体，更能主动地接触信息。在1997年，唐·泰普斯科特《创作出长大的数字一代》（《Growing up digital》）中，其提出了一个新的群体，即连线一代（Net Generation）。该著作指出从1977年直到1997年出生的这群人，其成长就伴随着数字技术，并且也受到各种新媒体的广泛影响。生于信息时代，其不会如同上一辈一般，一味被动地接受各种信息。从根本上而言，这种被动式的接受也都早已变得麻木。这一代的人正慢慢学着主动地获得并生产各种信息，其在数字时代，一方面是消费者，同时也是生产者。主动地进行信息的有效生产，此为他们的特征，同样为媒体由大众传媒最终发展成个体传媒的不可缺少的条件。

然而，个体公布的有关内容必须变成民众关注的"公共性内容"。唯有如此，才可以被叫作媒体内容。不然，仅仅是个人媒体发出的一般垃圾信息。怎样将个体的私内容发展成"公共内容"呢？这就需要个媒体将自己的聪明才智充分发挥出来，认真经营。站在该层面而言，新媒体给民众带来的是正向的刺激。来自哈佛大学的JOSEPHNEY教授指出，在互联网中，各个用户自己生成的不同内容就正好带动了广大群众的聪明才智。民众有了非常高的参与性，并发展成一种流行文化。虽然最终流行的原因或许不单单是由于网络新媒体，也受到社会情绪以及现在的时代文化等的影响。但我们不得不承认，新媒体具备的这种独特的蔓延式传播，更能促成智慧，使其聚合，并不断发展成高峰，之后通过网络在全球范围内扩散。即从网络文化发展为流行文化。

（五）"聚合"状态

在新媒体时代，大众表现出一种空前的"聚合"。大众会出于兴趣，而不是由于利益，主动参与之后汇聚成部分群体。并且，这部分群体正于我们的社会中发挥着越来越重要的作用。所谓的聚媒体，即一类社会成员共同构成的特定小团体。他们不管是于阶级属性，还是于知识背景上，都存在着差不多的特征。同时，其在某些社会问题上也存在着类似的观点。另外，该团体中的所有的个体都是单独的"个媒体"，都能够给特定的人抑或是大量不特定的群体公布各种消息、传播某种看法。聚媒体的出现以单个媒体为前提，是其经过发展并具备一定规模之后自然而然就出现的聚合。在新媒体中，大众进行的聚合与大众媒体中出现的群众集合，为截然不同的概念。于大众传媒中，大家集合起来，是一种"集体无意识"形成的一致的整体，由多个人最终变成一个人。但是在新媒体领域中，有着差不多爱好以及看法的群众聚合于某一平台。由于其不可能有相同的性格，还是具备自己思想的单独的人，其挑选的抑或是反馈的各种信息还带有自身的特色。因此，互联网中的群体是不同声音的汇聚，并非在社会集合中最终形成一个声音。

聚媒体具有两大表现。其一即某个人的信息，一直持续地发送到那些由于爱好相似而对其长久关注的群体，此为定向的"发送"。其二即具备相同爱好的人一直把信息主动地发送至发布处。此即为定向的"聚合"。

要发展聚媒体，BBS 为最基本、最普遍的办法。如果 BBS 具备相应的主体，主题性就会让相同爱好的个体自发地聚合在一块。像百度贴吧等，就存在着不同的讨论版，有涉及婚庆或是教育的内容，等等。我们的社会中存在着多少种能够把个体聚合的类别，于 BBS 中或许就会存在相应数量的讨论版。每个人都是这类主题相关信息的发布者，每个人也都是同类信息的关注者和主动接收者。

作为社群中的个体，每个人都有自己对社会的认识。但是当分析大家的观点后，其中必然有相类似的认识，抑或是截然相反的认识。而在媒介的作用下，具备类似认识的个体就会聚集在一块。这些个体一般都具备差不多的生长环境，具备相似的教育以及兴趣。在聚媒体的作用下，大众的交互非常轻松地就会提到新的高度。

这种聚合表现出于新媒体领域里的群众具备的一种显著特性，即：大众会由于爱好，并不是因为利益而积极地参与到媒体之中。传统媒体倡导大众普遍参与，一般通过"有奖"的办法。但是于新媒体世界中，人们的积极参与更大程度上仅仅是由于爱好。这也是不少新媒体尽管尚未获得盈利但是依旧十分火热的原因。我们发现在 2.0 版本的新媒体时代，大众上网的目的就不单单是了解新闻或是检索有效的个性信息了。更多情况下，大众是想要找到同类抑或是觅得好友。可以和有着相同志向的人进行交往的功能，才是新媒体最吸引人之处。比如微博或是豆瓣等，无不说明着借助新媒体进行人际传播的同时，组织性的人际传播也实现了大众传播。

三、新媒体语境下的知识

如今，知识的传播过程很大程度上要依靠新媒体。新媒体也把用户当成核心，创建出了相应的网络知识系统。互联网日益发展的当下，个体通过知识传播以及管理可以获得什么样的信息，这和新媒体时代知识传播的模式息息相关。所以，对互联网的大背景中新媒体时代知识的传播模式进行一定的了解具有必要性。

（一）新媒体语境下的知识传播演进逻辑

人类的进步和知识的交流、传播是密切相关的。知识传播有着悠久的历史，这也是信息媒介的发展史。在原始社会，知识的传播主要依靠口口相传。之后就通过一些媒介，比如竹子、纸或是木头等，将知识进行印刷。再发展就到了广播电视以及其他的大众媒体时期，现在则是互联网以及智能手机等新媒体的时代。所谓的信息媒介，从根本上来说，即获得信息的途径，抑或是承载各种信息的载体。科技不断进步，知识随之发展成较为系统的信息体系，其传播途径也更加智能。媒体也一直进行着电子化、信息化以及智能化的不断完善。

在"互联网 +"时代，媒体更快地改变着形态。运用各种技术，媒体也在不断改变着其属性以及功能，由此，媒体的界限也变得模糊。传播诉求越来越大，媒体也随之不断完善。互联网有着优越的技术，并与各种传播媒体进行高度快速的融合，这也说明了互联网时代媒体知识传播发展的有关逻辑。按照脑神经学的有关理论，"互联网 +"的大环境中，互联网和别的媒体之间的融合就能够被当成神经元和营养物质。这就站在客观的角度，对媒体以及技术间的关联性做出了恰当的类比。像语言或是印刷术或是互联网等等众多的技术全部为"营养物质"，是各个媒体"神经元"不断完善且必不可少的。如果营养物质足够富裕，那么神经元也能够长久地生长，具备更加优越的功能。如果营养物质不充足，那么神经元就没有充足的活力，也不能显现其功效。由此可知，媒体和各种技术之间存在着一种正向关联性。假设技术不过关，媒体也不能进一步发展。需要注意的是，"互联网+"还未出现之前，技术和媒介是彼此一一对应的。然而，在"互联网+"技术的作用下，就能够产出多重媒体形态，这就表明了"互联网+"背景中媒体融合迭代的发展。在该模式的不断完善之中，知识传播也有了越来越清楚的可行性，并且有更高效的研发模式。新媒体技术的日益完善，使该环境里的知识具备了更加多样的内涵，在新媒体的推动之下，知识传播具备了更强大的驱动。

（二）新媒体语境下知识传播模式的构成要素

知识传播，也叫作知识的传递或是扩展或是流通或是分配等等。就知识传播而言，其要具备科学的运作模式。它的模式包含七大内容。第一是知识传播者。第二为知识接受者。第三是知识传播内容。第四是知识传播形式。第五是知识传播环境。第六是知识传播动机。最后一项为知识传播效果。受"互联网+"的影响，其组成要素也出现了新的改变。

（1）知识传播的传授主体

新媒体时代，就传授者而言，知识传播过程并不是只能由传播者输送到接受者，这不是一项固定的要求。同时知识传播主体也从没有在双方的知识以及能力上提出过任何要求。双方的角色不再纯粹地限定在知识传播之中，而能够于传播互动的过程中变换角色。

（2）知识传播内容

借助新媒体，知识可以更加便捷地被生产出来，并能够灵活地加以传播，有了更广的覆盖面。各位用户借助智能手机就能够在微信、微博以及其他软件上发布不同的信息，或是以文字呈现，或是以图片呈现，或是以音视频呈现。这种传播也不受时间以及空间的制约。在维基百科、百度或其他开放的平台中，用户只需先进行注册，就能够直接加入到某一主题之中。由此，知识具备了更加丰富多样的内容，知识体量也迅速增多。

（3）知识传播形式

新媒体技术应用使得知识传播呈现双向或多向传播形式，交互性更强。如今 Web3.0 技术的推广让用户参与内容生产（UGC）模式更加流行，不断有新的知识体系以向用户开放的姿态吸引人们分享。新媒体环境中，受众对知识的选择更加主动，并会倒逼传统媒体在知识传播上改变传统，突破创新。

（4）知识传播环境

依托"互联网 +"，并且借助新媒体，知识传播具备了更具独特个性的交互环境。比如，个体于朋友圈中发布了有关的内容之后他人就能够进行评论，并且发布者能够收到这些评论，由此就于这种互动中进一步深化了自己的看法。在微信群聊抑或是别的即时通信交友 App 中，不管哪一个成员，全部能够创建两者或是更多的环境，来分享有关的知识，或是进行交流，甚至也能够于百度以及其他有关平台中针对某一主题展开延伸。各位用户能够对感兴趣的信息进行订阅，之后后台会按照规定准确地将信息推送给用户。信息检索也拥有了更加高级的算法，准确性也大大提高了。由此可知，在新媒体的环境中，知识传播具备了更加完善的环境，完全可以达到各位用户的个性诉求。

（5）知识传播动机

在"互联网 +"时代的新媒体应用中，知识传播平台更为开放，也不存在任何的门槛，知晓最基础的操作步骤就能够发布各种信息，并加以传播。所以，新媒体进行知识传播的最终目的即让更多的用户都能够于开放环境里生成并且传播有关知识。

（6）知识传播效果

就新媒体而言，其在知识的传播中将更多的目光放在了效果以及产生的影响上，更加注重知识的反馈。同时也在意传播时群众的认识、态度以及相应的行为等。就反馈而言，大众能够知晓新媒体传播是不是存在障碍，是不是出现了新的编码要求。由此，接受者以及传播者可以互通，产生更大的功效。

（三）"互联网＋"时代新媒体知识传播新模式构建

"互联网＋"于各个领域中有了更高的技术，随之出现了众多的新媒体平台。新媒体环境下的知识传播具备了新型的传播机制，之前的知识传播模式对此不可以详细地展现，所以，创建出了新的模式。

依据新媒体传播的各个要素特点，并按照它们之间的关联性，可以创建新型的知识传播模式。把现在应用广泛的微信公众号当成传播的场地，创设课堂授课情景，进行传播的知识能够满足各个群体在日常生活以及工作中的真正诉求。

在知识传播中，对其形式的创设更要充分发挥"互联网＋"于各个媒介之中的直播功能。主受体能够彼此变换身份，其即为知识传播中的全部参与人员。传统知识传播运用的是线性模式。而新型的传播模式更加突出于"互联网＋"的大背景中。越来越多的人使用新媒体，知识的传播者以及接受者之间的界限十分模糊。知识传播也不再如过去一般深受时间以及空间的制约。如果知识传播具备比较稳定的环境，那么传播规则就会更为多样，也更加细致。新模式表明的知识传播的最终目的即让越来越多的互联网以及新媒体的使用者能够平等地分享各种知识。所以，首先要打造恰当稳定的传播环境。确保外网环境，之后激发群众想要分享并进行知识传播的动机，接着借助直播以及其他途径来实现有关知识的传播。接受者要想查阅全部的新知识，就要付费。最终于各位参与人员的交流中实现效果的反馈。

就新模式而言，可以站在其组成部分的层面展开研究。通过模式图能够知道，在知识传播中，接受者和传播者之间能够彼此转换。而不同的人都能够加入知识的传播中，或是专家，或是某一领域的精英，或是一般群众，其能够共享所有的知识。人们在知识系统中的贡献会获得越来越多人们的赞同，哪怕某些内容压根就不正确，同样会于效果的反馈之中被不断地检验，并及时得以更正，由此来保障传播内容是正确的、科学的。站在其过程层面进行分析，知识也属于数字化，早已彻底和时间空间融合在一起，不单单能够实现单一时间抑或是单一空间的诉求，更是在多样的形式中打破了时间以及空间的制约。知识也会被更长时间地传播，同时其传播产生的作用也会持续更长的时间。站在其环境层面而言，新型的模式呈现出一种截然不同的开放的环境，借助外部网络中日益革新的技术，所有的参与人员能够更加广泛地应用新媒体，把刚刚出现的传播机会和之前存在的传播思维相互结合，传播环境一直在不断扩大。于"互联网＋"的大背景中，把新媒体当成一种不用付费的载体进行知识付费的传播，在这一过程中所有的参与人员力求表明其能够达到知识传播的种种标准而促使自己积极地进入到知识传播中，这就具备了明显的内在动机。同时于知识的传播过程中，他们和别的参与人员一同分享了知识，获得了这一喜悦，所以就具备了确切的外在动机。

（四）基于新媒体新传播模式的知识传播机制

（1）用户参与机制

如今，知识传播新媒体平台具备着非常多的功能，其正给予广大用户众多的便利。全部的用户都能够积极地参与到新型的传播模式之中，展现出一种"人人参与"的良好机制。由于不一样的行为，用户也具备了不一样的角色。主要有三种，其一为创设者，其二为破坏者，其三为维护者。所谓的创设者即那些主动参与到传播之中的广大用户。而破坏者即为一味地违反平台的有关要求与准则，存心破坏传播秩序的用户。而维护者即那些积极维护知识，使其完整并且正确，对于错误的知识主动进行纠正的用户。他们不存在从属关系。所以，在新媒体平台中，各个用户都能积极参与，体现一种所有用户都平等的本质。这也是新模型提出的一项要求。

除此之外，该平台也要使各位用户具有一种归属感，促进各位用户能够在传播知识的同时发挥自身影响力。所以，研究新媒体时代下知识的传播，就要对其驱动机制进行分析，由此来促进各位参与人员能够将自己的知识尽可能地贡献出来。新媒体平台不仅能够对自己抑或是平台做出恰当的定位，而且能够给广大用户带来众多有着相同志趣的朋友，进而使其于知识的传播中具备更高的归属感，发挥更大的影响力，也更加依靠平台。最终让用户能够比较稳定地生产并输送各种知识。

（2）知识编辑机制

新媒体平台上，对知识传播而言，必不可少的一大内容即知识的编辑。不少平台对参与人员的职业、专业以及文化程度等都不太在意。往往都更加注重他们的积极性，使众多的在线用户可以进行合作。通过直播视频，知识编辑人员无需强调其角色，知识的传授主体就会存在一种双向可逆的联系。新媒体平台中又增加了直播功能。各位用户能够通过一些视听作品来掌握有关的知识词条，同时也能够加入直播或是一些短视频的创作中，产生新的知识。传授主体不断地进行着思想上的碰撞，于各自的不同中又彼此融合，进而得到更为系统、完善与精确的知识。所以，各位用户对知识展开的合作编辑，为该平台要运用的特殊的编辑机制。

于该机制中，存在一些破坏者，他们对知识进行恶意的破坏，这是我们无法避免的。该平台还要做的一项工作即研发出不同知识的编辑保护手段，像强化监管等。另外，平台管理工作者具备一定的干预权限，并进一步强化，能够确保知识编辑稳定并且安全。

（3）传播协调机制

"互联网＋"的深入影响之下，知识传播依旧需要一定的规则来加以约束。这离不开政府以及有关领域各个层面的制约。由此才可以创建出安全的传播环境。切实维护好知识的传播，就一定要创建传播协调机制。第一是政府的监管。在最近几年，中国政府一直在不断强化对互联网的监督与管理。而新媒体知识的传播就需要依靠互联网，不能单独存在。所以，政府就要对这一传播强化监督管理。第二是该领域的管理。该平台从属的领域早已制定了一套方针。这即为该传播协调机制的主要内容，也就是要做到传播观点不可以发生偏驳，内容要有可靠的来源，并且能够经得住检验。

第三节　新媒体技术依托

一、新媒体技术发展史

从社会发展的角度来看，人类传播史就是一部人类在生产和交往过程中不断创造和使用新传播媒介的历史，是社会信息系统不断走向发达和完善的历史。根据媒介产生和发展的历史脉络，迄今为止的人类传播活动可以分为以下四个发展阶段：一是口语传播阶段，二是纸质传播阶段，三是电子传播阶段，四是数字传播阶段。不过，这个历史进程并不是媒介一次取代的过程，而是一个依次叠加的过程。随着信息技术迅猛发展，舆论生态、媒体格局、传播方式正在发生深刻变革。新媒体的突飞猛进造就了一个"人人都有麦克风"的时代，从"我们听你说"转向"我们都在说"，公民的话语权有了极为广阔的释放空间，社会舆论空前繁盛。

信息技术的迅速发展为新媒体提供了必要的技术保障，新媒体的发展壮大离不开信息技术的支持，可以说新媒体的发展史是伴随着信息技术的进步而发展进步的。

美国传播学家丹尼斯·麦奎尔认为："真正的'传播革命'所要求的，不只是信息传播方式的改变或者受众注意力在不同媒介间分布上的变迁，其最直接的驱动力，是技术。"回顾人类传播史不难发现，信息技术的发展起着决定性的推动作用。信息技术的每一次革命都给人类的政治、经济、文化和社会生活带来巨大的影响，人类的文明正是在信息技术的推动下不断前进的。信息技术的发展为人类的信息传播提供了更有效的工具和手段，新媒体在弥补传统媒体某些方面不足的同时"为人类打开了通向感知和新型活动领域的大门"，而人与技术的关系也是交互性的，"人在正常使用技术即人体各种延伸的情况下，不断受到技术的修正。反过来，人又不断地寻找新的方法来修改自己的技术"。以此增强获取、传递、使用信息的能力。数字技术、计算机网络技术、移动通信技术三大技术系统融合在一起，构成新媒体发展的技术平台，并为新媒体兼容各种新信息技术提供了基础。

媒体的实质是利用既有的技术手段，把信息尽可能传递给更多用户，让思想和内容尽可能影响更多读者。技术的发展，给媒体的生态环境带来了巨大的改变和冲击。媒体传播优质内容的本质不变，但是传播渠道、传播手段需要随着技术的发展而变化。

二、Web 技术

20 世纪 90 年代，万维网成立，至今，它走过了一条从 Web1.0 到 Web2.0，再到 Web3.0 的道路。新媒体的发展历程可以简单地以三个阶段来形容，即浏览信息为主的 Web1.0 时代，交互分享的 Web2.0 时代，以及聚合平台的 Web3.0 时代。

（一）Web 基本概念

Web 是 World Wide Web 的省略语。World Wide Web，简称 WWW，中文称为"万维网"，其特点是将分布存在的信息片段无缝地组织成为站点，其中，图像、文本、音频、视频成分可以分散存储于相距甚远的计算机上。它是 1990 年由英国人 Tim Bemers—Lee 在欧洲共同体的一个大型科研机构任职时发明的，此时，世界有了第一台 Web 服务器和 Web 客户机。

WWW 采用 Web 主页的方式进行信息的存储与传递，Web 信息存储在 Web 站点上，用户通过 Web 浏览器访问主页。Web 页面都是由 HTML 语言编写，并由浏览器翻译解释的。超文本传输协议 HTTP 是实现服务器和客户机间信息交流的协议，这是一种无连接、无状态的协议。在每一个 WWW 节点上都有一个守护进程 HTTPD，负责信息访问的相关处理，HTTPD 构成基本的 Web 服务器。

（二）Web1.0

1993 年，伊利诺伊大学学生安德里森在美国国家超级计算机应用中心实习时开发出图形界面浏览器 Mosai，让人们可以用空前方便的方法访问万维网信息资源。从此，万维网在世界范围内流行，被称为"网中之网"。万维网是因特网应用取得爆炸性突破的关键性条件，通过 Web 万维网，互联网上的资源，可以在一个网页里比较直观地表示出来，而且资源之间，在网页上可以链来链去。这种利用互联网络实现了人类海量资源共享的技术，就叫"Web1.0"。

Web1.0 本质是聚合、联合、搜索，其聚合的对象是巨量、庞杂的网络信息，即微内容，亦称私内容，是相对于我们在传统媒介中所熟悉的大制作、重要内容而言的。学者 Cmswiki 对微内容的最新定义是：最小的独立的内容数据，如一个简单的链接，一篇网志，一张图片，音频，视频，一个关于作者、标题的元数据，E-mail 的主题，RSS 的内容列表等。也就是说，互联网用户所生产的任何数据都可以被称为微内容。可见，在互联网问世之初，其核心竞争力就在于对于"微内容"的有效聚合与使用。

（三）Web2.0

Web1.0 只解决了人对信息搜索、聚合的需求，而没有解决人与人之间沟通、互动和参与的需求，所以 Web2.0 应运而生。Web2.0 的本质特征是参与、展示和信息互动，它的出现填补了 Web1.0 参与、沟通、交流的匮乏与不足。2004 年 3 月，欧雷利媒体公司（O'Reilly Media Inc.）负责在线出版及研究的副总裁戴尔·多尔蒂（Dale Dougherty）在公司的一次会议上随口将互联网上最近出现的一些新动向用"Web2.0"一词来定义，该公司主席兼 CEO 蒂姆·欧雷利（Tim O'Reilly）立刻被这一说法吸引，并召集公司相关人员用大脑风暴的方式进行探讨。在欧雷利媒体公司的极力推动下，全球第一次 Web2.0 大会于 2004 年 10 月在美国旧金山召开。从此，"Web2.0"这一概念以不可思议的速度在全球传播开来。目前关于 Web2.0 的较为经典的定义是 Blogger Don 在他的《Web2.0 概念诠释》一文中提出的："Web2.0 是以 Flickr、Craigslist、Linkedin、Tribes、Ryze、Friendster、Del.icio.US、3Things.

com 等网站为代表，以 Blog、TAG、SNS、RSS、Wiki 等社会软件的应用为核心，依据六度分隔、xml、ajax 等新理论和技术实现的互联网新一代模式。Web2.0 是相对 Web1.0（2003 年以前的互联网模式）的新的一类互联网应用的统称，是一次从核心内容到外部应用的革命。"

　　MySpace 和 YouTube 是典型的"游戏 2.0"时代潮流的代表。MySpace 提供单纯的社交空间，全部内容由用户创造，提供个人博客、群组、照片、录像、音乐等多种互动服务。而 YouTube 则提供一个视频发布平台，上传的内容以用户原创为主，比如家庭录像、个人的 DV 短片等，其宗旨为"允许任何人上传并共享任何视频内容"。它的大部分内容都是由用户自己创作的。如果说 Web1.0 主要解决的是人对于信息的需求，那么，"Web2.0"主要解决的就是人与人之间沟通、交往、参与、互动的需求。从 Web1.0 到 Web2.0，需求的层次从信息上升到了人。喻国明先生认为："作为一个新的传播技术，Web2.0 以个性化、去中心化和信息自主权为主要特征，给了人们一种极大的自主性。"2007 年 1 月，美国《时代》周刊公布了其 2006 年"年度人物"（Person of theYear），这次不是某一个具体的个人，而是全球数以亿计的互联网使用者。对此，《时代》封面的下方还有一段解释文字："是你，就是你！你把握着信息时代，欢迎进入你自己的世界。"（Yes，you．You control the Information Age．Welcome to your world．）。《时代》周刊的"颁奖辞"说："Web2.0 是一个大型的社会实验。与所有值得尝试的实验一样，它可能会失败。这个有数亿人参加的实验没有路线图，但 2006 年使我们有了一些想法。这是一个建立新的国际理解的机遇，不是政治家对政治家，伟人对伟人，而是公民对公民，个人对个人。"

　　这一时期，新媒体的交互性开始逐渐显现出来。交互电视开始出现，互联网行业诞生了谷歌和百度这样的公司，主动搜索和寻找成为互联网行为的核心动作。用户可以主动搜索需要的信息，并根据自己的需求选择内容，传播者与受众的交互、分享初步形成。典型代表有各种社区论坛（BBS）、博客等。Web2.0 时代，基于六度分隔理论，强调的是信息的交互性，互联网用户既是信息的浏览者，也是信息的制造者，不再是被动阅读、接受信息，通过用户与用户之间，用户与网站之间的双向交流，实现了社会化网络的构建，博客是 Web2.0 时代的典型互联网应用。

（四）Web3.0

Web3.0 的本质是深度参与、生命体验以及体现网民参与的价值。这一概念的出现，力图补充 Web2.0 的不足。比尔·盖茨（Bill Gates）在微软公司的一次高管会议上提出，微软公司在今后的互联网发展中将围绕一个新的互联网模式"Web3.0"展开工作，在这次会议结束后，其他的互联网企业也开始对这种新的互联网模式给予高度的重视。2007 年韩国"首尔数字论坛"上，Google 的 CEO Eric Schmidt 被问及，在 Google 眼里 Web3.0 到底会是什么。Erie 给出的答案是：Web3.0 将是拼凑而成的应用程序。这些应用程序的共同特征是它们都是相对较小的、数据以云形式存储（即存储于互联网的真实物理设备上）、运行速度快、可定制性强、病毒式传播（通过社会化网络、电子邮件等），并且可以在任何设备上运行。业内人士认为，Web3.0 跟 Web2.0 一样，仍然不是技术的创新，而是思想的创新，进而指导技术的发展和应用。Web3.0 之后将催生新的虚拟王国，这个王国不再以地域和疆界进行划分，而是以兴趣、语言、主题、职业、专业进行聚集和管理。任何人都有机会打造出一个新的互联网王国，并成为国王。

国内研究者认为 Web3.0 时代提供基于用户的一种个性化的服务方式。它能带给用户更方便快捷的体验。它基于"搜索 + 个人关键词标签 + 个人化空间 + 智能匹配"的特点。Web1.0 时代人们没办法通过网络更加便捷查找到一些我们需要的信息，而且与其他人交流有些麻烦；Web2.0 时代用户在生活中虽然能有针对地找到需要内容，但不能做到准确，快速；Web3.0 则是真正的智能化，能够根据自己需要的内容精准地定位，符合人们个性化的需求。随着物联网、人工智能、云技术、5G 网络的逐渐完善，Web3.0 的面貌越来越清晰地呈现在人们的面前。

Web3.0 时代的互联网应用不仅体现出"自媒体"特点，更体现出一种信息自由整合、业务极度聚合的"自系统"特点。作为 Web3.0 的典型应用，微博、微信几乎可以将与其基本协议一致的所有互联网应用聚合到自身的开放平台上，使得它成为一种新的强大的媒体形式。从微博、微信的发展现状和发展趋势看，它将快步超越 Web1.0 和 Web2.0 时代的应用，并迅速吞噬和整合这些应用。在 Web3.0 时代，技术进步、业务聚合成为主流，这种进步和聚合带来的结果将是微博、微信应用横扫一切，成为新时代的最大赢家。特别是手机媒体的出现，移动互联网平台的发展步伐势不可当，与传统互联网一起成为人们相互交流的重要平台。移动互联网平台以手机为终端，融合了以前报纸、广播、电视与传统互联网的功能，并提供新的社交平台。要详细了解新媒体的发展历程，还必须对网络媒体、移动媒体和社交媒体的发展演变做深入细致的研究。

三、新媒体的技术发展趋势

2014 年，国际数据公司（ICD）会同其他全球知名公司，提出了未来十年信息传播技术发展的趋势。它们所采用的界定标准有：（1）技术必须具有颠覆性，也就是说，这些快速发展的技术具有广泛的影响，不仅会创造重要的经济价值，也会对既有的市场形成巨大冲击。（2）技术的发展对设计、开发和运用新的数字服务提出了新的专业技能要求。（3）这些技术趋势至少得到两家以上公司的提名。基于以上标准，未来十年新媒体行业会呈现出以下四种技术趋势：（1）移动技术和移动应用程序：移动设备和技术会以极快的速度向市场渗透，媒体经营中会广泛使用移动解决方案。（2）云计算：基于灵活的、应需而变的商业模式，以颠覆性的方式提供内容服务。（3）大数据分析：通过快速抓取、发现和分析数据，从大体量、多样化数据中低成本获取价值的新一代技术和架构。（4）以 VR、AR 以及 MR 为代表的用户体验信息技术：用于管理和优化用户体验的技术，以用户体验为中心，开发应用和服务。

第二章

新媒体与图书馆服务

第一节　新媒体的文化意义

一、网络文化

当我们所处的社会由工业时代慢慢迈进信息时代，信息技术以及各种信息资源将被广泛运用。这会促进社会经济、政治产生新型的构造。在1994年，中国成为国际互联网中的一员。新媒体日益更新，也带动了众多技术的产生以及进步，特别是一些新媒体技术，比如网络媒体或是移动媒体等。网络社会慢慢发展而成，大众的生活变得网络化也发展成一种常态。随之而来的还有网络文化，这同样为中国文化系统中不可缺少的构成。因为对其探究的方向以及重点存在着差异，所以对它的界定也存在着一定的差异。中国学者在这方面也有不同的观点。

（一）网络文化的范畴

在中国，学者着重由三大角度展开网络文化定义的研究。首先，站在技术角度，将其定义为："以计算机技术、通信技术相融合为物质基础，以发送和接收信息为核心的一种崭新文化"。其次，站在构成层面，将其看作是我们智慧的结晶，带有鲜明的时代特色，并且具备众多的功能，比如知识以及商业功能，还具有娱乐功能等。就网络文化而言，其一方面涵盖了各种物质方面的内容，比如各种资源等等；另一方面，其也涵盖了一些制度方面的内容，比如各种法律制度以及道德准则。同时，它还涵盖了精神方面的内容，比如价值观等。最后，站在文化形态角度，其着重涉及网络文化和实际社会文化存在差异的内容。我们所说的网络文化产生在网络时代之中，为技术以及社会的现实，同时也为一种文化现实。其既为一个截然不同的新的文化形态，同时又使文化借助网络的形态得以生存并发展。

就网络文化而言，它的内涵会跟随时代的更迭而具有新的定义。站在广义角度而言，网络文化即为网络时代中，我们人类的文化在传统文化的基础上进行了扩展。就狭义角度而言，网络文化，即通过网络媒体而展开的精神创造。而这些精神涉及众多的方面，比如心理、思维，或是我们的价值趋向以及审美，同时也包括人类的种种行为。网络文化，实际为新技术以及各种文化内容的一种整合。所以，只注重某一方面是不可行的。站在网络层面而言，要注重网络的技术性，注重通过技术的不断改变导致的文化范式的革新。站在文化特征层面而言，要注重网络内容，注重其内容属性导致的文化范式的革新。假设站在网络与实际社会之间存在的感知关系来展开分析，网络文化可以被划分成两大类，其一即社会文化进行的数字以及网络化。其二即文化为网络技术抑或是行为的一种衍生品。其出现以网络信息技术为前提条件。

综上所述，可大致这样来定义网络文化，即于信息社会中，把新媒体技术的不断进步以及相互融合当成物质保障，并于网络虚拟的空间中发展出的一种现在的文明成果，其为新兴科技与不同文化内容的一种整合体，为一种截然不同的新的文化形式。并且其对我们赖以生存的社会产生了极大的影响，同样对信息变革产生了一定后果。

（二）网络文化的特点

网络社会处于日益进步之中，网络文化也随之发生着改变。随着新技术而来的网络文化有着鲜明的特征，比如虚拟性、开放性以及多元性。

和传统文化相比，网络文化最为本质的差异即它具有虚拟性。大众生活在网络设置的虚拟空间里，同时也具备了虚拟的思想以及行为。借助互联网，大众不见面也可以进行交流，消除了传统交往的种种限制。大众能够随心所欲地畅聊，任意创造身份，把那些无法于实际生活展现的情绪或是想法等等，借助网络统统表达出来。大众能够摆脱物质的束缚，获得精神上的交流，文化上的归属。

对网络文化而言，其存在的又一大特征为开放性。数字技术有着比较低的标准，让大众能够借助网络任意地查看不同的信息，并得到或是分享一些信息以及资源。这说明了网络文化具有开放性。各个民族区域由于存在着不一样的传统，在信仰以及价值观上也存在着差异。除此之外，他们具备的交流水平不同，也处于不同的发展阶段，所以其拥有的网络文化也存在着一定的差异。而网络交往能够超越区域以及民族的限制，使网络文化能够彼此融合，并使其具备国际化。

网络文化也属于技术文化，其依据众多的技术，比如网络以及数字技术，信息通信技术等。它给大众文化创造出非常好的发展空间，同时促进不同的消费文化逐渐壮大。比如，网上购物，或是网络游戏的缴费，或是视频会员的购买等，各种各样的消费品浸透于大众的日常生活。因为信息传播摆脱了时间以及空间的制约，网络主体同样也摆脱了区域、身份以及信仰等的束缚，能够任意传播各种信息，由此发展成各种各样的网络文化。所有的用户都能够按照自身兴趣挑选参与的方式。最近，各种网络流行语频出，这带来了更为大众化的展现形式。网络文化在持续产生，进而也证明了其多元性。

（三）网络文化发展史

网络文化作为一种科技文化、新潮文化，否定了传统文化更多的政治色彩和政治倾向，赋予了传统文化新的表现形式，并带来了多样的新文化要素。互联网的传播技术促进了网络文化的产生，同时，网络文化也对其进行着阐释，打开了大众交往的新途径，大众的社会生活也因此有了新的形式。在网络技术的作用下，传统文化拥有了新型的传播途径以及形式，也具备了新的表现形式。同时它也被赋予了文化诉求、范式以及样态等文化的革新。

在网络文化中，计算机以及通信技术就是其物质前提，发送并接收不同的信息，比如文字或是图片或是视频等，进而作用于大众的管理、交往以及生活方式。其为一种截然不同的新的文化形式，它的所有方面都展现着当代高技术的特征，并且也被刻上了高科技的标签。

不管出现哪种新文化，其都会带有时代的烙印。也正是由于社会的不断发展，文明的进一步提升，科技的日益创新才出现的。互联网最开始时被应用于军事战争中，之后蔓延到全世界的普通大众，其使社会文明进一步发展，也丰富了文化世界。"互联网+"日益发展，移动互联网科技也有了更为广泛的运用，由此陆续出现了不同的新文化形态。由最初的文本文化，过渡到BBS以及漫画文化，再发展至播客、微博等，又到之后的网络动漫，接着是各种移动文化、网恋等等文化，全部和网络科技的发展有着极大的关系。

现代信息技术不断发展，由此，网络文化就有机会实现跨越式的发展。首先，众多的高精技术蕴藏在我们的文化符号之中。所以，透过不同的文化现象，我们也能够看到高精技术的迅猛发展。在高精传播科技的运用基础上，激励高端科技人才的创新创造。通过高科技来对不同的人文资源进行规整，并促使其得以提升，创造出当下先进的信息文化产品，给网络文化，甚至是整个精神文明的发展都打开了新的大门。其次，高精技术的作用下，不管对文化，还是文明，都提升了一个高度。在互联网以及其他新媒体内容不断研发与革新的基础上，世界各地的文化人才聚集在一起，让网络文化拥有越来越多的内容，让它的创造与再造不再受到技术的束缚，也能够在内容上突破限制，从根源上解决其技术困乏的问题，达到高技术和高质量文化的融合，同时也推动民间的乡土科技能够和各个地方的民俗文化相融合，让互联网推动下的文化知识传播能够顺利进行，促进信息产业以及网络文化事业一同发展。

在1994年，我国成了全球互联网的一员。历经二十多载，互联网科技不断发展改变，其内容也日益更新，而我国在全世界的互联网中属于年轻一代。作为中国上层建筑一种新的社会形态，互联网促使我国出现了网吧文化、博客文化、微博文化等等五彩缤纷的文化现象，也发展成我国一道特殊的网络文化景观。随着高精技术出现的文化现象或是活动或是任务或是产品或是精神等，或让人惊喜称奇，或让人困惑迷惘，或让人担忧受怕，或让人眼花缭乱、目不暇接。

网络文化不仅内容繁多，形式也各种各样，每一天都能够出现不同的新思潮，也会有新名词、新概念问世，有的转瞬即逝，有的就经受住了时间的考验，被收进词典之中，走进大众生活，成为时代文化新的组成部分。互联网络时时孕育着文化新时尚，催生新的文化现象，释放出蓬勃生机与活力。

中国对网络文化给予了高度关注。习主席针对网络强国建设陆续做了不少论述，并设定了我国要从一个网络大国最终实现网络强国的伟大目标，也对有关的战略部署做出了阐述，确定了于我国的治理体系以及治理能力之中，网络治理担负的详细职责。我国还积极致力于互联网治理系统的改革，并号召各个国家一起打造出网络空间命运共同体。习主席同时指出，要通过我们社会主义的核心价值观，借助各种文明成果来净化人的心灵，净化我们的社会。同时他也强调，网络空间为我们所有人民的精神家园。网络空间干净、透明，和广大人民的利益相符。要创造出展现我国风采、我国魅力、我国精神的网络文化。

不同的"G"文化痕迹展现并衡量着一代又一代的数字移动通信，也评判着它给大众带来的网络文化载体、网络文化形态、网络文化语符、网络文化人物以及网络文化现象与文化精神的演进。最初的 2G 通讯带来了精英文化，3G 通讯又带来了普众文化，4G 通讯又带来了融合文化。回顾我国每一代的网络文化，要搞清楚每一个 G 通讯产生的网络文化形态、网络文化语符、网络文化人物和网络文化现象等的内在联系与潜变趋势。现在，中国已经进入 5G 世界，研究其带来的网络智能文化的发展趋势，可以净化网络文化环境，给我国的互联网文化强国奠定好理论基础。

二、新媒体文化

（一）新媒体文化现象

大众媒体本身就是作为一种文化现象而存在的，是文化发展的产物，也是传播的载体。新媒体文化是现代文化系统中非常重要的组成部分，在文化传播中有着特殊的地位，可以为社会大众的文化传播提供充足的活力和有效的动力。

新媒体的出现，不但使现代的文化传播平台发生了改变，还拓展了文化传播的渠道、途径和方式。新媒体时代传播方式和媒介有了翻天覆地的变化，触摸屏、虚拟现实、幻影成像、多媒体、互联网等传播媒介都为文化传播提供了非常便利的渠道，新传播媒体从多个角度突破了传统的传播界限。新媒体文化有效地刺激了多元化的文化形式产生，催生了许多大众文化形态，为大众文化注入了新的内涵。一种新的文化传播媒体出现，不仅在社会中是一种文化存在，还是一种文化系统的组成元素，这种新媒体进行文化传播时，就一定会形成一种崭新的关于文化的秩序规则。

新媒体的异军突起，不仅打破了传统媒体一统天下的格局，也日益成为文化传播的主阵地。新媒体文化的建构，需要站在新媒体文化最前沿，与高科技、多渠道的传播方式有机结合起来，用先进技术传播先进文化，始终坚持先进文化的价值观，宣传科学理论，弘扬社会正气，为和谐社会建设营造良好的新媒体环境，提供更多更好的文化产品和个性化服务，丰富人民群众的文化生活。

现今典型的新媒体文化现象主要有粉丝文化、免费文化、游戏文化、黑客文化等。

1. 粉丝文化。粉丝现象早已存在，在粉丝文化的不断成长之中，网络起着重要的作用。现在的粉丝文化和之前的追星文化有着明显的差异。网络给予各位粉丝很大的便捷，他们能够更轻松地进行互动。在粉丝文化的作用下，众多的粉丝以及他们的偶像都由实地转移至网络中，让他们之间能够更好地进行互动。

2. 免费文化。在虚拟世界中也可以进行物品交换，并且这已经非常普遍。就免费文化而言，其存在三大形式。其一为免费获取。其二为免费工作。其三为免费交换。在网络中获得各种书以及视频，各种搜索引擎提供的免费收录站点，各个网络站点力求彼此宣传而展开的链接交换等，全部为其形式的展现。在免费文化中，一些闲置物品以及空间都再次被充分利用，使社会运行大大减少了成本花费。

3. 游戏文化。网络游戏即把科技以及艺术结合在一块而出现的一种文化性的娱乐方式。其涵盖着不同的艺术展现方式。和传统游戏相比，网络游戏是一种截然不同的游戏，着重是交互式的电子游戏。借助不同的故事情节，利用影响，游戏玩家能够以各种身份来体验游戏。在各种角色的基础上，感受不一样的生活。这在实际生活中是不可能的。于虚拟世界里，摆脱实际，感受虚拟的感性世界。

4. 黑客文化。其随着计算机的发展而问世。网络不断进步，由此黑客也获得了极大的发展空间。在最开始时，黑客产生于计算机研究部门，他们具备着卓越的技术，属于精英。其在技术上有着极高的要求，打造出自由并且效率极高的沟通文化。这种文化为互联网以及计算机变革的主要角色。

（二）新媒体时代的主要文化思潮

印刷媒介加剧了工业化的发展，电子媒介也加剧了资本主义的进程，以互联网为标志的新媒介对文化帝国主义和后现代后殖民主义的进程起了推动作用。新媒体时代世界主要文化思潮有两大代表，即文化帝国主义和后现代后殖民主义，它们借助新媒体的力量而广为人知。

文化帝国主义（Cultural Imperialism）最初是指在许多殖民地国家获得民族独立的背景下，帝国主义的扩张战略由以军事手段和直接的殖民统治为主，转向以经济和文化控制为主。先进的科学技术和发达的国民教育是他们的利器，企图将这种一国的文化优势变成世界性的文化优势是他们的目标，文化帝国主义是现代帝国主义总过程的一部分。学者 H.I. 席勒（Herbert Schiller）在他 1976 年出版的《传播与文化控制》一书中强调，美国所有的传播方式，从电视节目到媒体科技，甚至教育类方案都是文化帝国主义的体现。而另一位学者迈耶（Meyer）则从新闻流动的角度考察了文化帝国主义现象，他的量化研究发现，若干非洲与拉丁美洲国家的日报对国际时事的报道大量信赖西方的通信机构所提供的新闻。信息与进行信息传播的能力是一个国家或集团的无形资源，表面上媒体的信息生产是公开的，但其背后的控制者是隐藏的。信息产品的文化含量高，通过信息产品的传播来实现文化的扩张就非常便捷。

随着网络与新媒体的普及，西方帝国主义国家对他国的文化侵略在广度和深度上有所扩张和延伸，尤其是智能手机、平板电脑和其他电子设备的风行更加大了文化入侵的风险。截至 2017 年，全球前五名互联网公司全部位于美国，分别是苹果、谷哥、微软、Facebook、亚马逊（Amazon），但是它们绝大多数的在线访问者在美国之外的地区。《数字帝国主义：互联网时代的文化入侵》一文的作者瓦舍克（Bill Wasik）曾提到2015年泰国流行起了一阵"胸部自拍"（Underboob Selfie）风潮，泰国本地和外来的女子纷纷在网上发布这种自拍照。泰国文化部因此发布了一份不同寻常的声明，警告分享类似照片的行为触犯了该国2007年生效的《计算机犯罪法案》，违法者可能面临五年有期徒刑。"胸部自拍"代表了一种截然不同的文化入侵形式。文化帝国主义或许可以称为数字帝国主义，因为其价值观的传播是凭借当地人能够使用的网络社交工具进行的。

文化帝国主义的最大威胁主要表现在对异质文化的认同上。通过网络大量输出电影、动画、游戏等影像，润物无声似的影响人们的价值观与意识形态，美国的"自由、民主"和个人英雄主义在各类网络文化产品中体现得十分明显。而中国网络与新媒体的主要使用者是青年人，青年群体正是最容易认同异质文化的特殊群体，他们好奇心强、求知欲旺、全球参与意识强烈；但他们的世界观、人生观、价值观尚未完全形成，思想比较容易发生动摇。所以对网络带来的种种西方文化，我们应该有清醒的意识和认识，反对霸权主义，抵制文化帝国主义的侵略。

文化帝国主义发展到一定阶段转变成了文化的全球化，这种后现代现象呈现了当代文化的最终选择。"后"在极短时间里成为人们喜爱的词。后现代思潮在美国发展得如火如荼，对于资本主义发展的问题，从内部因素来看，它对全球造成了不可忽视的冲击力；同时它也为中国学者进入后现代建造了一个方便有效的平台。"后"一般是通俗文化的象征，由于被烙上了国际文化形式的印记，它被认为是对新殖民主义或文化帝国主义的不屑，但其实，它是对新殖民主义或文化帝国主义的盲目跟风。国际化和商品化是后现代文化重要的特征。在新媒体强大的推力下，文化工业以一种更加大众化的方式进行批量生产和机械复制，最终成为政策保护和激励的对象。

（三）新媒体与大众文化

大众文化是一个特定范畴，它主要是指兴起于当代都市的，与当代大工业密切相关的，以全球化的现代传媒（特别是电子传媒）为介质大批量生产与消费的，采取时尚化运作方式的当代文化。大众文化是以大众传播媒介为手段,按照市场规律运作,旨在使普通市民获得日常感性愉悦的体验过程,它包括通俗诗、通俗报刊、畅销书、流行音乐、电视剧、电影和广告等。

大众文化有以下特点:

1.商业性

每一种大众文化都是一种特定的商品,都要拿到市场上去进行交易以取得最大的经济效益。商品属性已凌驾于一切大众文化之上,成为最为本质的属性之一。大众文化作为文化所应具备的精神价值、情感价值也日益被商业利润所渗透、侵蚀,成了伪精神与伪情感。与文化产品的审美属性相比,大众文化只承认效益,以市场上的叫卖声为指示。

2.感官愉悦性

为迎合消费者,当代大众文化以寻求大众感官快适的直接性为原则,以其欲望化的叙事法则,对大众的感官进行着刺激和按摩,满足其生理层面的需求,诸如暴力、煽情、拳头、枕头、无厘头……是一种自然需求而非精神需求。

3.复制性

一件好的作品受到大众的关注,人们对它的需求暗含巨大经济利益,使得生产完全可以放弃由唯一性带来的艺术价值,反而以大批量的生产将其兑换为交换价值。它的生产是通过标准化的流水线大规模地复制出来的,这就形成了当代大众文化外在风貌的机械、单调、统一。

在新媒体强大的推力下,大众文化得到快速发展,它以一种未曾出现的形式重视大众当下的现实生活与真实生活,它的世俗性、草根性与娱乐化在不断弥漫,国家意识形态、精英文化的话语霸权地位不断地被它冲击,教化文化对它的阻碍也在变小。与此同时,它还对文化"把关人"的特权造成了一定的削弱,媒介资源和话语权的分布较以前也更加公平公正;这个新平台为普通大众的表达欲及明星梦都创造了有利的条件,更增加了可能性。

(四)新媒体与亚文化

"亚"这个词常常带有"次要"或者"附属"的意味,"亚文化"一词是从英文 Subculture 翻译过来的。根据《韦伯斯特百科词典百科版》的解释，它包括两个相连的定义，一为"社会中某一族群所特有的文化观念和行为方式"；二为"在社会、经济和伦理等方面具有独特特征的族群"。亚文化这个词本身只是一个标签，并不带有或褒或贬的含义。此外，它是一个相对概念，相对于总体文化而言。

新媒体与亚文化的联系主要体现在网络亚文化上，它是一种有别于网络主流文化，体现着独特的审美观和价值观的网络流行文化，具有极强的渗透力和影响力。它对未成年人的思想意识、行为方式有着极为深刻的影响。这些影响既有积极的，也有消极的。因此，我们要充分发挥网络亚文化的积极影响，而对网络亚文化产生的消极影响应采取相应的对策来解决。其中比较典型的类型有网络恶搞亚文化、网络游戏亚文化、网络黑客亚文化、网络流行语等。

第二节　新媒体与阅读

一、新媒体阅读

（一）新媒体阅读概念

新媒体阅读是指依靠各种数字化平台或移动终端，以数字化形式获取信息或传递认知的过程。当今社会，新媒体阅读越来越成为人们的主流阅读活动，传统阅读的地位、功能和作用日渐式微。当然传统阅读有它的优势，可以在新媒体阅读背景下，发挥其独特的作用，两者之间有互补和相互依存的作用。新媒体阅读主要包括网络在线阅读、手机阅读、各种电子数据文本阅读等。

新媒体语境下的阅读可以有三种维度：一是新媒体语境下人们阅读传统图书馆文献信息的行为和心理；二是人们借助新媒体平台或运用数字图书馆平台所进行的网络在线阅读；三是在移动互联环境中的手机移动阅读。

20世纪90年代新媒体的出现，给人类社会生活的各个层面带来革命性变化与影响，而对信息传播、图书馆事业和读者使用文献信息的影响更为巨大，突出表现是改变了读者的阅读心理与行为。这些改变首先缘于新媒体导致信息传播技术手段、传播载体、文献信息文本的变化，从而形成全新的网络化阅读、数字阅读、电脑终端阅读、平版电脑阅读、手机移动互联阅读。

新媒体阅读不同于以图文符号为主要形式的传统纸质阅读，它的符号包括文、图、影、音等多种形式。数字技术带来了立体传播方式，出版从以图文为主，到现在的集文字、图像、声音为一体，人们的阅读从"读书"发展到"读媒体"。传统的图书、报纸、期刊等纸媒体阅读一统天下的局面，正逐渐地被图画书阅读、动漫阅读、电视阅读、网络阅读、手机阅读等现代纸媒体和电子媒体阅读瓜分。然而，新媒体阅读既有许多优势与特点，同时也出现了一些值得重视、需要认真对待和研究的新问题，对图书馆和图书馆服务造成严峻的挑战，甚至冲击。

（二）新媒体阅读特征

1.开放的阅读环境

新媒体阅读依托互联网技术，以及各种移动设备，不受时空限制，可以随时随地阅读，因此相比纸质文本具有更为开放的阅读体验。

2.多种多样的信息呈现和互动形式

新媒体文本以多种符号相融合的方式显示，文字、图像和声音共同作用于读者的感官，使读者得到丰富的阅读体验。而且，在阅读纸质文本时，基本上是一种单向传播，而在新媒体阅读中读者可以参与文本信息传播，及时反馈、沟通和交流，既是信息的接收者，也是信息的传播者。

3.个性化的阅读

传统阅读是一种按部就班的线性阅读。新媒体阅读是超文本、超链接的非线性阅读，读者可以随时延伸文本信息，停留在任何自己感兴趣的点上，同时还可以通过搜索引擎对兴趣点做进一步的探索。

（三）新媒体阅读的类型

新媒体阅读外延很广，可以说传统阅读之外的阅读都可以视作新媒体阅读。我们这里只论及利用台式电脑上网阅读的网络阅读、利用数字图书馆的数字阅读和在移动互联条件下的移动阅读三种类型。

1.利用台式电脑上网阅读的网络阅读

这里专指利用电脑在互联网上进行的阅读。网络阅读，文献资料庞杂，便于读者比对参考，对于想快速查阅相关资料的读者来说是一种很好的手段。至于网络阅读的不足，除了资料有时存在真实性、权威性不强，难判断真伪和准确性的问题之外，对读者的身心也有一定的副作用，比如姿势单一，如不注意保健休息，对颈椎、腰椎和眼睛都会产生不好的影响。另外，利用台式电脑上网阅读还有移动不方便（除笔记本电脑）、费电等缺点。

2. 利用数字图书馆的数字阅读

数字阅读指的是阅读的数字化，主要有两层含义：一是阅读对象的数字化，也就是阅读的内容是以数字化的方式呈现的，如电子书、网络小说、数码照片、博客、网页等。二是阅读方式的数字化，就是阅读的载体、终端不是平面的纸张，而是带屏幕显示的电子仪器，如 PC、PDA、MP3、MP4、笔记本电脑、手机、阅读器等。与传统的纸质文本相比，数字化电子出版物具有存储量大、检索便捷、便于保存、成本低廉等优点。

3. 基于移动互联网的移动阅读

所谓移动阅读，我们在前面章节提及过，它使户外行走时、旅途中的阅读成为越来越常见的现象。今天，很多人在上下班途中或是乘车途中，都在拿着手机阅读。

二、新媒体语境下的阅读工具

新媒体语境下的传统文献阅读，除了保持原有传统文献资料的阅读方式之外，受新媒体所支撑网络数字资料和新媒体技术习得的影响，人们的阅读行为会发生改变，比如，减少传统文献的阅读范围（有的文献通过网络寻找会更便捷），或减少传统文献的阅读时间到网上或数字图书馆查阅，到图书馆时间和次数也相应减少。联想一下自己和身边的人在传统文献阅读方面心理和行为的变化，有时即便是阅读传统文献，大家也会先在网上查找、检索，以减少到馆占用时间，他们也会借助网络做许多辅助工作，包括在网上查看书评等。如果通过网络和数字图书馆能解决阅读所需问题，就不会再利用传统图书馆文献。但是有的文献必须运用传统文献，比如没有经过数字处理的历史报刊资料馆藏、孤本资料及网络上、数字图书馆查找不到的文献等，大家还是会选择到馆进行传统文献资料的查阅。另外，即便有的书刊可以在数字图书馆查阅，但读者因阅读纸质文本所特有的亲和力和亲近感，还是会选择借阅。

目前，需要深入阅读的专业文献有着电子文本不可取代的特点。一是因为这类文本知识系统性强，有一定深度，读者需要反复阅读和思考，读者翻阅纸质文本时可以更专注地进行专业思考和探讨。二是新近出版的专业文献，涉及知识产权保护，很多没有电子文本或在网络上找不到，只能购买或到馆查阅。三是读专业文本的读者大多数是 1985 年前出生的那代人，他们从小阅读纸质文本，虽然在新媒体时代，他们也会阅读电子文本，但仍然保持阅读纸质文本的习惯。

以网络和手机为代表的新媒体给传统的文本阅读带来了巨大的冲击。邓香莲对上海市民所做的相关研究表明，在新媒体语境下，读者的传统阅读时间比原来减少了。其原因主要有：一是经济成本因素。阅读是需要成本的，包括时间、精力和金钱，读者阅读纸质文本花费较高，而网络电子文本几乎随时随地可以免费阅读，这符合人类的逐利本性——花费最小的成本，得到最大的回报。二是传统出版物质量不高。现在，虽然每年出版的纸质文本种类繁多，但高水平的著作是凤毛麟角，大多数是为了一时之需拼凑的急就章，只需在网络上浏览一下即可，不读也没什么影响。三是电子文本没有时空限制，只要携带一个网络终端阅读器，就可以在浩如烟海的信息资源中阅读和查找，而且具有即时性、多样性、互动性特点。四是国民急功近利的浮躁心态。近几十年，中国社会发生了巨大的变革，新事物、新矛盾层出不穷，使得人们处于一种永远的信息渴求中，生怕漏掉任何新的信息，而及时传播新信息是网络的特长。少儿图书馆面向的群体是少年儿童，他们是随新媒体共同成长起来的一代，他们没有纸质阅读的包袱，更倾向于智能手机移动阅读，这切合大学生向往开放、包容、隐匿、随意和娱乐性的交流空间的心理。

互联网和新媒体带来了阅读工具的变革。"电子书"这一概念，最早出现于 20 世纪 40 年代的科幻小说中，提出电子书的书籍容量和电子显示器这两个基本要素。由此，也产生了当今两种电子书的概念，即电子文本形态和电子阅读器。这两个概念的界限并非很清楚，时常被混用。总体上说，所谓电子书籍是指以互联网和其他数据传输技术为流通渠道，以数字内容为流通介质，综合了文字、图片、动画、声音、视频、超链接以及网络交互等表现手段，同时以拥有大容量存储空间的数字化电子设备为载体，以电子支付为主要交换方式的一种内容丰富生动的新型书籍形态。基于上述电子书基本特点，与传统的纸质书籍相比，电子书具有存储量大、检索便捷、便于保存、成本低廉等优点。由此出现的数字化阅读也培养了新的年轻一代读者。

电子书的载体和技术特征给目前的电子书设计提供了新的方向。其存储量大和检索方便的特点，要求电子书设计更加关注海量信息的筛选、分类和检索。其便于保存与成本低廉的特点，使电子书设计更加偏向于大众化和功能性。由此，电子书设计相较于纸质书籍设计而言对信息编辑与版式设计的要求更趋条理化和秩序感，但却能让读者根据个人习惯或阅读环境在字体、字号、行距、亮度等方面自由调节。电子书带来的数字化阅读，也颠覆了阅读的信息载体与信息内容。电子书的信息载体已然呈现数字化特点，除了传统的电子阅读器外，配合阅读软件的电脑、手机、PAD等都可以作为电子书的载体。电子书的信息内容也逐步呈现出数字化特征，不仅有数字化的文本、图片、视频、音频等多种信息内容，在互联网作用下，这些信息内容与读者之间的互动还衍生出更为丰富的链接、推荐、评论等信息内容。由此，电子书设计需要面对全新的信息内容。从信息内容开始的电子书设计，更强调信息编辑，要求理清各种信息的层级关系，确定信息编辑的主线索。在其版式设计或动画设计中，也要求更简洁明了地呈现出这种信息层次关系，并引导读者的阅读顺序与关注重点，最后还要带动读者投入到阅读的互动体验中。

数字化阅读也正培养起新一代年轻读者。这些年轻读者，有的习惯了对数字化信息内容的接收与处理，流连于丰富的视听体验中；有的或许习惯了电子书带来的各种便利，比如便携、易于检索、成本低廉等；有的习惯了碎片化的阅读，短小精悍的信息，或用零碎的时间阅读。书籍的价值在读者阅读过程中体现得最为实在。电子书的设计，也势必更为关注新一代年轻读者的阅读特征，着眼于这些读者的阅读需求、阅读习惯、阅读方式、阅读环境和阅读体验。

三、新媒体语境下的阅读方式

在互联网新媒体时代，阅读方式正在经历网络化、日常化转向，以阅读场景的改变为核心机制，以社交、多元、碎片、日常、互动、去中心为基本特征。"后阅读"是与新媒体、新需求相适应的一种新型阅读方式，"后"意味着对传统阅读的批判与反思。与传统阅读方式相对应，"后阅读"强调阅读方式的全方位转向，不只是阅读形式的转变，更是阅读功能和阅读内涵的转变。在"后阅读"影响下，阅读文本的生成与叙事、用户接受习惯以及传播效果等方面都发生改变，诸多现有的既定规则需要重新梳理和构建以适应这种新型阅读引发的变革。

2021 年 4 月 16 日上午，在第七届中国数字阅读大会开幕式上，《2020 年度中国数字阅读报告》正式发布，多角度呈现了后疫情时代中国数字阅读产业的现状、特点以及趋势。报告指出，2020 年中国数字阅读用户规模为 4.94 亿，同比增长 5.56%；数字阅读行业市场整体规模为 351.6 亿，增长率达 21.8%。

人均电子书阅读量 9.1 本，人均有声书阅读量 6.3 本，较去年增长 5.5%。与此同时，人均纸质书阅读量 6.2 本，同比去年减少 2.6 本。2020 年用户平均单次电子阅读时长为 79.3 分钟，纸质阅读时长为 63.2 分钟，有声阅读时长为 62.8 分钟，17 点至 22 点是阅读的"晚高峰"。随着数字阅读习惯的养成，越来越多的用户也更愿意为优质内容付费。2020 年，电子阅读付费用户中的 26.8% 每月平均花费 100 元及以上。儿童也成为阅读的重要用户，儿童数字阅读付费增长 56.5%，日均数字阅读时长 29 分钟，每晚 10 点到 12 点是儿童数字阅读的高峰。

阅读产生发展至今已经有几千年的历史，与之相较，新媒体是一个只有几十年历史的新事物。在新媒体技术迅速普及以后，阅读方式也发生了相应变革，国内外学者从人文、技术等各层面对互联网、新媒体方面的阅读进行研究，并分析了新媒体语境下阅读方式的变革及其影响。

在近些年，新媒体技术的发展促使传统的阅读方式发生了重大变革，国内外研究者提出社会化阅读、网络阅读、数字化阅读等多种阅读概念用于描述这种变革下的阅读状态。蔡骐在文献《网络社群传播与社会化阅读的发展》中认为网络社群传播是新媒体语境下人与人之间从技术连接到情感共振的表现。网络社群从技术、文化和社会三个层面，催生一种强调分享、互动、社交和可移动的全新阅读模式——社会化阅读，开启了阅读变迁的序幕。戴华峰在《移动互联下社会化阅读研究的三个理论视角》中选择了韦斯特利－麦克莱恩模式和使用与满足理论作为研究社会化阅读传播模式的理论框架，揭示了社会化阅读的这种大众传播模式的复杂情况，探讨了特定的传播媒介是如何满足人们的阅读和社会化的需求。王海燕在《我国社会化阅读研究综述》中认为，我国的社会化阅读研究还处于起步阶段，质量参差不齐，大部分研究都是从某一个角度入手，专门进行社会化阅读系统性、理论性的研究还比较少；对社会化阅读的定义还没有达成一致意见；简单的描述性研究较多，缺乏学术理论支撑和模型构建。毕秋敏等在《移动阅读新模式：基于兴趣与社交的社会化阅读》中介绍了社会化阅读的概念和产生背景，分析了社会化阅读的内容聚合模式和社会化阅读应用使用的核心技术：智能推荐、信息过滤和文本摘要自动生成。张立频在《微阅读与传统阅读的共存与互补》中认为，微阅读是数字化社会的必然产物，给传统阅读带来了不小的冲击。同时，还分析了微阅读对传统阅读的变革，及其较之传统阅读的缺陷与弊端，提出了微阅读与传统阅读的共存策略。美国华盛顿大学Richards N M 教授在《The Perils of Social Reading》中认为 Facebook、报纸等一些大型企业引领了社会化阅读趋势，互联网用户之间可以在相互之间方便地分享。

网络阅读不同于纸质阅读，它是依赖于互联网通过电子文本传播和获取知识的一种新型阅读，阅读过程方便简单，节约资源，没有纸张携带等方面的限制。时少华、何明升在《网络阅读一般模式的构建》中对比了网络阅读模式与其他阅读模式，指出网络阅读的内在机制，在韦斯特利－麦克莱恩阅读模式的基础上，通过改进信息需要、信息搜索、信息使用三个方面，构建出了网络阅读的一般模式。Schmardobler E 在《Reading on the Internet：the link between literacy and technology》中讨论了网络阅读的不同方面，结合网络文本特点对网络阅读的读写能力和信息技术进行理解。

数字阅读就是阅读的数字化，主要包括阅读对象的数字化（如电子书、电子文库、网络小说等）和阅读方式的数字化（如移动端阅读、Kindle 终端、PC 端阅读等）。戴和忠、王秀昕在《数字阅读网站社交化互动体系比较研究》中认为数字化阅读实现书籍、读者和作者等之间的互动，这是数字阅读网站除阅读之外最重要、最基本的功能。柯平在《数字阅读的基本理论问题》中构建了数字阅读的基本概念体系，他认为数字阅读是一种基于数字文本和媒介信息获取技术的一种阅读活动和文化现象，它的基本理论问题包括概念、主体、客体、过程、类型以及数字阅读空间。Simpson A、Walsh M 等人在《The digital reading path：researching modes and multidirectionality with iPads》中结合 iPad 的阅读模式和多向性探讨数字阅读的路径，着重探讨了阅读形成及阅读文本的物理认知形成。

四、新媒体语境下的阅读心理

（一）阅读心理

读者阅读动机、心理与行为都是由其兴趣与需求发出的，兴趣产生需求，阅读兴趣与需求是阅读动机的基础和前提。阅读兴趣与需求触发动机，阅读动机决定阅读行为，没有动机的阅读是不存在的。动机决定阅读意向，进而形成特定的阅读心理，给出阅读的行动，实现阅读的终极目标，满足了阅读的需要。可见阅读兴趣和需求是人的阅读心理与行为的逻辑起点。所以研究读者的阅读心理与行为，首先要对其阅读兴趣与需求有所了解和研究。

1. 阅读兴趣

兴趣是主体对客体带有倾向性、选择性关切、喜好的态度和情绪。兴趣源于主体的精神需要，是获得某种知识或参与某种活动后带来情绪上的体验满足产生的。兴趣是一种无形的动力，深刻影响人们的认识和活动。当人们对某事或某种活动表现出兴趣，就会主动搜寻信息，积极投入时间和精力，甚至财力、物力，能够持久地集中注意力，引起丰富的想象和积极的思维，就能在遇到困难时以顽强的毅力去克服它。

所谓阅读兴趣，是指读者对文本选择、关注、学习的认识倾向，是一种具有稳定性和趋向性的心理表现。兴趣是读者阅读的驱动力，它引导读者搜寻相关信息，影响读者选择文本的范围，以及投入精力和时间的多少。阅读兴趣是阅读动机的重要表现。随着人的体力、智力的成长和成熟，随着人的交往活动范围的扩大，社会实践的丰富多样，人们会形成各种各样的阅读兴趣。

阅读兴趣指对读物和从事阅读活动的兴趣，有广义和狭义之分。广义的阅读兴趣，指的是读者对整个阅读活动的喜爱程度；狭义的阅读兴趣，指的是读者对某些学科文献信息，或某种体裁作品内容的选择倾向。广泛的阅读兴趣，能扩大读者的知识面，拓宽读者的视野，使读者较为全面地了解世界，它适应现代科学、技术综合发展的需要。但广泛的阅读要和狭窄的阅读相结合，阅读兴趣过于广泛，会导致贪多嚼不烂，对什么都一知半解，没有专长；而狭窄的阅读兴趣，使读者专注于特定的主题文本，深耕细犁，达到某方面知识或技能的精深。

阅读兴趣的产生要以阅读选择为前提，没有选择的滥读，产生不了阅读兴趣。阅读兴趣有高低不同的水平。高级阶段的阅读兴趣是达到理想阅读效果的发动机和推动器，因此人们应追求高级阶段的阅读兴趣。

2. 阅读需求

读者的需求，从广义上说是指读者对文献信息的要求。就图书馆到馆读者的需求而言，是读者对图书馆各种资源的需求，具体包括：精神资源，即记载人类精神、思想、知识的书刊文献资源；物质资源，即图书馆建筑设施、设备等；人力资源，即图书馆馆员及其他工作人员。读者既需要图书馆为其提供精神食粮，也需要为其提供安静、舒适的阅读空间和先进的服务设备，同时也需要为其提供热情周到的贴心服务，这三者是相互联系的。

人的需求实际上是因匮乏而产生的诉求和需要。读者的阅读需求既是个人需求，也是社会需求，是与时俱进的。就个人需求而言，读者的需求以读者阅读目的为出发点，而以其适用文献的取得为归宿。这种追索体现着读者与文献之间的关系，其演变属于阅读行为的前期活动，取得适用文献的过程也就是满足读者需求的过程。就社会需求来说，读者需求反映的是读者在社会发展的客观环境下，为适应社会，解决问题，产生了对某种知识、信息或情报的需求和向往，从而产生的对此类信息和知识努力探索和利用的兴趣。

通常读者先要了解文献的大致情况，明确范围或主题，才能围绕着它搜寻、收集和阅读。否则，就如走迷宫，走来走去，还是回到原点。要明确主题和范围，就要甄别文献的类型、类别、年限和内容的学科属性。比如，读者想了解生物基因技术，就应以近年来国内外的专利资料为重点。在主题已定的情况下，需要进一步了解情况，收集文献资料时，应利用各种文献来了解有关资料和出处，并做初步筛选，根据筛选结果浏览文献资料，确定真正有用的文本。至此，读者才完成了阅读活动的客观条件，满足了阅读需求。

人类不同的个性特征和气质类型决定其在阅读活动和行为中会出现不同的心理需求，不同的社会需求、人生定位和理想追求，也决定人的不同阅读心理需求。公共图书馆读者需求的特点有以下几点：

（1）欣赏型读者的需求特点

欣赏型读者是公共图书馆读者人数最多的读者类型，他们主要利用业余时间和公休假，来图书馆借阅图书、阅览报刊。由于受到图书馆开馆闭馆时间的限制，许多读者以外借阅读为主，以在馆内阅读为辅。

（2）学习型读者的需求特点

学习型读者在公共图书馆到馆阅读的读者中占有一定的比例，他们的阅读需求是以提高科技文化知识水平业务技能、增强自身本领为目的。他们阅读的目的明确，阅读有计划、分阶段，以图书馆作为自己主要的阅读学习场所。

（3）研究型读者的需求特点

研究型读者约占公共图书馆读者人数的 20%，是公共图书馆很重要的服务对象，他们大多是企事业单位中的研究人员和工程技术人员。他们阅读的目的明确，查阅资料的专业性很强。由于他们有较强的文献选择和获取能力，所以比较注重文献的检索，并喜欢自己检索相关文献。他们在文献利用的时间上连续性强，这与其工作性质和有弹性的工作时间有关。

3. 阅读动机

动机是推动人去活动的内在动力。阅读动机是信息需求在读者内心深处被激发和唤起的阅读欲望，它萌生于阅读活动之前，属于阅读的动机。研究和实践证明，借阅行为不一定会在读者产生文献需求后立即发生。借阅行为发生，需要借阅动机驱动。所谓动机，是指行为主体为实现一定目标，促使自己产生做某事的念头或意愿，并朝一个方向前进的内在动力。产生动机的内在条件是需求，外在条件是目标诱因，有强烈的需求、明确的目的，就会转化为借阅动机，从而产生借阅行为。

阅读需要是产生阅读动机的基础，读者的阅读行为不外乎学习、工作和生活的现实需要，都是出自一定的阅读动机。它是激励读者去阅读的主观原因，是读者内在愿望的表现。读者的阅读动机，是引发、维持其阅读的行为并将之导向一定目标的心理过程，是激励读者去阅读的主观原因，是读者的内部愿望的表现。研究读者的阅读动机，就是要从人的基本需要及由此衍生出来的阅读需要出发，观察分析其在阅读过程中的表现，把握其阅读动机及其心理活动，有针对性地为读者开展服务工作，满足其阅读需求。阅读需求决定阅读动机，有多少阅读需求就有多少阅读动机，所以说阅读动机也是因人而异、多种多样的。

4. 阅读目的

阅读目的是读者根据自身需要，通过意识、观念的中介，预先设想的目标和结果。阅读是个体的一种精神交流活动，人的阅读以目的为依据，目的贯穿阅读活动始终，而目的产生于社会实践的需要。比如一个青年工人为发展生产而钻研技术，因而产生了阅读的动机；其阅读的目的则在于吸取前人的科技成果，并用以改善自己的生产活动。读者的阅读目的多种多样，而且一个人的阅读目的也不会是单一的，他在不同的时间和不同的个人需要中有不同的阅读目的，不同的人也可能有相同的阅读目的，阅读目的是指读者为了实现阅读愿望，完成阅读行为，达到阅读效果所希望达到的目标。阅读目的也是读者希望通过阅读行为实现的结果。

读者阅读使用目的是有明显差异的。不同学历人群使用媒介的目的有所差异。其中，高学历人群依靠媒介"了解与工作学习有关的信息"的倾向性非常明显。城乡居民使用媒介的目的的差异表现在：城镇人口强调了解时尚流行趋势、与工作学习有关的信息，而农业人口侧重了解国内外新闻时事和休闲娱乐信息。

不同地区人口使用媒介的目的有所区别，大城市人口侧重了解时尚流行趋势及与工作学习有关的信息。中型城市人口注重了解国内外新闻时事，了解国内外观点与思潮。小型城市人口关注休闲娱乐，了解生活 / 消费资讯。东部人口使用媒介的动机在各方面的倾向性都很高，尤其是"了解生活 / 消费资讯"和"了解时尚流行趋势"两项。中西部人口了解国内外新闻时事的动机明显。非少数民族地区注重休闲娱乐，少数民族地区侧重了解国内外新闻时事。

5. 阅读情感

情感是人的心理体验，是客观事物在主体心理的主观感受。阅读情感则是读者在阅读文献信息时所产生的主观感受。读者接触文献资料，当它贴合读者阅读需要时，就会采取积极的肯定的态度，产生喜欢、满意、愉悦等心理体验，促进阅读活动的进行，实现阅读的正效果。阅读情感是读者心理活动中的一种特殊反映形式，贯穿于阅读心理活动的全过程，对阅读活动有积极的意义，主要能激发读者的阅读热情。读者心理的情感过程是通过认知活动的"折射"而产生的。

影响读者心理情感的因素，一是读者本身生理因素和心理素质。保持热情健康的阅读可以产生积极的阅读效果，忧愁、消极和悲观的阅读情感，其阅读效果成效甚微，或者毫无效果。二是文献外部特征和内容特征的影响。读者在阅读文献的过程中，通常会引起情感的变化，当其被某一文献信息吸引，是自己所需时就会产生阅读冲动，表现出积极而又热烈的阅读情感，否则就会产生抵触、消极的阅读情感。三是社会环境的影响。社会条件、社会历史环境和读者的生活工作环境，会影响读者对文献的需求状态，进而影响和制约读者阅读情感的发生。

（二）新媒体语境下的阅读心理

1. 新媒体的阅读的目的

新媒体阅读，首先会带来人们阅读目的、需求、动机等阅读心理的改变，由此必然导致阅读行为的改变，新媒体阅读使人们的阅读目的朝着实用信息、休闲信息的获取和消费方向转变，网络文本的丰富和生动使得阅读非常方便和有趣，使其阅读性质发生变化。利用新媒体学习知识、文化的读者人群，尤其在中低学历及没有学习、提高和研究需要的读者群中比例大幅降低，甚至有许多读者的新媒体阅读就是为了当下的衣食住行而进行上网浏览、百度导航、查证数据等。有关调查显示，我国成年人选择数字阅读的首要原因是获取信息便利。

2. 新媒体阅读的需求

社会学认为，需求有着无限丰富和发展的上升规律：人们在生产时也生产着自己新的需求，并为满足这种需求而不断创造新的更高级的满足手段，这种相互作用形成了需求无限丰富的上升规律，即需求嬗变规律。

新媒体语境下，人们阅读需求的变化表现在需求的个性化特征更加显著。读者借助于新媒体进行阅读，其阅读需求的上升和个性化主要依靠数据挖掘技术、推送技术、智能代理技术而实现，也可以说，技术为读者的个性化阅读需求提供和创造了技术条件。具体说来，新媒体的使用本身就是个性化的，网络虚拟空间为读者间的交流提供了广阔而又相对自由便捷的场域。

电影以及电视问世，视觉文本也更加直观，同时又有声音对听觉神经的刺激，就让大众的阅读更加轻松，并且能于不同的感官上获得享受。直到网络以及手机还有其他新媒体的问世，不管是视觉文本，还是阅读符号，都更加多元。在新媒体中，像文字、图像以及音频和动画等所有能够应用的符号都发挥了各自的功效，让大众享受视听盛宴，得到极大的审美通感。另外，信息超越了时间以及空间而被传播着，这就让全世界都融合在这个多媒体之中。于新媒体打造出的虚拟世界里，主体更能获得高度的信息满足感，也具备了不一样的阅读动机，那些充满时代感并且展现生活发展方向的前卫文化以及娱乐变成他们进行阅读的主要推动力。

（1）个性化推荐技术满足个性化内容定制需求

在传统阅读过程中，读者对于阅读内容主要处于主动选择、被动接受的地位，内容制作者（比如记者、作家等）对于读者实际需求了解不够充分，往往以一种主观上的"估计"或调查问卷的形式来推测读者需求。大数据技术的应用，尤其是个性化推荐技术应用以后，用户个性化阅读需求得到充分满足。个性化推荐技术是以用户兴趣为依据进行精准推荐，例如商品推荐、社交媒体推荐、阅读推荐等。在阅读推荐方面，个性化推荐系统通过对当前读者的个性化行为进行获取和分析，从而在移动终端、个人电脑进行精准内容推荐。当前，在各大门户网站（例如百度文库、新浪、今日头条等）都提供了阅读推荐功能。

个性化推荐满足读者个性化阅读需求的同时，也促使读者形成个性化阅读的思维模式。当读者拿起手机打开百度新闻的时候，系统通常是有意识地定位在个人感兴趣的主题，而且也认为这种新闻出现在显著位置是理所当然的。读者需求在促进个性化技术应用发展的同时，技术发展也在促进读者个性化内容需求的形成，两者在共同作用、相互影响过程中寻找共性、形成共鸣，同时相互促进。"后阅读"的个性化阅读内容定制需求将随着个性化推荐相关技术的发展成熟逐渐得到加强。

（2）多媒体融合技术满足多种感官需求

传统的阅读方式以文字符号为主进行内容表达，一方面内容生成者意图难以充分表达，另一方面读者难以准确获取内容。新媒体技术发展使传统内容表达逐渐转向多媒体技术融合的内容表达，内容形态不仅包括文本符号和图表数据、音频、视频、动画等，媒介技术也在内容表达中相互融合提升形象性。现有网页、PDF、Word、Powerpoint 等阅读界面都支持多媒体融合的内容表达。基于多媒体融合技术，内容表达能够更加生动形象，内容生成者的意图传递得更加准确，读者也能够更加清晰地获取和学习知识。

多媒体融合技术与个性化推荐技术、大数据技术、人工智能相结合，使得用户感官需求的个性化与精准化成为可能。有些读者喜欢音频、视频等媒体形式的内容表达，有些喜欢文字图片的媒体形式，还有些喜欢多媒体融合的形式。文字、图片的结合借助读者线性和二维的思维模式进行知识传递，视频、动画技术则能够呈现给用户连续、立体的知识内容，甚至有些知识还可以通过人与机器人动态交互的过程进行表达。在新技术的支持下，读者的个性化感官需求被感知，进而叠加在多媒体技术之上，读者阅读过程中的感官需求就能够最大化地满足，视觉、听觉、嗅觉、触觉等感官也能得到最大化地刺激。

（3）交互式媒体技术满足读者体验需求

交互式媒体，又称为交互媒体，它利用现代网络技术、数字技术、计算机技术、人工智能、大数据等技术实现人与机器、人与人之间的媒体沟通。基于交互式媒体，读者与内容生产者或读者与机器之间能够达到一种互动状态，完成交互式文本、语音、视频等多种形式的阅读。从形态上来讲，不同的知识载体的交互式技术有所不同。例如，文本形式的知识载体通过超链接、提交按钮等技术进行交互，图片形式的知识载体通过热点链接进行交互，音频可以通过语音识别技术进行交互，视频可以利用动作识别、表情识别等技术。不仅如此，不同形式的知识载体可以通过媒体融合技术相互配合实现多种形式的知识表达，突破传统的线性阅读过程，实现立体、全方位的内容呈现以及个性化的阅读体验。系统前后台交互过程相互配合，增强了用户的阅读体验，利用大数据技术系统还可以获取用户行为，增加用户个性化需求定制并促进体验形成。用户在交互过程中进行阅读，显著提升阅读体验，在视频、图片中添加按钮、超链接等控件，可以方便用户获取知识，满足了个性化的阅读体验。

（三）新媒体阅读行为

1.浅阅读将成为大众阅读的主流

互联网的开放存取精神，造成信息无限膨胀。而读者的时间是有限的，现代生活的快速移动使人们把很多时间花费在交通工具上，读者静下心来阅读的时间更有限，有限的时间应对无限的信息，读者自然选择了浅阅读，不需要多费脑子的图文声像成了读者阅读的主要文本。

2.阅读移动化

今天，人们出行活动的频次有了前所未有的增加，人们为了适应这些变化，需要了解大量的信息，而且往往是信息的即时需求，移动网络技术满足了人们这项需求。由于包括移动互联网和手机在内的新媒体实现了信息的海量存储，并具备便携性特点，在强大的用户基础上，移动阅读在人们阅读生活中的位置越来越重要，并渐趋主流，成为人们的阅读常态。

3. 阅读过程互动化

新媒体的最大特点是交互性。因此，新媒体阅读可以凭借网络技术实现实时反馈沟通、交流互动，形成双向传播，读者既是受众，也是传播者。

4. 阅读方式多样化、并用、分享

新媒体语境下，新媒体阅读方式一是出现多样化。知识点阅读，即从"一本一篇"的阅读发展到对按一定主题排列展现的知识点进行阅读；融合式阅读，即从对单一文字信息的阅读发展到对以文字信息为基础的多种形态信息相融合的多媒体的阅读；互动式阅读，即从个体阅读发展到人与人之间在交流互动中阅读；无缝隙阅读，即从特定场合条件下的阅读发展到随时随地进行阅读。各阅读引导与服务组织应该充分认识新媒体环境的这些阅读特点和方式，采取更多、更灵活的阅读引导方式。二是读、听、看三种方式并用。三是阅读范围更为广泛。四是读者之间喜欢分享自己的阅读心得。

5. 多种阅读并存

新媒体阅读时代，泛读、研读、浅阅读、深阅读、碎片化阅读、整体性阅读是并存的、同在的。比如，主题阅读、知识点阅读就属于研读和整体性阅读。

6. 阅读文本泛化

新媒体的出现，打破了传统媒介之间泾渭分明的固有边界，媒体形态日益模糊，媒体融合成为现代传播发展的主流，视觉文本大量出现。与之相对应，人类的阅读对象和阅读主体发生了重大的变化，视觉文本占据了文化的主导地位，从而使得传统的阅读动机、阅读心理机制、阅读性质、阅读效应、阅读价值等受到了严重的消解。此外，社会竞争的激化导致生活节奏加快，使得人们的阅读欣赏口味日趋休闲化、功能化、大众化和简单化。

7. 可以分享阅读心得

互联网上有各种阅读论坛和 QQ 群，例如豆瓣，将图书分门别类地加以整理，很多相同专业相同爱好的人在阅读后可以边看边和别人分享，可以就书中内容与网络上的朋友进行讨论，增强了阅读的趣味性，也引发了读者更深层次的思考。读者还可以在微博、微信上推荐书目，分享评论。

第三节 新媒体语境下的图书馆服务

一、新媒体语境下的图书馆

（一）传统图书馆服务面临困境

一是加快了受众分流，削弱了图书馆的信息保存功能。新媒体语境下，图书馆的功能、地位都深受挑战，损失了大批受众，新媒体对图书馆老用户进行了分流，同时因为移动设备的出现和应用使得图书馆信息资源保存功能大幅弱化。第 48 次《中国互联网络发展状况统计报告》明确显示，截止到 2021 年 6 月，我国网民规模为 10.11 亿，互联网普及率高达71.6%。手机网络音乐、网络视频、网络游戏、网络文学的用户规模均有不同程度的大幅增长。微博搜索、社交网站搜索、电商网站搜索等形式呈突飞猛进的增长态势。图书馆的优势正被削弱和取代。

二是受众间信息传播方式受到严重冲击。图书馆与受众间的信息传播方式是单点式，即受众借阅纸质书籍。而新媒体态势下，受众信息传播方式是交互性的，受众可以实时获取传播资源，还可以和其他受众进行交流互动，甚至建立受众群，这种交互性是图书馆所无法比拟的。

三是受众对图书馆依赖度大大降低。新媒体结合了多种媒体化特征，集文本、音频、视频、图像为一体，为受众打造全方位的阅读体验。伴随着科学技术的发展和生活节奏的改变，大众阅读方式也自纸质化转为网页或终端阅读，全新的形式符合大众碎片化阅读需求。特别是青少年群体，碎片化学习特征最为明显。选择多样的前提下,大众自然不再像过往一样依赖于图书馆。

四是图书馆信息服务能力存在局限性。伴随着计算机网络技术的发展,图书馆信息服务也随之变革,朝着数字化、个性化、虚拟化方向转变,但即使如此,也依旧摆脱不了新媒体的冲击。各类论坛、搜索形式为受众提供了更多选择,互联网海量的信息很明显要远胜于互联网的信息服务深度、广度,再加上人力资源的制约,图书馆当前可谓面临着非常严峻的考验。而要想改变现状,引入新媒体是一等要事,比如无线网络的接入、新技术的使用、软件的更新等。而在新媒体引入时要注意信息的安全性,防止出现黑客、病毒等,最大限度地保护受众隐私。

(二)新媒体催生图书馆新服务

多媒体技术日益进步,随之公共图书馆具备了截然不同的阅读环境。各种先进的电子设备被搬进图书馆中,价值移动智能的大众化,就促进了数字阅读的到来。并且有关的纸质媒体阅读也已经达到了服务的顶端,无法再给予大众更好的服务感受。所以,要进行创新,一定要依据新媒体自身的特征。另外,图书馆也创建出数字资源数据库,对数字以及各种纸质资源进行有序的储存。这两种资源存在着比较明显的区别,同时不同的媒体阅读也存在着较大的差异。在新媒体的推动下,图书馆不管是管理,还是借阅方式都有了非常大的改变,创建出协同阅读服务系统,给予各位读者更优越的服务。

在公共图书馆中,阅读服务在其各项工作中占据主要地位。当下,经济发展迅猛,我国也一直致力于精神文明的创建,于此大环境中,阅读服务对公共图书馆更有着无法比拟的价值。原来的服务系统已经阻碍了其服务工作,并且服务水平也不高。传统服务主要依靠各种资源以及工作者素质的发展来进行。但是,现在在公共图书馆中,对读者的各项服务还没有达到最高标准,整体而言,水平非常低,不能达到实际所需。

就读者服务来说,新媒体的到来代表着全方位的革新与完善。站在理性层面,借助多媒体技术能够处理传统阅读服务中的一些弊端。公共图书馆一定要紧跟时代潮流,不断对读者服务进行创新,达到人民的有关诉求，促使服务水平不断提升。新媒体语境催生图书馆公共服务转型，主要内容如下：

一是图书馆服务内容发生改变。在新媒体语境之下，图书馆的运行以及发展观念也有了一定的转变，新媒体技术的应用使得图书馆方面可以更加快捷、高质量地展开服务。但是随着信息爆炸式的增长，信息可选择性提升的同时，也发生了信息泛滥的情况，这也使得新媒体技术的便捷性没有得到很好的体现，反而使得图书馆服务工作更加复杂化。由于信息的传播模式发生了改变，用户获取信息的渠道也变得更加多样化。这也使得图书馆服务的内容开始从传统的借阅、资料参考向着智慧服务的方向转变。

二是服务资源范畴改变。将新媒体技术融入图书馆服务后，其对图书馆服务最为重要的影响就体现在服务资源范畴的改变。新媒体是以互联网信息技术作为支撑的，这使得新媒体技术有强大的信息数据库作为资源支持。与传统的纸质资料相比较，信息化的电子资料储存形式更加多样化，同时储存内容也更加丰富，用户在进行资料信息借阅查询的时候，不仅可以查阅到文字资料，还可以借助新媒体手段查阅到图片以及影像资料，这也使得图书馆的馆藏资源范围大大扩张。

三是服务方式改变。从现阶段图书馆服务展开的情况来看，图书馆的借阅率正在逐渐降低，可以看出，这主要是由于新媒体语境对图书馆的用户群体进行了重新规划。因此，实现了从坐等用户到图书馆从而促成服务转变为图书管理员主动走进用户对其进行服务，使得图书馆的服务展开成了双向的、互动的。当图书管理员走到用户中间之后，可以更好地实现对图书馆服务的深层次推广。

（三）泛传播对图书馆的影响

所谓泛传播，是指以 Internet 媒介平台为依托，通过超文本协议、超级链接与 URL、搜索引擎等媒介，对声音、画面、文字信息进行查询、分类，建立索引，并进行实时互动交流与沟通的信息传播形式。泛传播时代，信息无处不在、传播无处不在，万物皆媒，万物皆信息。

泛传播环境必然对图书馆造成的影响，以及其传播层级的泛化，动摇了传统图书馆文献信息中心地位，从而对读者阅读行为和心理产生影响。随着网络出版和网络图书馆的出现，门户网站、专业导航以网络信息检索、电子邮件的交流和文件传递为人们提供了更新更快、更周到更细致的服务。传统图书馆信息的贮藏、收集、传播借助于特殊馆藏文献，传统的简单检索和被动文献提供的服务模式正逐渐被边缘化。信息的中介层级地位"优势"正在部分地丧失。

新媒体语境下的数字媒介具有兼容性、多样性和共生性等特征，它对多种传播介质进行全面整合，使传播形成交叉互动。在线链接（超文本、超级链接、URL、搜索引擎）技术、多媒体技术的广泛应用，使得用户得以使用 e-mail、BBS、QQ 进行信息交流和传播；使用 WEB 在全球资源页面上自由地移动，通过几乎无处不在的横向链接（树形分支检索）或纵向链接（导航）随时随地完成陌生访问；在线信息仓库和收藏程序以多媒体方式使用户下载读取、传授交互等更为方便快捷，并由此建立起满足或超过自身需求的海量资源联络网。在这里，网络、资源、信息、人（传者和授者）等都是传播的内容和介质。传播介质的泛化倾向，使图书馆传统的文化知识传播源和传播介质功能获得了更大的发展空间和价值增长空间，使得图书馆的价值不仅体现在资源库和传播平台上，而且体现在知识的生产和加工上。事实上，图书馆已兼容了多种传播介质：主要是通过进行数字化工作，购进电子资源，建立自己的资源平台，挖掘、筛选和整合馆藏资源和网络资源，使信息通过虚拟图书馆平台以非线性方式面向用户流通。建立书目数据库，利用图书馆网页不受时空限制这一条件开展远程服务和虚拟参考咨询服务。建立学科馆员制度，进行文献传递。图书馆馆员进行知识整合、知识发现、课题查新、科研立项论证并捕捉科研动态。读者利用馆藏图书、资源库等获得文献资料。用户直接参与文献采购和资源建设工作等。泛传播的理念、传播的方式极大地影响并改变着图书馆各项业务工作，同时也促使图书馆多种信息交互传播和服务模式得以建立，从而实现了图书馆信息从传统平面传播向立体传播转化。

（四）图书馆新媒体服务效能评价

2014 年，作为政务微博、政务微信、政务客户端统称的政务新媒体被正式提出。2018 年，政务新媒体的范围扩大，除"两微一端"外还包括在第三方平台上开设的其他政务账号或应用。公共图书馆积极贯彻落实《国务院办公厅关于推进政务新媒体健康有序发展的意见》，纷纷在第三方平台上开通账号。截至目前，除开通政务客户端、政务微博、政务微信账号外，不少公共图书馆还在抖音、快手、哔哩哔哩、今日头条等平台开通了账号。以"图书馆"作为关键词在微博、抖音、快手、今日头条、哔哩哔哩等平台上搜索，截至 2021 年 8 月，全国有超过 200 家公共图书馆（含县区级）开通了微博账号，190 家公共图书馆（含县区级）开通了抖音账号，11 家公共图书馆（含县区级）开通了快手短视频账号，29 家公共图书馆（含县区级）开通了哔哩哔哩账号，76 家公共图书馆（含县区级）开通了今日头条账号。

影响图书馆新媒体服务效能的因素有很多，主要有以下几项：

一是平台因素。不同的新媒体平台具有不同的特点和规则，如：微博注重信息传播，能够及时有效地进行信息扩散；微信既具备实时沟通功能，又能建立线上服务大厅及时推送信息，还能根据用户需求设置不同的功能模块，包括办理借书证、图书借阅、馆藏查询、活动报名、场馆预约等；哔哩哔哩平台作为二次元及视频网站的代表深受年轻读者喜爱。公共图书馆只有深入把握各新媒体平台的特点，因地制宜地制定服务内容，才能有的放矢地开展新媒体服务，提升公共图书馆新媒体服务效能。

二是资源因素。受空间、设备和技术等因素影响，传统公共图书馆提供的多是面对面的服务方式，空间的舒适程度、馆藏文献的种类和数量，以及服务效率的高低等都直接影响读者的到馆率和借阅率。新媒体平台作为一个虚拟场地，空间设置、资源摆放等都有较大的自主性，公共图书馆在现有资源基础上可以充分利用线上空间提供多元化、个性化的服务，而在线资源的多寡和可利用的便利程度是提升公共图书馆新媒体服务效能的关键，数字资源越丰富，线上办证、借阅、缴费、打卡、积分等基本服务越多、越便利，越能增强读者对图书馆的依赖与信任。

三是技术及人员因素。新媒体平台是一个强大的载体，能够将传统公共图书馆的资源和服务有效转移至读者需要的任一时间和空间，让图书馆资源真正为读者所用，但将传统图书馆的资源和服务由线下无缝转移至线上，并根据读者阅读需求不断完善线上服务功能、提升线上服务质量，是一项艰巨的工作，需要大量的专业技术人员参与才能完成。目前，我国公共图书馆仍处于转型升级阶段，既懂信息技术又了解新媒体内容生产的复合型人才决定着公共图书馆新媒体服务的内容与质量，是公共图书馆提升新媒体服务效能的重要支撑。

四是其他因素。公共图书馆服务效能的高低取决于图书馆、读者、馆员之间的关系。新媒体服务作为一种新生事物能够满足读者不断变化的阅读需求，是促进公共图书馆转型升级并走向高质量发展的关键。公共图书馆高效应用新媒体技术和平台既需要硬件和人员保障，也需要经费保障，如何将有限的资源盘活，使其最大化发挥作用，考验着公共图书馆的现代化管理能力。此外，城市的经济发展水平、读者的素质也在一定程度上影响着公共图书馆新媒体服务的发展和效能提升。

（五）新媒体语境下图书馆服务策略

第一，更新服务理念。现在，新媒体日益进步，公共图书馆也要随之更新传统服务思想，和新媒体并驾齐驱，不断促使服务水平的提高。在公共图书馆中，其新媒体服务着重包含三大构成。第一是服务观念的指引。第二即规划有关的战略环节。第三就是不同环节中服务的细化。图书馆一定要严格贯彻执行其服务宗旨，将读者放在首位，把新媒体当成一种服务途径，于服务读者的同时也融进新媒体服务的先进理念，通过点来带动面，促使这一服务能够越来越好。所以，有关的工作者，尤其是图书馆的有关管理者，就应从思想上给予新媒体足够的关注。

第二，对各种文献进行整理。对信息加以整合即把散布于各个地方以及管理单元中的不同信息，借助有效的途径与办法，把它们融合成有着良好构造并且管理一体化，同时配置也十分恰当的整体。在图书馆中，存在着不同的中文以及外文数据库，也存在着自己创建的数据库，不同的数据库也在检索界面以及方式上存在着差别，这样就不方便各位读者进行查阅。因此，在新媒体服务中，要做到一项工作就是整合并完善这些馆藏资源的检索，使各个数据库能够畅通地进行检索。除此之外，图书馆同样要完成的一项工作即对馆藏资源与网络信息进行整合。对一些具有较高价值的馆藏做数字化处理。由此不但能够弘扬历史文化，同时也能够更好更长时间地保存这些历史资源。

第三，强化图书馆工作人员的技术提升。大部分的公共图书馆虽然引进了新媒体，但是对它的使用也只是简单的推动，尚未展现其强大功能。图书馆要把更多的精力放在新媒介的研发上，促使服务更具特色，甚至能够定制，像微信中的各种小程序等。然而，可以切实通过这些工具展开研发的工作者非常少，且部分中小型图书馆无法长久地保留人才。所以，公共图书馆就要进一步强化对技术工作者的培训，做好充分的储备，加强队伍的创建，充分发挥不同新媒体的作用，将改革图书馆建设得更加完善。

二、图书馆常用新媒体

（一）移动图书馆（App）

1.移动图书馆简介

移动图书馆的建设是图书馆数字化的进一步深化。移动图书馆是以移动无线通信网络为支撑，以云共享服务为保障，使用先进的手持移动终端设备（如手机、平板电脑等），利用无线通信网络，为用户提供搜索和阅读的数字信息资源，实现读者异地借阅、随时随地阅读的全新数字图书馆经营管理模式。移动图书馆的建设将是信息领域的一场变革，也将是图书馆事业发展的一个新阶段。移动图书馆的建设将进一步扩大图书馆的服务范围，大力提升图书馆服务社会的水平，体现图书馆在时代发展中的价值。促进阅读、提高阅读率、提升文化素质，创造学习型社会，是移动图书馆建设的最终目的。

2.移动图书馆的服务理念

当前我国各类图书馆（如高校馆、公共馆、专业馆等）的发展基本上是以传统图书馆的发展为主，数字图书馆的发展为辅。随着计算机、通信、电子、多媒体等技术的快速发展，数字图书馆的发展将会更迅猛。未来，图书馆的发展将会以数字图书馆为主，传统图书馆为辅。

移动图书馆是数字图书馆建设的重要组成部分，它不仅具备数字图书馆的功能，而且其资源具备"移动"功能。这种"移动"功能主要体现在，用户不需要依赖个人计算机来进行数字资源的检索、浏览、下载和阅读等，用户只需通过手机、iPad、个人数字助理、笔记本电脑等手持移动终端设备，就可以获得数字资源的查询、浏览、下载、阅读等服务。

移动阅读作为数字阅读的深层次应用，摆脱了需要计算机、网络以及固定地点才能进行数字阅读的约束，大大满足了用户数字阅读的移动性和随意性。图书馆引进移动数字阅读，势必会扩大用户对数字资源的使用，提升数字资源的利用率，增强图书馆的服务能力。

数字图书馆服务的目标就是让用户获取信息资源能不受时间、空间等条件的限制，也就是说，用户可以在任何地点、任何时间获取图书馆的任何信息资源。图书馆服务从过去的纸本书刊借阅服务到数字图书馆服务，已发展到一定阶段，而从数字图书馆服务发展到移动数字阅读服务，将会使图书馆的服务发展到一个全新的阶段。手持移动终端设备的使用量呈逐年增长趋势，它已经成为资源获取的主流设备。移动数字阅读的发展是社会发展的大趋势，也是图书馆发展的必然方向。

3. 移动设备在移动图书馆中的应用

随着通信技术的快速发展，以及智能手机、平板电脑等大众化的移动终端设备的快速普及，手机已经成为除报纸、电台、电视、互联网以外的第五大媒体。中国互联网络信息中心发布的报告证实了手机市场的发展非常迅速，手机用户数量直线飙升，截至 2018 年 2 月，中国 4G 手机用户超过了 10 亿，是世界上最大的 4G 通信市场之一。4G 的实现，使信息传递不再是简单的文本信息，而是丰富的图片、声音、动画等超文本信息。同时，平板电脑等移动终端设备的广泛应用，为移动数字图书馆的发展与应用奠定了良好的基础。

移动终端设备的发展，在移动数字图书馆的建设以及人们的日常生活中，发挥着重大作用。有了移动数字图书馆后，手机等移动设备就不再是单纯的、简单意义上的通信工具，它将成为一座通往拥有无限知识海洋的图书馆的桥梁、一把可以打开知识宝藏的钥匙。

4. 移动图书馆服务模式

（1）一站式服务模式

所谓的一站式服务，即把移动图书馆中的所有的服务功能进行规整，使其汇聚在 Web 站点的服务入口，以此让各位用户更为便捷地运用。各位用户就能够借助该服务入口对不同的异构资源展开并发性的搜索，得到图书馆内部以及外部的众多资源，同时也能够对资源进行一定的掌管（像上传各种数字资源，或是对各项资源进行划分）。其重要的环节就是整合移动图书馆当下存在的各种功能以及资源。现在，就移动图书馆而言，其众多的网络数据几乎是分布式地储存以及访问。假设用户需要对某一数据库进行检索，就必须使用它的检索系统，进入到它对应的检索界面。不能统一检索不同数据库的内容。以云计算为基础的移动图书馆，通过其云服务平台，对不同图书馆的各种资源进行有效的整合，并形成一套服务系统。而移动图书馆仅仅需要把供给各种资源的"云"、给予动态数据服务的"云"，还有给予软件平台服务的"云"，借助语义 Web 将其发展成一种新型服务的应有程序，通过 AJAX、RSS 以及其他技术把众多的数据由这些"云"回归到 Web 上，并以相同的方式进行组合，并显现出来，这样各个"云"中的内容就能够联系在一块，而最后呈现给各位用户的是完美的数据链接平台。这个无缝式平台可以向用户提供快捷、直达资源的贴心服务。整套服务虽然在"云"里由成千上万台计算机为用户提供，但对于"云"外的用户来说，他看到的只是一个统一的"服务"（或接口）界面，用户使用云服务就如通过互联网使用本地计算机一样方便。

（2）平台服务模式

移动图书馆云战略是开发和设计数字图书馆云服务平台。在该平台上共同构建应用层服务，即构建多级移动图书馆云服务中心，为用户提供各种类型的数字图书馆服务。移动图书馆云服务平台能将分布式的图书馆资源以及服务融合成一个完整的整体，发展成能够掌控的自适应的云服务系统。对不同的服务实时动态地掌管，以此达到不同移动图书馆的有关诉求，给予各个图书馆之间明确的协作以辅助，促进不同图书馆用户的积极参与，给予社会化网络建设大力辅助，图书馆利用移动图书馆云服务将各种数字资源进行整合，做出了关联，甚至实现了可视化。

（3）个性化服务模式

所谓的个性化服务，即用户驱动的，能够进行定制信息的一种服务。其按照各位用户的知识构造，依据其信息诉求，同时考量他们的行为方式以及心理等，有目的地创设出个性化的服务环境，给予用户定向的信息。在云技术的作用下，图书馆就获得了更新的办法以及手段来实现个性化信息服务。例如 RSS，其给用户订阅自己感兴趣的资源和服务另辟蹊径；博客本身就是一个虚拟的个人空间，可以应用到图书馆成为个性化的系统平台。图书馆利用这些个性化的信息系统平台，创建出相应的用户模型，充分了解用户的各种信息行为，仔细研究其信息诉求，同时参照研究结果，给予用户众多个性化的服务。

（4）资源共建共享模式

第一，云计算的大背景中，每天充斥着越来越多的知识信息。而各个图书馆再单独地服务于不同的用户，显然已经无法满足众多读者对信息的诉求。同时，各位读者已经不单单需要馆藏信息服务，更需要的是内容新颖全面，并且有着不同类型与形式的广泛信息。各位读者在信息上的要求更加全面、更具整体性。很明显，某一图书馆自己是达不到的，需要不同图书馆之间的合作。实行信息共建共享，是当下图书馆亟待处理的一大问题。借助云计算，有关的图书馆就能够一起创建信息共享空间。由此，它们也能够一同享用通过众多系统结合而创建出的基础设施，无须完善有关的硬件设施。这样对图书馆而言，不但减少了运行成本，而且也促使效率大幅度提高。第二，不管是 Web 2.0 的日益进步，还是图书馆 2.0 的问世，以云计算为基础的移动图书馆中最为重要的成分即为用户。在资源的发展中，一定要关注各位用户的积极参与，把他们的所需当成动力，让数字图书馆可以汇集各位用户的资源，也充分挖掘出他们的资源，促进用户自己来创造资源。这也是云计算环境下资源建设与以往资源建设最大的不同之处。第三，在云计算环境下互联网用户通过高速网络不仅得到整合后的全国各大图书馆资源，更是得到一种免费的计算能力，并且通过"云"的组织与匹配将最专业的最被需要的信息资源、计算能力和服务反馈到用户界面，从而避免了用户和图书馆双向的硬件投资与重复建设，并节约了时间，提高了效率。在云图书馆中，通过云计算技术，建立基于云计算的大型虚拟图书馆，整合优化资源，实现最大规模的资源与服务的整合，使用户的信息需求获得极大满足。云图书馆给予图书馆在网络上展示和服务的空间，节约投入成本，提高图书馆参与后网络时代的积极性，提高移动图书馆在网络当中的影响力，全方位提升了图书馆服务的能力，给用户提供更好的体验。

（二）微博

1. 微博简介

微博（Weibo）是微型博客的简称，是一种基于用户关系的信息获取、分享和传播的社交媒体和网络平台。允许 PC 和手机等移动终端接入且实现移动端和 PC 端的信息互通，通过文字、图片和视频等多媒体传播形式，实现信息的即时分享和传播互动，具有及时性和便捷性等特点。

最早也是最著名的微博是美国的 Twiter（推特）。2006 年 3 月，博客技术先驱 Blogger 创始人埃文·威廉姆斯（EvanWiliams）创建的新兴公司 Obvious 推出了大微博服务。在最初阶段，这项服务只是用于向好友的手机发送文本信息。2016 年 7 月，Twiter 全球独立访问用户量已突破5000 万。

国内微博发展经历了三个阶段，见下表。

项目	第一阶段	第二阶段	第三阶段
时间	2007—2008 年	2009 年	2009 年下半年至今
代表	"饭否""叽歪"	"嘀咕""Follow5"	"新浪""腾讯""网易"
发展状况	关闭	转型走出困境	腾讯、网易退出，新浪一家独大

2. 微博的特点

（1）实时性

只要有网络，微博可以随时发布，也许一分钟之前发生的事情，一分钟之后就能有一百个人甚至更多人知道它。对于突发事件，没有任何一个媒体能够比它的速度更快。微博几乎能够以直播的方式进行事件的播报。

（2）随意性

微博上的信息随意性较大，信息的来源不确定，真实性得不到保证，加上部分用户为了吸引眼球或出于其他目的故意造谣，使得微博上的信息难以获得用户信任。

（3）易用性

微博使用起来极为方便，很多五六十岁的人也能把微博玩得很好，哪怕他们不懂得任何互联网技术。

（4）高速度

微博最显著特征就是传播迅速。一条热度高的微博在各种互联网平台上发出后，短时间内转发就可以抵达微博世界的每一个角落。

（5）容错低

如果不小心发错了一条微博，马上删除也不能挽回，因为在删除之前就已经传播开来，留下印记无法抹掉。

3. 基于微博的阅读推广服务

微博这一新媒体平台也是个体信息即时共享的一个整体性的平台，它正推动着我们社会的变化。大到国家的经济政治，小到普通民众的生活，随处可见微博的巨大作用。年轻的一代更是微博的忠实用户。现在，其也发展成图书馆阅读宣传的一大有效平台与媒介。利用微博开展阅读推广服务工作具有以下优势：

（1）使用人群广泛，传播时效性高

2020 年我国成年国民包括书报刊和数字出版物在内的各种媒介的综合阅读率为 81.3%，人均纸质图书阅读量为 4.70 本，人均电子书阅读量为 3.29 本，较 2019 年均有提升。从不同媒介接触时长看，成年国民每天手机接触时间最长，达 100.75 分钟。此外，成年国民人均每天互联网接触时长为 67.82 分钟，比 2019 年增加了 1.77 分钟。手机阅读和网络在线阅读成为成年国民数字化阅读的主要方式。新媒体阅读增长迅速，阅读人数越来越多，它早已发展成民众阅读的一个高增长点。就高效阅读而言，主要的宣传目标为广大的学生。像电脑或是手机等电子产品在他们中非常普遍。而微博，作为一种新型的媒体信息传播途径，将文字、音视频以及网页等不同的信息传播集合在一起，能够进行分享，也可以进行传播，更方便获得信息。此外，微博在传播信息的过程中更加关注其时效性，可以在最短时间内就将信息分享出去、更新动态。而各位用户借助微博就可以了解到自己感兴趣的各种信息。所以，微博得到了众多用户的青睐，发展成广大用户获得信息必不可少的一种方式。除此之外，微博并未设置较高的技术门槛，用户借助手机以及电脑等就能够即时了解到有关的信息。所以，微博获得了众多用户的关注。

（2）阅读方式灵活便利

网络科技巧妙地与移动通信融合在一起，由此促使各位用户在任意时间任意地点就能够查阅各种网络信息。大众能够在家中、在办公室、在学校里或是在一些公共休闲场所随时进行阅读。阅读打破了时空的限制。各位读者获得了更加便捷的阅读条件，而阅读获得也更具个性化。所以，图书馆也要做出一定的转变，以满足读者阅读的诉求。借助微博来进行阅读推广，读者可以在任意时间任意地点登录微博，查看收到的阅读信息。微博阅读比较灵活，也十分方便。读者能够按照自己的意愿关注某些信息或是某个个体，由此让各位读者能够更积极地加入阅读之中。

（3）阅读内容随意化

在新媒体的作用下，大众每天都可以掌握众多的信息，同时能够依据自身兴趣以及诉求定制有关的信息服务。信息阅读有着更高的随意性。在网络中，不乏各种有趣的新闻，也能够查询有关的信息，更能够进行娱乐或是广交好友。由此满足大众在阅读上的不同诉求。通过新媒体，各种阅读内容更具随意性，能够获得读者关注的内容频出。而微博的推广可以满足读者阅读方式的变化，同时运用新奇的内容来赢得各位读者的注意，使阅读推广具备更佳的成效。

（4）阅读活动互动性强

在新平台中，网络阅读具备了更高的互动性，主体地位更加凸显。大众一方面能够按照自身兴趣挑选阅读的内容；另一方面，也能够把各种信息发布出去，或是转发自己感兴趣的信息，或是对此进行评论等。微博达到了广大用户这一主观心理诉求，所以其受到了大众的追捧。博主会不定时地发布各种信息，能够和其粉丝进行即时互动。其粉丝数量也最终决定了信息传播形成的规模。然而，在微博中，信息的传播会出现"核裂变"的巨大效应。各位用户会对自身觉得存在一定价值的抑或是感兴趣的内容进行转发，由此，该内容就会一级一级地传播开来。另外，用户也会针对某一话题表达自己的看法，能够与博主还有一起关注该话题的别的用户展开即时交流，进而使越来越多的用户认识博主、并进行关注。这样，博主就具备了更大的影响力。

4. 基于微博的参考咨询服务

所谓的参考咨询服务，即图书馆的有关工作人员在各位读者使用文献资料或是寻找有关知识时给予他们帮助的一种活动。通过帮助读者完成检索，或是给予解答咨询等，给予各位读者有关的数据以及文献，以此来满足用户的有关诉求。这也是参考咨询的最终目的。以服务内容为基础可将其分成两种。一种是一般性咨询服务。另一种为学科主体咨询服务。而微博具有非常快的传播功能，也具备极高的互动性，在它的加入之下，传统参考咨询就更加便捷，有关工作者就能够借助微博，更便捷地分辨出各种信息，掌握各个用户之间的关联，给予个性化的服务。

（1）信息发布

图书馆能够借助微博来实现资讯的即时发布，像图书馆公告或是有关的培训活动等。同时也能够推荐新作品、公布图书预约排行榜。借助微博的推广，广大读者能够及时知晓最新的活动，掌握各种资源的使用状况，由此可以更好地利用各项资源。而且在不停地"转播"以及"分享"下，更多的群众会知晓图书馆的各项服务，进而会慢慢进入到图书馆中。

（2）实时咨询

借助微博来实现实时咨询。这样能够尽可能地满足读者的信息诉求，给予个性化以及全程化的虚拟咨询。各位读者咨询的问题是各种各样的，并且不能进行预测，有的非常简单，有的又异常繁杂。就简单的实时咨询而言，有关工作者就可借助 FAQ 抑或是运用当下存在的馆藏来完成回复，同时也能够借助机器人来实现答复。而就那些研究性以及技术性比较高的咨询而言，由于字符的限制，微博实时咨询难以解决，可以通过其他虚拟参考咨询方式（如：邮件、知识导航等）辅助完成，将咨询结果的链接返回给读者。

（3）联合管理

微博本身并不提供特别复杂的功能，但可以选择微博的第三方应用辅助完成参考咨询工作。利用客户终端应用管理图书馆多个微博账号，回复读者咨询信息，对读者进行分组管理，便于馆员分工协作；利用统计类应用，掌握虚拟参考服务的实际状况。借助有关的备份工具，做好微博的备份工作，一方面使其更加安全，另一方面也给将来的工作做参考。

（4）内部交流

微博还有一大作用，就是用于图书馆内的交流。由此，图书馆中的各位职工能够更好地交流。有关工作者通过微博公布有关的信息，提出各种问题，并分享自己的想法、主意，同时也分享自己的工作等，馆员之间有了更密切的联系，进而会发展成一个团结协作的良好整体，更方便各位工作者思想的交汇碰撞。

（5）读者培训

虚拟参考咨询能够给予各位读者帮助，处理掉查阅信息中的各种问题，力求让他们更好地运用各项信息资源。同时，图书馆可以利用微博对读者进行有关的培训，使其具备更高的能力来自己获得有关的信息。图书馆可直接发布微博进行讲解，将有关培训的音频、视频进行上传，完成上传之后，有关的音频以及视频就会出现在微博下方，这样各位读者就能够自行查阅。图书馆在平常也会举办各种咨询服务的讲座。这些活动也能够通过微博进行直播。在培训尚未开始之前，就先发布其内容，寻求各位读者的建议。于讲座过程中，和各位读者展开互动，针对有关建议对培训进行调整。培训后，整理归纳读者的各种问题，找到他们的信息诉求。通过微博对读者展开培训，能够摆脱时空的限制。而要想掌握培训的具体情况，可查阅记录。这样就不再运用之前单一的授课模式，使馆员与读者、读者彼此之间，进行多方面的互动。以上种种在传统面授中是不能实现的。

（三）微信公众号

1.微信公众号简介

微信诞生后，很多功能在它的发展过程中被推了出来，如摇一摇、微信公众号、小程序、微信支付等，而在这么多功能中，微信公众号被网民们评价为"微信最具价值的功能"。微信公众号的推出，帮助微信成了国内最大的移动媒体信息分发平台。微信公众平台也一举成了企业、组织、个人等最主要的营销推广渠道。

2012年8月，微信正式推出微信公众号，微信公众平台正式向普通用户开放。该平台产自腾讯企业，是给各个企业、政府、不同的组织以及众多的自媒体做推广的一个平台。其能够借助该平台来宣传自家的品牌或是进行形象的推广，和各个用户保持线下以及线上的关联。微信公众号具有多个模块，比如交流界面，还有常用的自定义菜单，另外推送信息也是十分重要的一项。由此就给予用户不同的服务，让其能够和组织机构之间进行即时沟通。而组织机构具备非常重要的一大功能，即关键词回复。这样就能够处理用户的一些普通问题，给用户创造了一个便捷的沟通平台。而该平台的推送服务能够给各位用户推送一些有趣的以及他们有兴趣的知识。此外，自定义菜单能给予各位用户个性化的自助服务。同时企业也能够借助这一功能展开营销。在公众号中，信息的传播方式是一种病毒式的传播方式，运营方一定要把握好质量大关，一定要把内容摆在最重要的位置，及时发现那些潜在的用户，展开有针对性的互动，由此才可以实现预期的推广成效。

2013年8月，微信公众平台为了更好地为用户服务，将微信公众号分为了服务号和订阅号，针对不同的运营主体，给予的权限也不一样。微信公众平台目前提供服务号、订阅号、小程序、企业微信服务。订阅号主要偏于为用户传达资讯；服务号偏于服务交互；企业微信是一个基础办公沟通工具；小程序是开发者可以快速地开发一个小程序。2015年4月，微信公众号开放了自动回复、自定义菜单配置，这一举动让微信公众平台的自主性得到了增强，并且能更好地与用户互动，保证了用户留存信息的便捷性，这时，已经有不少组织凭借微信公众号的推广取得了不小的成效，越来越多的图书馆也将目光放在了微信公众号上，并开始了自己的微信公众号建设。

2.微信公众号特点

（1）以手机用户为主要服务对象。

像微博以及 Facebook 等社交媒体最开始时依靠电脑，随着移动互联网的发展，可以在手机上加以运用。和别的软件相比，微信最初的定位即为即时通信工具。所以，它就是针对手机用户的一种社交 App。因此，微信最开始也是于移动终端设备中发展，并获得了众多的用户。而当下，腾讯又研发出其网页版，同时也和搜狗展开了合作，创造出微信搜索服务。但是众多普通用户依旧喜欢运用手机微信。智能手机在中国迅速盛行，公共网络也不断完善升级，由此更多的人都离不开智能手机了。这就表明会有更多的人使用微信这款软件。面对这样良好的发展态势，该平台就能够更加精准地针对手机用户，设计出恰当的推广手段以及相符的服务内容。

（2）面向大众，使用门槛低。

我国以及国外众多的移动图书馆，给予各位读者良好的移动服务。然而，其服务对象存在着一定的限制条件，主要是其馆内的读者以及有关的人员，别的群众不能使用。而微信却不存在任何门槛，只要是智能手机用户，下载微信软件，就能够运用。而且运用的范围也比较广，用户可以依据自己的兴趣关注一些公众号，之后就能够享受有关的推送了。通过微信开展的推送是一种主动状态的推送，各位用户仅仅需要完成推送消息的点击就能获取信息，不会浪费太多的时间进行搜索。这样就减少了用户的智力门槛，不管处于哪个阶层，用户都可以非常快速地适应，也能很快入手使用，由此，微信有了更广的使用范围。

（3）信息传播交互性强。

能够进行一对多的对话。运营主体能够和全部的订阅用户展开实时沟通，助其处理各种问题。另外，公众号也可以进行评论。用户能够针对自己较为感兴趣的信息表达自己的看法，也能够和别人展开线上的沟通，这样信息传播就具备了更高的交互性。微信传播是一种封闭式的传播，存在于朋友之间。发布到朋友圈中的有关文章会更容易被阅读。就微博而言，其更加重视能够实时推送信息，对传播效果却十分随意。与之不同的是，微信公众号中的信息传播是以用户的自主关注为前提，由用户挑选信息源。所以整个的传播过程即先经过用户挑选，之后信息源发出有关的信息，最后用户收到信息。由此，也使信息传播更加有效。

（4）自定义菜单服务。

在 Facebook 中，用户能够自主下载需要的有关软件。但是就公众号平台而言，运营主体自己研发相应的应用菜单。Facebook 更加注重用户的所需。而公众号就更加注重运营主体的所需。于公众号中，运营商可以依据自己的市场定位来设置自定义菜单。依据三大总菜单，再分别进行研发，设置出各个子菜单所提供的服务，让自定义菜单不但可以达到用户自主获得知识的诉求，同时也满足不同用户的个性化所需。运营商具备了自主研发自定义菜单的权力，就要付诸一定的人力、财力等进行市场调研，掌握广大移动用户对菜单服务商的有关诉求。由此才可以确保用户会长久地选择该公众号。这是运营商要应对的一项重大挑战。

3. 基于微信公众号的服务

在微信中，开放接口和馆藏目录 OPAC 衔接能够支持众多的功能，比如可以查询馆藏中的各种书籍，能够和学生的一卡通绑在一起，随时掌握学生的一些信息，也能够查询掌握最近的讲座信息，或是查询了解资源的更新等。普通的订阅号在信息反馈上都比较不容易记忆，它们力求更加清楚地实现信息的推送，这就进一步强化了用户自主获得的行为，使得推送的信息更加符合用户需求，降低了推送无用信息的可能，提高了推送效率。此外，通过绑定用户身份信息提供的服务种类有所增加，除了个人借阅信息管理，更增加了讲座预约、馆员助手、荐书信息和预约空间等，提升了对用户信息的接收、反馈与管理程度。

（1）短信服务

提供新书推荐、逾期提醒、讲座和展览等信息，并提供图书借阅、查询、续借等服务。

（2）WAP 网站服务

该网站支持各类手机和各种移动终端设备，栏目设置包括资料查询、新闻公告、档案服务、数图推广、文化共享等。

（3）彩信服务

通过链接直接访问互联网全文，将信息文摘和全文 URL 相结合，为用户提供丰富的资讯。

（4）微信服务

通过微信公众平台，创建"微信图书馆"，并能够进行文字自动应答，同时给予多媒体信息的推送，内容包括各种热点信息、一些通知或是公告等。

（4）App 应用程序。

开发基于 Android 平台的应用程序，包括馆藏的查询、续借、检索以及图书、报纸、视频的浏览等功能。

（5）二维码服务

在 OPAC 书目信息查询结果中添加二维码动态生成功能，记录书目信息，读者可在书库中查找图书并绑定借书证信息生成二维码电子证。

（四）短视频

1. 短视频简介

短视频是一种以秒为单位计算视频长度的内容呈现方式。短视频更新频率很高，时长从几秒到几分钟不等；基本上都是依托移动智能终端（手机），实现快速拍摄、美化编辑等工作，在社交媒体平台上实时分享，把视频内容展现出来。有很多企业利用短视频推广产品和品牌，具有营销内容的短视频在微信、微博等社交媒体平台实现快速、高效的推广。由于短视频内容可以随时分享，同时其内容既可以幽默诙谐，也可以充满时尚元素。其碎片化的特点，使用户体验更好，所以越来越受到用户的喜欢。

短视频既是新媒体时代发展的重要产物，更是媒介融合背景下的一种主要媒介形态。据相关数据显示，截至 2020 年 12 月，我国网络视听用户规模高达 9.44 亿，网络视听产业规模破 6000 亿元，同比增长 32.3%。其中，短视频领域市场规模达 2051.3 亿，占整体市场的 34.1%。可见，我国短视频市场规模呈现出爆发式增长态势。

国内短视频发展主要经历以下几个阶段：

阶段	时间	代表	发展状况
萌芽期	2004—2011 年	土豆网、乐视网、快手	乐视和土豆是最早的用户 UGC 视频分享网址，2011 年快手诞生
探索期	2012—2015 年	微博、今日头条	诞生了"一条""papi 酱"等知名短视频自媒体
成长期	2016—2017 年	抖音、快手、火山小视频	2016 年抖音上线，大量移动短视频应用 App 集中发布
成熟期	2018 年至今	抖音、小红书、哔哩哔哩	商业模式逐渐成熟

2. 短视频特点

短视频内容融合了技能分享、纪录片、网红 IP 型、幽默搞怪、时尚潮流、社会热点、街头采访、公益教育、广告创意、商业定制等主题。时长一般介于 15 秒到 5 分钟，15 秒、30 秒、45 秒、1 分钟、3 分钟、5 分钟是几种主要时长。这几种时长也是当下大多数短视频平台、移动端 App 上传视频的时长限制，其特点包含如下几点：

（1）编辑简单，进入门槛较低

移动端视频编辑 App 丰富多样，如剪映、快剪辑、VUE Vlog、Vedioleap 等，操作简单，且自带简易教程，非常容易上手编辑操作。拍摄也很方便，当下智能手机基本上能完成较高清的拍摄任务，同时短时间可实现由拍摄到编辑再到产出一条短视频的任务。

（2）模式多样，展现形态丰富

模式多种多样，例如，工厂类，展示产品原产地，带来信任感；种草类，展示产品的效果，促进销售带货；IP 类，强化人设，推广品牌；剧情类，反串角色，广告植入，搞笑剧情；VLOG 类，强化个人人设，编排故事；评测类，专业测评，增加信赖。还有技能分享类、街头采访类、创意剪辑类、纪录片类等，形态各异，模式多样，全方位契合受众的需求。

（3）社交属性强，创意性好，参与度高

投放在各大短视频平台，如微信、微博、哔哩哔哩、小红书等平台，流量大、用户多、社交性强。在各大短视频 App 中，大众的参与度高，接受程度好，创意性强。

（4）传播方便，时效快，耗时短

能贴近受众情感体验。短视频的拍摄与编辑比较简易，出片高速，传播渠道多样方便，传播时间短，能精准地贴近受众的情感体验。

（5）广告效益佳

短视频能全方位带给受众声、音、画等全包围式体验。对比受众在浏览长篇文字时阅读广告，短视频要更有品牌回忆和购买意向性。可以短视频为载体，通过广告植入带货、电商＋直播等方式促销、推广。

3. 基于短视频的阅读推广

（1）传播渠道与受众扩展

图书馆学家于良芝教授认为，阅读推广的目标是"要以最小的代价向尽可能多的读者提供尽可能多的图书"，而传统的阅读推广方式却很难做到这一点，线下的推广需要场地、空间，且受众覆盖面窄，线上的新媒体推广如书评、影视等表达方式需要投入较多的资源。而短视频却可以轻松实现"最小代价"和"更多读者"这两个目标，从而实现受众扩展。首先，正如前文所说，相对来说，制作阅读推广短视频对文本的理解程度要求不高，技术赋能使得内容创作更加容易。因此，短视频阅读推广所需要付出的代价是"小"的，一些短视频甚至有可能是随手拍摄的阅读场景和图书影像，使得短视频阅读推广的内容呈现出极大的丰富性，覆盖了大量的长尾人群。其次，短视频平台的用户量是巨大的。根据最新统计，2020年抖音短视频平台的日活跃用户突破 6 亿，快手的平均日活跃用户为 3.02亿，可以说当前是全民参与短视频，各类型人群都被无差别化地卷入其中，这为短视频社会化阅读推广的受众扩展提供了基础。最后，算法下的内容精准分发大大降低了信息传播和获取的成本，阅读推广短视频被更加精准地分发给对其感兴趣的用户，而用户之间的互动传播也会进一步加深短视频传播的深度和广度。

（2）知识传播与知识增值

阅读推广短视频属于知识类短视频的一个分支，与图书相关的背景知识、内容解说、作者介绍等都包含了大量的知识点，这些短小、碎片化的知识点以其庞大的数量覆盖到用户生活的多个场景，在传播过程中能充分调动起受众的视觉、听觉、知觉等多种感官，给受众带来沉浸式的阅读体验，充分利用碎片化时间接受知识。受众在接收内容后也会进行多角度的交流互动，参与到图书信息内容、故事情节的交流之中，形成关于图书信息的文化交流空间。通过"亲自参与，置身其中"，人与媒介深度融合，成为媒介的一部分，实现核裂变式的网络传播，并在分享和互动中获得归属感、参与感、认同感和美感，构建起网络传播、互动传播的传播矩阵，使得传播无处不在，大大增强传播效果。

阅读推广短视频在传播的过程中，其知识总量、信息价值会随着传播持续不断累加。首先，在阅读推广短视频的制作过程中，创作者对图书内容进行解说，还会表达自己的看法，"阐释"的过程其实是一次"再创造"的过程，这一过程是内容创作者将图书中的隐性知识转化为更通俗化的显性知识，同时也将自己头脑中的隐性知识分享出来，是隐性知识显性化的过程。由于分享片段的感悟、思想，比起系统性进行深度归纳总结更加容易，所以在短视频中分享观点的内容创作者很多，金句频出，拓展了"知识的边界"，使知识本身发生深远变化，这本身就是一次知识的增值。其次，在传播的过程中，短视频平台特有的戏仿、拼贴文化使得受众的身份发生改变，由内容接受者转变为内容创作者，在这一过程中，多方共同的参与使得内容不会一成不变，而是会不断改变原有内容中"能指"与"所指"的对应关系，丰富内容的多义性，这也是一次知识增值的过程。最后，阅读推广短视频形成的阅读交流空间，让知识覆盖更广泛的受众，提升知识的功能价值，同一圈层的成员在这一空间中进行互动、交流，集体的智慧转化为新的知识，从而实现信息增值。

（3）情感连接与阅读动员

在短视频出现之前，图书的宣传与推广以专题图书推荐、借阅排行榜、优秀作家及其作品介绍或摘录、读者书评等为主，依赖文字和图片促进读者产生精神认同并进行价值凝聚，形成基于图书的价值共同体，从而促进读者去阅读。但这种方式长期存在着形式内容单一、影响力小等问题，无法满足读者需求，宣传与推广效果不显著。而以短视频的形式宣传和推广图书并不仅仅是内容呈现方式的转变，也不是推荐渠道的路径迁移，而是阅读推广中价值凝聚方式的转变以及"认同"实现路径的迁移。短视频使传播实践从二维空间延伸到了三维空间，利用人和场景构建的内容，以声画结合的方式，从图书或作者的角度出发，让受众进入到可听、可品、可触、可视的互动式传播阶段，营造出强烈的现场感，观众与内容有了更深的情感连接。由此而形成的"重构"，意味着"人与物"之间的有效连通，能有效促进观众在情感、思想、态度等方面发生转变，观众在充满各种导读解说、悬念疑问、旁敲侧击的阅读推广短视频中找到价值认同，引发情感上的回应和互动，并想要深入到纸质文字中去考证、整合、联想和回味，实现阅读动员的目的，从而引发真正的阅读行为，提高阅读推广短视频的传播价值。

三、图书馆微服务

（一）微服务

微服务的概念源于 IT 行业，由 Martin Fowler 与 James Lewis 在 2014 年共同提出。微服务概念一经提出，就因其轻量化、独立化、精准化的特征，得到了各行各业的关注。它打破固有边界、按照服务分割的架构理念，紧密围绕业务需求、将服务分解为尽可能小的量，这些"微服务"独立运行、分开管理维护，彼此之间使用轻量级的通信机制交互，基本实现自动化。早期的微服务研究主要集中在技术领域，直至微博、微信等微平台的出现，关于微服务的研究逐渐扩展到图书情报领域，吸引了图书馆行业的关注。以微博、微信、短视频等移动应用系统为基础提供的微信息服务成为图书馆的重要服务模式。此时，微服务已经发展成细微个性的服务，它拥有更前卫的服务理念，追求功能更全面、形式更多样、技术更先进的服务空间。

关于微服务的概念，国内学者各抒己见。杨智勇、史晓杰提出微服务是一种"短、平、快"的全新服务方式，为用户提供个性化服务、专题化服务、特殊化服务以及差异化服务。侯瑞芳、李玲、徐敬宏认为微服务是一种"随时、随地、随身"的服务，其服务方式因用户的改变而改变。金铃认为微服务较传统服务方式更加多元、便捷，交互性与个性化特征明显。综合借鉴学界对微服务含义的理解，微服务是一种以现代信息技术为基础，利用微博、微信、抖音等微平台为用户提供主动化、个性化、多元化信息资源的服务方式。

（二）图书馆微服务

图书馆微服务的兴起离不开微信息环境，又称微内容环境或者微媒体环境。单纯地通过传统服务来给予各位读者服务，显然不能达到他们于微环境中的各种诉求，一定要对服务形式进行革新。所以，图书馆就将"微服务"引进来。新媒体技术日益进步，随之微服务也发生着转型。刁文艳针对目前高校图书馆微服务现状，提出了高校图书馆可以为用户提供更加精准的一对一服务，应重视开发参考咨询、学科服务、知识管理等类型的知识服务，形成一个实时的学术讨论平台。常金玲，胡艳芳提出高校图书馆微信公众平台给用户推送的信息应当是有知识性、有价值的。靳艳华指出，未来图书馆微服务的发展方向：（1）图书馆必须建立一支精良的微服务团队。（2）图书馆微服务强调满足每个读者的信息需求，按照学科和需求细分读者群，为读者推送个性化知识。（3）多渠道、多角度实施微服务。（4）与读者形成良性互动。因此，在未来的图书馆微服务发展中，知识服务是未来服务的发展新方向。毕强认为，微服务环境中的交互行为间接地折射出个体或群体背后的知识层面、个人偏好的分布情况。

所以，就图书馆而言，站在微服务的实际角度，并考量其之后的发展方向，最为重要的两方面即互动以及分享。这将是微服务的生命之源。由此，于知识服务中，各个用户间进行的交互以及分享就更为明显。图书馆想将更优越的服务，尤其是知识服务，供给各位用户，就要创建不同学科的研讨群。于知识服务中，微服务具备的交互以及分享特性会更明显。

（三）图书馆微服务特征

现在，在各个高等院校的图书馆中，一项主要的服务即为微服务。同时它正在向着知识服务的方向前进。和传统图书馆服务存在着一定的差异，微服务更加重视借助各种移动终端来给予广大用户知识。而就图书馆而言，其微服务着重想给予用户短小又精湛的知识，达到用户在任意时间任意地点都能够进行阅读的诉求。在其方式以及有关内容的基础上，可把它的特征划分成两大层次。其一为移动化，其二为社交化。同时也可把它划分成四大方面。第一为泛在化，第二为碎片化，第三为个性化，第四为交互性。

（1）泛在化

其泛在化着重针对服务内容以及形式而言，同时也涉及用户的泛在。其为公共服务最为重要的一大理念，涵盖了三大方面。第一为按时获得微服务。第二是按照需求来获得微服务。第三为不存在任何身份障碍地获得微服务。泛在化的最终目的即让各位用户可以在任意时间任意地点方便地获得所需信息。

（2）碎片化

其碎片化即为高等院校的图书馆通过平台给予各个用户的内容更加短小精悍，可能是一张图画，或是一段音频等，让用户可以更加便捷地进行阅读。在微信中，推送的各种内容都比较短小，内容经过了提炼，可以更好地满足用户所需。

（3）个性化

微服务环境下，各位用户的需求存在着差异化与碎片化。所以，图书馆就要给各位用户以个性化的服务。因而，在微服务中，个性化为非常显著的一大特点。其是以各个用户为基础借助差异性的方式达到用户个性化的所需。

（4）交互性

"交互性"是和传统服务相比，微服务具备的一项最为重要的特点。这种交互是多方面的，存在于用户和微内容之间，存在于用户和服务工作者之间，也存在于各个用户之间。站在该层面，在微服务的大环境中，高等院校的图书馆给予广大用户各种服务的过程中要更关注及时、个性以及便捷的交互服务。

（四）图书馆微服务的建议

1. 改善与利用原有图书馆资源

在广泛利用 Wi-Fi 技术的基础上，合理地创新图书馆微服务，让它能够满足大众阅读的需求，但这并不是要摒弃传统的阅读方式，而是要充分分析原有图书资源，去其糟粕、取其精华，将现有的优质图书资源转变成微服务上的电子图书资源，为图书馆的微服务提供支持，使微服务得到良好发展。

2. 普及与培训微服务知识

针对当前图书馆馆员微服务认识不足与自身能力较弱的情况，图书馆要使微服务有更好的发展，就应重视对馆员的知识培训，让他们能够胜任这一工作任务，为读者提供高质量的微服务，吸引他们的兴趣，保证微服务的充分发挥。要让读者广泛认同微服务，就应对微服务的相关知识进行普及，保证大众对微服务的正确认识并尝试使用，为微服务的应用奠定人力资源基础。

3. 保证微服务的使用

图书馆微服务的应用，是把服务作为一切的基础，要具备高质量的服务系统才会为读者提供各种网络信息服务，增加他们对微服务的使用量，让图书馆在读者中广泛应用。具体讲，图书馆的微服务是细微的服务，是我国社会发展广泛追求的服务理念，希望以微服务来实现图书馆和用户间的良性沟通，保证图书馆各项服务均可以满足用户认识的不断加强，让各项服务中存在个性化的看法。要保证大众对微服务的认同，就要高度重视客服团队的建设，及时解决读者所遇的问题，定期对微服务进行创新调整来满足读者的需求，保证图书馆微服务可以获得读者的高度认同。信息时代下，图书馆在微服务方面要想取得成效，就要搭建微信、微博平台等进行传播，让用户及时了解微服务，增强社会的认同。同时，在利用微博、微信等载体的过程中，要注意对其功能的挖掘，如利用微博的话题加大微服务的宣传，集中反映读者所关心的问题，让图书馆的公众影响力得到强化。

4. 加强图书馆客服建设

图书馆微服务团队是连接图书馆与读者的纽带，只有服务成员在工作中秉持工作负责的态度去对待每个读者，与他们良好地沟通，才可以提升微服务的质量，让工作被认同。同时，因大众自觉意识的不断加强，让各项服务中存在个性化的需求。要保证大众对微服务的认同，就要高度重视客服团队的建设，及时解决读者所遇的问题，定期对微服务进行创新调整来满足他们的需求，保证图书馆微服务可以获得读者的高度认同。

第四节　济南市图书馆新媒体服务

新媒体	名称	创建时间	粉丝数	主要功能
微博	济南市图书馆	2012 年 7 月	8.1 万	资讯发布、在线书播、网上导读、书目推荐、参考咨询
微信公众号	济南图书馆（jinanlibrary）	2014 年 2 月	15.2 万	资讯发布、网上借书、线上办证、数字阅读、VR 实景展示、视频公开课
	济图志愿（jntzyz）	2017 年 2 月	2.4 万	网上报名、资讯发布、数字阅读
	济南市图书馆微服务（jnslib）	2017 年 4 月	5.7 万	资讯发布、网上借书、数字阅读、网上预约、参考咨询、催还提醒
	泉城书房（quanchengshufang）	2019 年 6 月	3.8 万	资讯发布、线上办证、工作动态、分馆介绍、活动参与
抖音	济南图书馆（jnlib）	2018 年 10 月	872	活动直播、视频发布
微信视频号	济南图书馆	2021 年 4 月	164	短视频发布
App	济南市图书馆	2013 年 11 月	12.6 万	线上阅读、公告通知、馆藏查询、公开课

济南市图书馆新媒体矩阵（统计时间为 2021 年 9 月）

一、微博

2009 年 8 月，新浪推出"新浪微博"内测版，成为门户网站中第一家提供微博服务的网站。此外，微博还包括腾讯微博，网易微博等。随着微博在网民中的日益火热，在微博中诞生的各种网络热词也迅速走红网络，微博效应正在逐渐形成。微博这个全新的名词，以摧枯拉朽的姿态扫荡世界，成为全世界最流行的词汇。2012 年，"人民日报"等一批政务微博纷纷开通，济南市图书馆紧跟时代步伐，成为图书馆界的先锋，于 2012 年 7 月开通新浪微博，同时开通了腾讯微博，占领平台优势，以新媒体为阵地为读者提供网上服务。2020 年 9 月 28 日腾讯微博停止运营服务，济南市图书馆腾讯微博完成历史使命，退出服务行列。经过近十年的运作，济南市图书馆的微博具备了一定的粉丝规模，形成了一套规律性的经营模式，成为一个比较成熟的公共图书馆自媒体平台。

目前，济南市图书馆微博已经发布微博三千余条，平均每年发布百余条微博，与粉丝形成长期有效互动。微博内容主要包含服务指南、活动预告、公告通知、图书推荐、视频荐读、数字资源介绍等内容。同时，为增加微博的亲切度、趣味性与话题性，转发行业新鲜事、文明倡议、节日寄语、文化热点资讯等内容，充分发挥出微博作为新媒体亲民和活泼的特质，让官方微博突破严肃正式的传统形象，流露出更多人性化、年轻态的气质。

创建微博话题，增加文章曝光度，提升微博关注度。微博话题是基于社会热点、个人兴趣等内容形成的相关专题页，页面将自动收录以 #话题词#形式发布的相关微博。例如，济南市图书馆创建的 #济图交享阅#、#七彩泉#、#数字济图#等话题，以及积极参与或转发话题 #全民读书季#、#建党一百周年#、#红色百年路#、#端午节#等。这些话题的创建与参与很好地链接起相关内容，使得文章内容更加鲜明，更具有记忆点，被更多人检索和发现，既增加文章的阅读量又方便了读者查阅。

近年来，网络直播作为新媒体的一种新兴形式，已经成为用户信息交互的新场景。中国互联网络信息中心（CNNIC）发布的第 47 次《中国互联网络发展状况统计报告》显示，截至 2020 年 12 月我国网络直播用户规模达

6.17 亿，占网民整体的 62.4%。网络直播成为新媒体时代背景下新型且备受中国民众喜欢的日常信息消费方式。2018 年 4 月 22 日第八届"书香泉城"全民阅读节开幕首日，济南市图书馆首次尝试"微博直播＋扫码看书"的阅读推广方式，利用新媒体延伸推广半径，吸引线上线下千余读者围观、点赞，进一步扩大了活动影响力，该活动还获得阅读推广委员会官网的专页报道。济南市图书馆微博直播的初体验，带来了良好的活动效果，积累了直播的成功经验，为后来开展大规模的网络直播活动提供了参考和指引。2020年初，受新冠肺炎疫情影响，各图书馆纷纷打出"闭馆不打烊"的口号，线上书播成为图书馆最重要的策略和阵地，自 2020 年至今，通过微博开展的云上书播、线上领读已成为广大读者非常熟悉和认可的阅读推广方式，累计书播人气超过百万人次，单次直播最高观看超过 20 万人次。

馆员微博直播截图（2018 年 4 月 22 日）

二、微信

微信公众号是开发者或商家在微信公众平台上申请的应用账号，该账号与 QQ 账号互通，平台上实现和特定群体的文字、图片、语音、视频的全方位沟通、互动，形成了一种主流的线上线下微信互动营销方式。2014年 2 月，济南市图书馆开通了第一个微信订阅号"济南图书馆"，实现了手机微信端的资讯发布、参考咨询等功能。随着微信服务号接口权限开放，订阅号不能完全满足读者诸如催还提醒等更智能化的需求，2017 年 4 月济南市图书馆开通微信服务号"济南市图书馆微服务"。与订阅号相区别，服务号以功能服务为主、资讯发布为辅，通过自定义菜单等方式实现了图书馆业务功能的微信对接。此服务号为用户提供更多元化的个性服务，实现 24 小时无障碍服务。2019 年 10 月 30 日，服务大厅进行升级优化，界面更美观，更便于读者使用。

目前服务号功能主要有以下几项：一、个人账户管理。读者在"服务大厅"绑定个人借书证账号，即可查看个人资料，还可自行修改联系电话、地址、密码等内容。二、办理业务，目前可查询馆藏、查询当前借阅图书、图书续借、预约图书、借书证挂失、线上办证等。三、获得图书到期发送消息提醒的服务。四、参考咨询。首先是微信后台回复关键词，系统自动回复获取答案；其次是微信菜单栏转接 QQ，人工咨询回复；之后是常见问题帮助；最后泉城图书馆联盟服务指南。五、数字阅读。免费阅览电子资源，包括泉民"云阅读"所有电子书、读联体平台、国图公开课等内容。六、"书香泉城 享阅到家"网上借阅服务。2017 年 10 月，济南市图书馆在微信服务号上开通网上借阅服务，读者绑定借书证即可线上借书，快递到家。随着功能的不断完善和服务的不断升级，服务号为读者提供更多内容和更加智能便捷的服务，与读者建立起更加紧密的连接。

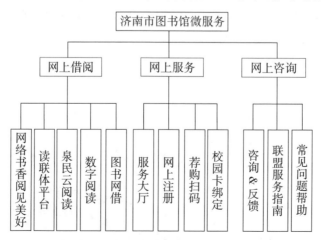

"济南市图书馆微服务"公众号菜单栏结构分布图

三、济南市图书馆 App

随着智能手机时代的到来，移动阅读逐渐成为主流阅读方式，为满足读者手机阅读的需求，济南市图书馆于 2013 年正式推出移动客户端（App）。济南市图书馆移动客户端是专门为图书馆用户精心打造的移动阅读平台，该平台依托整合的海量信息资源与云共享服务体系，为用户提供资源检索与获取、自助借阅管理和信息服务定制的一站式解决方案。读者下载并登录 App 可获得馆藏查询、续借、预约、个人借阅信息查看、图书馆最新资讯推送等移动服务。

四、其他短视频平台

近几年，随着抖音等 App 的兴起，短视频作为新媒体不断发展壮大，根据第 47 次《中国互联网络发展状况统计报告》显示，截至 2020 年 12 月，我国短视频用户规模为 8.73 亿，占网民整体的 88.3%。2020 年 1 月，微信推出"视频号"内测功能，该功能上线半年后活跃用户即突破 2 亿。在短视频的洪流之下，济南市图书馆相继开通了抖音号和微信视频号，开展阅读推广和活动宣传。短视频需要在短时间内抓住观众注意力，对内容质量要求很高，受限于人力、资源和资金，目前公共图书馆的短视频账号均在初步探索阶段，未来还有许多亟待解决的问题和需求提高的空间。

第三章

图书馆少儿阅读服务概述

第一节　少儿阅读服务相关概念

一、少儿阅读服务对象

根据国际图联发布的《儿童图书馆服务指南》，少儿图书馆服务的目标群体包括婴儿和学步的儿童，学前儿童，18 岁前的上学儿童，有特殊需求的群体，父母和其他家庭成员，看护人，从事儿童工作、儿童书籍、儿童媒介工作的成人。

图书馆少儿阅读服务的对象可分为三大类：

（一）普通少年儿童

普通少年儿童又可分为：低幼儿童（0—5 岁）、学龄儿童（6—12 岁）、青少年（13—18 岁）。

第一，低幼儿童。通常少儿图书馆将低幼儿童分为 0—3 岁和 3—5 岁两个阶段。由于这类人群年龄非常小，认知比较缺乏且难以管理，必须在家长或监护人的带领下来图书馆，所以目前我国少儿图书馆服务主要是面向 3 岁及 3 岁以上的孩子，3 岁以下的很少涉及。第二，学龄儿童。学龄儿童顾名思义指的是已经开始接受学校的正规教育，开始系统地学习科学文化知识的小学到中学的学生，这个阶段的孩子，学校传授的知识成为他们最重要的知识来源。因此他们主要是利用周末和寒暑假来享受图书馆提供的服务，以作为学校教育的补充和辅助。第三，青少年。青少年通常指的是 13—18 岁的少儿群体，这类人群处于少儿向成年人过渡的一个阶段，他们开始独立自主，有自己的思想和见解，他们可以像成年人一样长时间地在图书馆阅读，具备独立阅读的能力；他们可能对图书馆员推荐的读物感兴趣，也可能更愿意尝试自己去找喜欢的读物，相对来说是服务起来比较轻松的群体。

（二）有特殊需求的少年儿童

除了普通少儿读者外，图书馆还需要为特殊的少儿提供服务。特殊少儿群体在心理或生理方面存在着某种缺陷。因而图书馆的设计和环境布局要考虑到这部分孩子，保障他们能够同正常的孩子一样平等获取图书馆的资源和服务，如针对有视力障碍的少儿，可以为他们提供有声图书或触摸图书；针对残疾少儿，可以设置无障碍通道，配备专门的座椅和电梯等。尽管面向这类群体开展阅读服务难度比较大，但也是少儿图书馆应承担的责任。

（三）其他服务对象

其他服务对象的指向范围比较广，主要是指少儿的家长或监护人、教师、儿童文学和少儿图书馆学专业的研究者、少儿读物作家、从事少儿工作的人群以及其他对少儿读物感兴趣的人群等。这些人群或多或少与少儿有着密切关系，他们与少儿图书馆一样，都对少儿进行关注或研究。少儿图书馆既是少儿资料的资源库，又是少儿的聚集地，这些群体无可避免地要接触少儿图书馆，享受少儿图书馆提供的服务，因而也是少儿图书馆服务的对象。

二、少儿阅读服务的特点

（一）阶段性

少儿阅读服务具有阶段性的特点，是由其服务对象的特点决定的。相对于成年人，少儿在不同年龄阶段，其身体发育情况不同，所能掌握的技能、所具备的能力也不一样，每个年龄阶段都具有不同的显著特征，所以图书馆对不同年龄阶段的少儿关注的重点不一样，必须针对不同年龄阶段的少儿的特点提供不同的服务。

（二）广泛性

少儿阅读服务对象的广泛性决定了其阅读服务具有广泛性的特点。前文提到，少儿阅读服务对象除了少儿，还包括与少儿相关的人群。以服务少儿群体为主，其安全问题始终需要高度重视，尤其是针对低幼儿童的服务，需要家长作为直接监护人参与到图书馆的活动中去，对自己的孩子负责；有特殊需求的少儿，在图书馆更需要有家长的陪伴与看照；另外还有少儿工作者、从事少儿阅读研究的人群。所以少儿图书馆的阅读服务不仅包括少儿群体，也会将成年人包含进来。

（三）引导性

与成年人不同，少儿的辨别能力还比较差，因此，在阅读图书的选择上辨别能力比较差，他们不知道如何选择阅读材料，甚至经常盲目选择一些不太适合自己的阅读材料，导致最终丧失了阅读兴趣，此时他们就需要图书馆员积极主动地引导他们选择阅读材料，因而图书馆的阅读服务具有鲜明的引导性特点。馆员可以通过新书推荐、阅读辅导等形式将优秀的图书介绍给孩子们，帮助少儿读者选择合适的阅读材料，或者引导他们制定合适的阅读计划，使他们体会到阅读的乐趣，提高阅读的兴趣与能力。

（四）多样性

少儿阅读服务的多样性主要体现在阅读活动的多样性上，只有根据不同年龄阶段的少儿特点制定特色活动，将活动做到丰富多彩，才能抓住他们的兴趣点，激发他们的兴趣爱好。如婴幼儿群体不识字，针对他们举办绘本类阅读活动；针对学龄前儿童则可以举办亲子阅读活动、手工制作或者故事会；针对学龄儿童可以提供假期作业辅导、讲座、科学展览等活动，作为学校知识的补充。只有开展多种多样的阅读活动，才能使图书馆工作在进行的过程中积聚更多的服务元素，从而为少儿提供更好的服务。

三、少儿阅读服务的要求

图书馆文化服务的特征主要表现为公共性、公平开放性及它的公益性。之所以称之为"公共"，是因它属于公共的事业，是公共的服务体系。在它的特征表现上，少儿阅读服务就是少儿阅读权利的保障，培养良好的阅读习惯，能促进他们阅读能力的提高。这一方面具体体现在公共图书馆的公平享受阅读权利、文化的关怀以及服务开放创新上。

（一）公平享受阅读权利

要保障少儿公平地享有阅读权利，让他们可以无障碍地阅读，尤其是对一些有阅读障碍的少儿，更应保证他们的权利。应按不同群体的需求来制订各种阅读指导计划，保证阅读的条件。对于视障少儿可提供有声图书或触摸图书，为他们选择喜欢的绘本，做手工加注盲文，也可以进行有声录制扫除盲童阅读的障碍，让他们能够与正常小朋友一起分享故事与词句，同样感受阅读的力量与魅力。对智障少儿，可以选择一些色彩明亮的童书，利用讲故事、演故事等活动让他们感受阅读的快乐。对于不识字的婴幼儿，可开展亲子活动让家长与孩子共同走进阅读的世界。

（二）文化的关怀

文化关怀体现在图书馆对少儿阅读习惯与能力的培养上。阅读习惯指没有他人的强制自觉地去进行阅读的一种行为。对于少儿阅读习惯的培养，可从少儿利用图书馆开始。利用图书馆来检索所需的图书与知识，解答生活问题，利用其安静的环境来阅读或利用其自习等。只要进入图书馆的阅读氛围之中，就会慢慢养成阅读的习惯。但第一步的吸引力尤为重要，图书馆一般通过各种阅读推广活动来吸引少儿进入图书馆，从参与到利用最后形成自主阅读意愿。在少儿阅读能力提高方面，图书馆做了很多的努力，如读书沙龙、故事会、分级式阅读书目推荐等，以多种方式锻炼孩子们的阅读能力，让他们获得阅读技巧。

（三）服务开放创新

服务开放创新是面向普遍少儿的，在服务时要有所创新。范并思教授说过："符合图书馆核心价值目标的阅读推广，首先一点是让不喜欢的人喜欢上阅读。"面对少儿，要有所创新，只有有趣的阅读才会吸引孩子。在图书馆中的集体阅读一定要区别于学校内的集体阅读，创新的阅读内容与形式如依旧为课堂阅读，就失去了吸引力。图书馆阅读可以是朗诵、表演、绘画或聆听，创新、开放、自由才是集体阅读开展的亮点与特点。

四、少儿阅读服务的意义

（一）满足少儿健康成长需要

对于少儿读者来说，生理心理都处于成长的起步阶段，自我认知尚未成熟、需要有人积极引导他们进入阅读世界，使其体会阅读的乐趣，从小培养阅读习惯。少儿图书馆就是这个使命的实施者和完成者。首先，阅读能够让少儿认识自我、认识世界，能够激发其想象力和创造力，促进个体脑部发育。其次，阅读可以让少儿体会生活中的真善美，教会他们初步辨别善恶好坏，能够从小树立他们正向积极的世界观、人生观和价值观，有利于促进他们的心理健康发展。最后，阅读是少儿了解自然、了解社会、获得知识和经验的主要途径，能够养成良好的阅读兴趣和习惯可以培养少儿的品格修养，提高个人素质，甚至能不断对少儿进行有效的阅读指导，不断激发他们的阅读兴趣，使阅读成为他们的终身爱好，从而养成终身阅读的良好习惯。终身阅读的良好习惯不仅对少儿的身心健康成长具有重要意义，对国民整体素质的提高、对国家未来的发展也具有极大的意义。

（二）满足少儿图书馆自身发展需要

少儿读者是少儿图书馆最主要的服务群体。少儿图书馆的目标是确保所有少儿从他们第一次认识文字和图片那天起就能够提供可以满足他们需求的足够的书籍，并在少儿需要时为他们提供阅读指导。为少儿提供阅读服务，既是少儿图书馆的社会职责，同时也是少儿图书馆自身发展的需要。正是由于少儿图书馆的阅读服务具有广泛性，其阅读服务可以将少儿与教师、家长、馆员等不同的人群联系起来，少儿图书馆的很多活动才可以通过少儿带动整个家庭成员、整个学校或社区共同参与，从而形成广泛的影响力。少儿图书馆应抓住少儿这个社会各群体的连接点，加强全社会对少儿图书馆阅读服务的关注，从而使少儿图书馆获得社会认可，得到更多社会力量的支持。因此，重视少儿阅读，对于少儿图书馆自身的发展具有重要意义。

（三）符合国家发展民族进步需要

对于整个社会而言，少儿图书馆的阅读服务有助于提升国民素质和创建学习型社会。阅读在一定程度上是一种文化传承，具备良好的阅读能力有利于更好地传承我国历史悠久的文化。同时，喜欢阅读的人，一般会具有更开阔的世界观，较一般人更关注时事，关心国家的发展、民族的发展甚至是人类社会的发展，具有更丰富的精神财富。作为祖国花朵的少年儿童，担负着国家未来的发展重任，少年强则国强，他们的将来决定着中华民族的将来。一旦阅读在一个国家的少年儿童中形成一种潮流，甚至成为一种习惯，这个国家的未来必定是明朗可期的。因此，完善少儿图书馆的阅读服务，调动少儿群体的阅读兴趣，培养他们的阅读习惯，对于提升国民素质和创建学习型社会的积极意义不言而喻。

第二节　传统少儿阅读服务

一、文献流通服务

图书馆被称为人类知识的宝库、知识的源泉，主要是因为图书馆收藏着大量的图书。每个大学图书馆都藏有几十万种，乃至上百万种书刊资料，这些书刊资料的总和，构成图书馆的藏书。图书馆藏书是图书馆读者服务工作的物质基础，是图书馆各项工作的前提。藏书能否适应教学和科研工作的需要，直接影响读者服务工作的质量和效果，因此，图书馆藏书在图书馆工作中占有十分重要的地位。

文献流通服务就是人们通常说的外借服务，外借服务是满足读者将部分藏书借出馆外自由阅读的服务。读者根据需要借出自己挑选的书刊，在规定的限期内，享受使用权，自由安排阅读时间，充分利用所借书刊。少儿外借服务依据各种读者的组织形式和需求程序，可分为以下四种具体外借形式。

（一）个人外借

这是一种专门为个人读者提供外借的形式，是外借服务中最基本最普遍的服务方式。它能满足不同的阅读需要。有借书权限的读者，凭借书证在外借处登记，借出自己所需要的图书。通常个人外借形式有三种：开架借书、闭架借书、半开架借书。

（二）集体外借

集体外借是为小组读者和单位、部门读者提供外借图书的一种形式。

如中小学生参加小组知识竞赛或团体智力竞赛等活动，要提前准备复习资料。这样就必须求助于图书馆。需要由专人负责，代表小组和团体，向图书馆集体外借处提交预借书目，办理登记手续，借出批量书刊，供读者阅读使用。这种做法的好处在于，方便了有共同需要的读者群，合理分配了馆藏图书，保证了外借图书的计划性和针对性。

（三）馆际互借

这是图书馆之间，图书馆与文献信息部门之间互相利用对方的文献资料，满足读者特殊需要的外借服务形式。总馆与分馆、书房与馆之间，直接建立互借关系，以满足本馆、本部门读者的阅读需要。这种互借形式打破了馆藏资源流通的部门界限，打破了读者利用馆藏资料的空间范围界限，实现了不同范围内（如跨市、跨地区、跨机构等）藏书资源共享，成为当今外借服务形式的一种发展趋势。馆际互借的方法是：单方申请—双方协商—集体共议—统一规定。

（四）预约借书

这是书刊等文献资料已借出馆外所采取的服务措施。常见的预约借书有以下几种情况：借书预约、新书预约、待查预约。其借阅方式是：先由读者提供书名及读者姓名、借书证号、电话等，待书刊还回时，按预约借书单通知读者限期来馆借书。此法满足了读者的特定需要，在一定程度上降低了图书拒借率，是个人外借的一种补充手段，一般不用于集体或馆际互借。

二、阅览服务

少儿阅览室，是少儿读者读书治学最理想、最适宜的场所，而阅览服务是图书馆组织读者在阅览室利用书刊资料的一种服务形式。阅览服务可为读者提供良好的环境和设备；方便读者使用各种图书资料；提高图书馆的办馆效益；便于馆员直接接触、熟悉和了解读者，充分发挥图书馆传播知识的作用。

根据读者阅览时所接触文献的形式不同，阅览方式可分为闭架、半开架、开架三种。此外，因适应读者不同需求所设立的各类阅览室，如工具书阅览室、现刊阅览室、地方文献阅览室等也是相应的阅览方式的具体体现。如今，半开架、闭架的少儿阅览室已经十分少见，开架阅览是现代少儿图书馆阅览室服务的发展趋势，它使图书馆成为读者获取文献资料的"自选商场"，真正实现了读者与馆藏的联结，消除了读者与馆藏之间的隔阂，降低了拒借率，触发了读者潜在的信息需求。若读者需要复印，有复印机的阅览室可以直接找工作人员复印。若没有复印机，读者因复印需携书刊出室，要在工作人员处办理借阅手续，复印完毕后放回原架。开架阅览室室内陈列读者常用的有关书籍、报纸、期刊以及有关的检索工具书，还为少儿读者提供沙发、地垫等舒适家具，方便小读者自由使用。

（一）少儿阅览服务的特点

少儿图书馆阅览室具有安静优雅的学习环境和富有童趣的设施，为少年儿童学习、阅读馆藏文献提供了方便的条件。读者容易被阅览室里浓厚的学习气氛所感染，这种气氛有利于培养少年儿童良好的阅读习惯，是孩子读书治学的理想场所。

一般少儿图书馆阅览室内收藏的书刊资料比较丰富。有时，读者只需查阅文献中的一部分，如果全部采用外借方法，既费时又费力，而在阅览室里，可以直接查询，既方便又快捷。读者在阅览室内还可以利用到许多不外借的馆藏文献，如各种类型的工具书、现刊等。对渴求知识的读者来说，具有极强的吸引力，他们能获得更多的信息。读者在阅览室内一次可同时利用多种书刊，可连续使用和阅读多种书刊资料，可以直接看到自己想看的书刊资料，而且相关资料相对集中，读者可广泛阅读、获取各种知识，也加快了馆藏书刊的周转利用，提高了书刊利用率。

由于读者在阅览室里阅读的时间往往都比较长，因此阅览室工作人员有更多的机会接触读者，观察和了解读者的阅读需要、阅读倾向和阅读效果，是图书馆开展图书宣传、阅读指导、参考咨询工作的有利条件。阅览服务使图书馆为读者服务更加直接，既可以为读者直接解答咨询，又可以为读者开展宣传辅导活动，直接了解读者的需求，了解读者对图书馆服务的满意程度，以便更有针对性地、有效地开展图书馆工作。

（二）少儿阅览服务窗口的设置

1. 按出版物类型划分阅览室

当前，少儿图书馆收藏的文献类型越来越多，而且载体也多种多样。就文献类型来说，少儿图书馆主要有图书、报刊等。就文献的载体来说，既有印刷型，也有缩微型；既有音像型，也有数字型。如果将同一类型文献集中在一个阅览室内，就容易满足读者查找、阅览的特殊要求。少儿图书馆一般应有图书阅览室、工具书阅览室、绘本阅览室、报刊阅览室、多媒体阅览室、玩具阅览室等。

图书阅览室：图书阅览室主要收藏中外名著、少儿优秀读物、各种童话和故事类精品图书，供小读者阅读使用。

工具书阅览室：工具书一般包括字典、词典、百科全书、年鉴、手册等。我们在阅读时，往往会碰到这样一些问题，诸如不解其意的生字、专业名词术语、学者名字、某种科学理论、历史事件、年代、数据等。为了适应上述需要，图书馆收藏了大量种类繁多的参考用书，也就是参考工具书。这些工具书一般价格昂贵、复本少，所以不外借，为了便于读者查检利用，将这部分藏书集中放在一个地方，即工具书阅览室，可以方便读者随时利用。

绘本阅览室：绘本，即为画出来的书，就是将图画当成主要内容，文字作为辅助，甚至不存在文字，全部为图画的一类书。绘本阅读可以让儿童放松心情，可以发挥孩子们的想象力，让他们更加喜爱阅读。在阅读兴趣的驱使下，也就会有良好的阅读习惯了，阅读效率也就不成问题了。

报刊阅览室：报刊阅览室主要陈列现刊和当月当日的报纸，以开架方式供读者在室内阅览。这种文献资料出版周期短、速度快、内容新、情报性强、信息量大，是图书馆开设的主要阅览室。

多媒体阅览室：这是近年来随着计算机技术的发展而开设的一种新型阅览室。在这种现代化的阅览室中，读者可以利用计算机浏览互联网的信息资源，或检索相关数据库，或通过网络访问其他图书馆的馆藏资源。

玩具阅览室：玩具对于儿童有着重要的作用。能够使儿童的生活绚丽多彩，也能够开发其智力，展开早期的教育。对儿童而言，在其知识的获得上、情操的引领上、智力的提高上，玩具的价值一点也不低于图书。把玩具也当成图书馆的一种特色资源，对幼儿具有极大的吸引力，它可以全面训练少儿的触觉、听觉、视觉，提高孩子的注意能力、思维能力及空间感知能力。为了让他们动手又动脑，可让小朋友直接参与到玩具的操作和组装中去，获得各种玩具所传递的信息。

2. 按读者对象划分阅览室

为了更好地开展服务工作，满足不同类型读者的需求，许多图书馆都根据读者对象来设置阅览室。在这些阅览室内，根据读者类型的不同，陈列不同的文献，配备不同的工作人员，提供针对特定读者群的服务。为了开展分级阅读工作，较大的少儿图书馆可开放低幼阅览室（亲子阅览室）、小学生阅览室、中学生阅览室等。

3. 按学科门类划分阅览室

这是指集中某学科范围的书刊资料，便于读者按学科需要利用文献的阅览室。少儿图书馆一般可以开设文学阅览室、艺术阅览室、社会科学阅览室、自然科学阅览室等。设置分科阅览室可以方便读者进行系统学习。

4. 按文种划分阅览室

这种阅览室主要有"中文文献阅览室"和"外文文献阅览室"等。该类型阅览室的设置，主要是为满足读者研究不同文种的相关文献而提供方便的条件。

少儿图书馆如何设置服务窗口，各馆应根据自身馆舍与藏书的规模、工作人员力量、服务区域的大小与读者需要来决定。规模较小的少儿图书馆可以只设普通阅览室和报刊阅览室。

三、参考咨询服务

"咨询"这个词是商量和询问的意思。换句话说，就是征求意见的意思。参考咨询工作，就是根据读者提出的问题，或图书馆主动了解的问题，以文献为依据（运用各种参考工具，检索工具或其他文献资料），通过个别解答的方式，及时地、有针对性地向读者提供具体的文献事实、数据，或文献检索途径，帮助读者解疑释难的一项服务性和学术性的工作。因此，参考咨询工作是读者工作的重要组成部分。

　　图书馆的参考咨询工作就是图书馆工作人员帮助读者检索文献和搜索信息的一种服务方式。图书馆针对读者提出的疑难问题，利用参考工具检索有关馆藏文献，帮助查寻或直接提供有关文献及文献知识、文献线索，通过个别解答的方式为读者服务。

（一）少儿参考咨询工作的内容

　　少儿参考咨询工作主要包括两方面的内容：一是书目参考咨询，二是解答咨询。

1. 书目参考咨询

　　书目参考咨询通常指的是以文献调查为基础，编辑书目、索引、文摘等的工作，为少儿的学习、教学、科研和创作，快捷、准确、系统地提供有价值的文献信息，并为他们提供检索文献的线索。开展这类参考咨询服务的主要方式就是提供剪报和编制二、三次文献。二次文献是对一次文献进一步加工的产物，是将大量分散的一次文献按一定规律进行筛选、浓缩并科学地组织起来成为系统文献，包括书目、文摘、索引、题录等。三次文献是根据一次文献、二次文献深入加工、编纂而成的产物，如综述、述评、资料汇编、工具书等。

2. 解答咨询

　　解答咨询是一种以解答读者问题为主要形式的服务活动。读者口头或书面提出问题，解答咨询也包括口头回答或书面形式回答。一般来说，比较简单的问题，可以通过查阅义献资料或根据工作人员个人的经验和水平当场回答；对于一些比较复杂的，必须查阅相关参考资料才能回答的问题，当场不能回答，在经过一定的文献调查和查询有关资料后得出答案，一般以书面形式给出答案。在解答咨询时，要注意正确使用工具书和各种书刊资料，甚至网上的信息，争取得出相对准确的意见和结论。

（二）少儿参考咨询工作的类型

　　少儿参考咨询工作，主要是利用本馆馆藏回答读者提出的问题，按照读者所提问题的性质，可分为事实性咨询、方法性咨询和专题性咨询。

1.事实性咨询

事实性咨询是指读者在生活、学习中遇到疑难时向图书馆提出的有关某项具体知识的提问。事实性咨询范围比较广泛，凡是古今中外的人物、事件，某个产品、数据、名词或图像，某古诗名句的出处、解释等，都属于事实性咨询范围。事实性咨询的专指性很强，一般有准确的、稳定的知识内容，要求不只是提供查找文献的线索，更要给出具体的答案。

2.方法性咨询

方法性咨询与事实性咨询不同，它主要解决读者在查找资料过程中遇到的方法上的问题。方法性咨询解决读者在查找资料方面的困难，可以充分发挥参考咨询人员在指导阅读和普及检索方法方面的能力，使读者不仅得到问题的答案，而且能通过咨询提高自己使用书目和各类工具书的能力。

3.专题性咨询

专题性咨询是为解决读者某一专门问题而进行的咨询，是一种较高级的咨询，学术性强，内容复杂。专题性咨询对图书馆的要求较高，需要有较为丰富的馆藏和较高水平的图书馆工作人员才能完成。

少儿图书馆的参考咨询工作按照咨询答复的方式，分为口头咨询和书面咨询。少儿图书馆主要是口头咨询，也有一些书面咨询。口头咨询简便、快捷；书面咨询较为系统，便于直接利用。口头咨询和书面咨询可以互相取长补短。少儿图书馆可根据读者咨询的目的、用途和咨询课题的专深程度，灵活运用这两种方式，取得更好的效果。

（三）少儿参考咨询工作步骤

少儿参考咨询工作的过程就是分析问题、解决问题的过程，主要可以分为以下几个步骤：

1.接受咨询

接受咨询是读者通过口头、书面以及其他形式向图书馆提出问题，填写咨询登记表，以备工作人员查找文献、解答问题。对于比较简单的问题，可以通过书目、索引、文摘、工具书、网络等直接回答；比较复杂的问题，要做咨询登记。

2. 分析研究

接受咨询后，工作人员先要分析问题的性质，必须对问题的内容、读者需要的情况、文献要求做具体的了解、分析、研究，以便有针对性地解答读者的咨询，提高参考咨询工作的质量与效果。

3. 查找资料

在分析、研究的基础上，确定查找资料的范围、检索途径和检索方法。按照咨询要求，从大量的检索工具中找出资料线索，再具体查找文献资料的内容。如果内容合适，就提供给读者原始文献资料的收藏地点，方便读者利用。

4. 解答咨询

解答咨询时，根据咨询问题的性质、要求、读者的知识水平，可采用直接提供答案、介绍参考工具书、提供书目或其他检索工具、提供原始书刊资料或复制品等形式。解答咨询时要注意和读者做好沟通，积极听取读者的意见和要求，尽可能给予帮助，争取圆满解决读者的问题。

5. 记录归档

建立咨询记录档案是非常有用的一项工作。档案中应保存课题的咨询过程、解答结果、原始记录等。完整的咨询档案是咨询工作的经验总结，也是一份有参考价值的文献资料，对于继续开展咨询服务、改进工作，具有指导意义。

四、少儿图书馆阅读指导

（一）阅读指导概念

阅读指导，又叫作阅读辅导，亦被称为导读工作。即图书馆自己积极对其馆藏加以宣传，及时掌握各位读者的各种诉求，进而在目的、内容以及办法上对他们进行指导。阅读指导对广大少年儿童的意义和作用不言而喻。其作用是提高读者的阅读能力，也就是挑选以及利用各种文献的能力，同时也包括对读物的理解能力以及对知识的消化能力。阅读指导的任务也涉及众多内容，比如促进他们具备更高的阅读认识，拥有更广阔的视野，知晓更多的检索办法，具备更多的阅读技巧等。真实的阅读指导，一般会在图书馆的具体任务基础上，同时考量读者的实际而有所倾向。

（二）阅读指导的意义

图书馆开展阅读指导，其根本价值在于充分发挥图书馆的两个职能，使有价值的文献资源得到充分利用。首先，现代图书馆强调的是文献传递，而不是贮存，人们将根据图书馆所提供的服务而不是其所拥有的财产来评价它们。因此，注重阅读指导，是图书馆在未来的立身之本和竞争之道。其次，从图书馆教育职能的特点出发，我们认为坚持以"书"育人，发挥图书馆馆员的主动性，有目的、有计划、有步骤地深入且系统地开展阅读指导工作，是图书馆补充学生应试教育不足，发挥素质教育职能，参与并服务教育的主要途径。可以说，开展阅读指导工作是图书馆由被动服务向主动服务转变的标志，是图书馆读者服务工作的重要内容。阅读指导工作的好坏已经成为衡量图书馆办馆水平的重要标尺。图书馆教育职能的特点决定了图书馆阅读指导工作必须根据自身的优势，紧紧围绕丰富的馆藏信息资源做文章。这一点，既有别于课堂教育，也有别于宣政部门的形势教育。

图书馆的少儿阅读指导工作尤为重要，因为它的服务对象是少年儿童，不管是其阅读能力，还是其阅读兴趣，都还在发展之中。图书馆开展阅读指导工作的作用有以下几点：一是加强了未成年人的思想品德教育。通过开展阅读指导工作，引导他们多读书，读好书。二是提高少年儿童的阅读能力，使其掌握正确的读书方法。通过阅读指导工作，能够让其掌握恰当的阅读方法，克服不良的读书习惯，掌握好的读书方法。三是促进课内知识的学习，培养和发掘小读者的特殊才能和兴趣。中小学生光靠课堂学习所获得的知识是远远不够的，还应当指导他们通过图书馆第二课堂进行阅读，从而掌握较多的课外知识。学生的课外知识越丰富，融会贯通的能力就越强，课内的学习就越轻松、越牢固。如果不指导学生进行有益的课外阅读，扩大其知识面，学生的课内学习就会感到困难重重。同时，通过帮助学生组织文艺或科技兴趣小组，引导他们利用图书馆的相关资料。四是有利于少年儿童学会检索方法，养成利用图书馆的习惯。通过阅读指导工作，可以指导他们掌握查找图书的方法，学会文献检索和使用工具书，学会在图书馆解决学习、生活中遇到的问题。

（三）阅读指导原则

1. 科学性原则

少儿图书馆阅读指导作为一种对读者的教育活动，必须以科学的方法进行。一是在阅读内容上，要宣传和推荐各种优秀读物，同时，还要帮助读者提高对文献内容的识别能力。二是在阅读方法上，要根据各种类型读者群的阅读动机、兴趣、目的与相应的心理特点，根据认识过程不断向深广发展的规律，循序渐进地使读者掌握科学的阅读方法。三是在阅读指导思想上，应以辩证唯物主义和历史唯物主义的观点来指导阅读。

2. 针对性原则

由于少儿读者数量庞大，年龄结构各异，千篇一律的阅读指导难以取得实际的效果，因而必须在区分读者的基础上，针对不同读者的特点来进行指导，以加强针对性，克服盲目性。图书馆馆员要根据读者不同的心理状态，即知识结构和思维规律等特征进行特定内容和方法的指导。

3. 主动性原则

在少儿阅读指导工作中，主动性日益突显，已经成为少儿图书馆读者工作的一个显著特点。阅读指导的主动性要求馆员主动了解读者的需求，并予以相应的指导。指导阅读并不是一个单纯的传授与灌输的过程，而必须注意启发与引导，对小读者的主观愿望也不能无选择地全部满足，而必须根据图书馆的任务和社会进步的客观要求，主动开展阅读指导工作。

（四）阅读指导的内容

1. 利用图书馆的教育

一般少儿图书馆的藏书不但数量庞大、类型多样，而且内容十分广泛，对于初进图书馆的少儿读者来说，图书馆像一座迷宫，其馆藏资源及特点如何、藏书布局如何、藏书如何分类、图书如何排架、目录如何利用、工具书怎样利用、信息如何获取、借阅书刊有何规则等，都是读者必须了解掌握的基本知识。如果小读者缺乏这方面的知识，则很难找到所需的资料，导致他们满怀希望而来，失望而归。因此，解决怎样找书的问题，是阅读指导工作重要的一环。要减少读者搜集查找资料耗费的时间和精力。少儿图书馆的馆员利用自身的专业技能，给予各位小读者引领，开展图书馆利用的教育，使读者挑选出最适合自己的读物，以便他们更好地在少儿图书馆中进行学习。

2. 推荐优秀书刊

在少儿图书馆接待的读者中，我们经常碰到家长和小朋友要我们介绍或推荐好书。许多读者选书时随意性、盲目性很大，读书效果很差。而图书馆收藏着大量的古今中外的名著、优秀的思想政治读物、儿童文学作品、儿童刊物、科普书籍，以及其他优秀课外读物。图书馆工作人员应向读者进行评价性的推荐，引导少年儿童从中吸取古今中外人类思想、文化的精华，陶冶高尚的情操，丰富自己的知识和精神世界。特别是一些小读者碰到时尚热点图书，由于心理和社会的原因，往往在一定时间内自发地热衷于追求阅读某一种图书，但有时这种图书不一定是优秀的，甚至对少年儿童是有害的；这时图书馆工作人员就应及时地对这种图书组织评论和批评，引导小读者正确地认识图书的思想内容和文学艺术价值，以避免不良影响。为了指导读者选择图书，我们可利用图书专架、橱窗进行宣传，推荐适合不同类型读者阅读的优秀书籍；编制各种推荐书目和宣传小册子；开展各种报告会和讲座介绍图书内容，提高小读者的读书积极性；也可利用图书馆网站推荐图书。

3. 阅读方法教育

少儿读者获取知识的能力较弱，这将直接影响阅读效果。许多小读者读书漫无目的，没有长远打算，读书时粗枝大叶，囫囵吞枣，不求甚解；或迷信书本，生搬硬套，不能活学活用书本知识。因此，我们既要用正确的读书方法帮助读者，又要培养他们学以致用的创新能力，不仅要"授之以鱼"，更要"授之以渔"，培养他们自主学习、独立思考的能力。少儿图书馆必须注重小读者的读书能力和读书方法的培养。少年儿童常用的阅读方法有：

（1）精读法

精读法是一种精研读物知识内容，深究作者思路用意的读书方法。这种方法一般用于阅读经典作品、基本教材等。这种方法可以帮助读者消化读物的基本内容，穷尽读物的深层底蕴。精读的方法一般有熟读深思法、分析阅读法、问题导引法等几种。

熟读深思法是我国传统的精读法之一。它有两个方面的要求：一方面要"熟读"，即通读、细读、反复读，最后达到熟练程度，甚至能够背诵；另一方面"深思"，即多思、反复思，最后达到精通程度甚至能够探幽索微、高瞻远瞩。熟读深思法与死记硬背有根本的不同。死记硬背是旧教育传统的一大弊端，它只是鹦鹉学舌似的死背，而不管是否理解，能否活用。但熟读精思法也并不排斥记忆背诵，它只是更强调理解和思考。

分析阅读法要求读者从系统观点出发，把一本书的内容视为一个整体，再将它分解为若干部分，进而分析出它的组成要素，然后找出各要素之间的有机联系和层次结构。具体地说，就是把全书的内容按其章、节标题分解为若干部分，进而从各部分找出要点或论点，然后找出各要点或论点之间的逻辑联系或论证进程。这样就把整本书作为一个系统掌握住了。这种读书方法可以把内容繁多的图书简明化、头绪复杂的图书条理化，达到把"厚书读薄"的效果。这种读书法要求读者具有较强的分析综合思维能力和较丰富的读书经验。

问题导引法是以问题作为注意力的焦点，并以此作为贯穿始终的思路。这种问题，可能是初读一本书时设置的问题，或者是读者选择此书时带着的问题，或者是浏览书名、序言、章节标题时萌生的预期性问题。这些问题可以强化求知欲，形成阅读悬念，引发"定向探究反射"，使阅读充满激情和主动性。科学史表明，许多科学发现都是从疑问开始的，质疑是创新的起点。

（2）泛读法

泛读法是指以较快的速度，选读部分文本，以获得对读物的大体印象或找到所需知识信息的阅读方法。泛读的方法主要有浏览法、跳读法、飞读法等。

浏览法是迅速翻阅图书，获得对图书大概内容的初步印象的读书方法。浏览法主要翻阅的是卷首的作者介绍、内容提要、序言、目录和卷末的后记、参考文献及索引等。通过这样的浏览，可以了解一本书的全貌，判断有无进一步精读的必要。

跳读法是在阅读进行中，快速选择需要阅读的内容，舍去不必阅读的内容的读书方法。用这种方法读书，就不是逐字逐句地读，而是"跳跃式"地前进。

飞读法，又称察读法。它是快速"扫瞄"文本，找出特定知识信息的一种略读方法。比起浏览法来，速度更快，目标更集中。这种方法也就是古人所说的"一目十行"。飞读法的用途很多，最主要的用途是在汗牛充栋的读物中，迅速找到自己迫切需要的知识信息。

（3）综合读法

综合读法旨在调动人身全部认知器官，并运用多种读书方法，以收到最大的阅读效果。这种读法源远流长，远可追溯到朱熹。他说："读书有三到：心到、眼到、口到。三到之中心到最急。""心不在此，则眼看不仔细，心眼既不专一，却只浪漫诵读，决不能记，也不能久也。"曾国藩则换成另一种说法，他说："读书之法，看、读、写、作，四者每日不可缺一。"后来，胡适又在"三到"说上加"手到"，他说："读书要四到：一是眼到，二是口到，三是心到，四是手到。"鲁迅先生也曾主张"五到"法，即心到、口到、眼到、手到、脑到。这里所说的"心"，即指注意力、意志等心理素质。综合读法的优点在于把读书看作需要全神贯注、全身心以赴之事，可以动员人身体的主要感觉器官和思维器官，可以培养多方面的能力，包括阅读能力、口头表达能力、写作能力、思维能力。

（4）笔记读书法

笔记读书法是把写读书笔记纳入阅读过程的一种读书方法。它的特点是读与写结合，在"心到"的基础上，眼手并用。这种方法能使读者在阅读过程中集中注意力，较为透彻地理解文献内容，比较清新、确切地掌握所获知识。

1. 阅读指导方法

少儿读者由于年龄不同和文化程度不同，有不同的阅读心理与阅读需求，阅读指导应因人、因群体而异，采取不同的方式方法。少儿图书馆的阅读指导主要有以下几种：

（1）直接对话

图书馆工作人员可以通过与个别读者或集体接触，用对话、谈心、问答、咨询等形式进行阅读指导。这种方法针对性强，能因人而异，在工作中可随时进行。

（2）授课和集会

图书馆工作人员可以通过上课形式，进行课堂教学，以举办各种讲座、培训班和阅读指导课等形式进行阅读指导；也可以通过组织读书报告会、读书心得交流会、演讲会、读书专题讨论会等形式进行阅读指导。

（3）实习和参观

组织读者参加图书馆实践活动，如在图书馆利用目录、工具书查找书刊资料，参加图书管理、读者服务等活动，提高读者利用图书馆的能力及增强图书馆意识。也可以组织读者集体参观图书馆、图书展览或与阅读内容有关的单位、纪念地等，通过对实地、实物的观察以增强对图书馆和图书内容的感性认识；参观形式的阅读指导，由于其运动性、灵活性与多变性，深受小读者们的喜爱。还可以组织读者参加读书成果展览、读书方法交流或开展读书活动。

（4）组织读书团体

读者在少儿图书馆指导老师的引导帮助下，组织各种读书团体，如读书文学社、读书求知社、读者协会、书评小组等，有计划、有步骤地开展读书活动，交流各种信息、读书经验等。这种形式的阅读指导，能有效地培养和发挥读者的个性特长。

（5）组织文娱和竞赛活动

图书馆可采用故事社、朗诵会、演讲比赛、知识猜谜、游艺会、编排课本剧等文娱活动形式，对广大读者进行寓教于乐、生动有趣的阅读指导。也可以通过举办各种读书知识竞赛，包括使用工具书竞赛、图书知识竞赛等，启发读者的阅读兴趣，扩大其阅读范围，提高他们利用图书、利用图书馆的能力。

（6）培养阅读能力

学校、家庭、图书馆都负有提高少年儿童阅读能力的任务，但在培养阅读能力的方式方法上，学校、家庭、图书馆显然是有很大差别的。系统地培养学生的阅读能力是学校的责任，学校通过系统的语文教学、训练来实现这一任务。家庭主要是为孩子创造必要的阅读条件，通过家长言传身教来保护、激发、引导孩子的阅读兴趣，对孩子的阅读进行必要的督促和指导。图书馆在提高少年儿童的阅读能力上应做好以下几点：

①少儿图书馆应结合中小学教学大纲的要求，在阅读指导中掌握好尺度。

②加强馆校联系，将少年儿童在图书馆借阅图书的内容、倾向及其阅读方法、读后效果等情况反映给学校，通过学校老师去进行指导提高。使老师掌握每个学生在图书馆的阅读情况，从而增强对学生课外阅读指导的针对性。

③综合运用图书宣传、阅读指导、参考咨询等各种手段，对不同年龄层次、不同阅读能力的读者，有区别地开展服务，给予指点提高。图书馆应尽可能地在借书处、阅览室设立咨询台，或设立专门的咨询室，配备有较高素质的工作人员为少年儿童读者答询解疑，对他们阅读中的各种问题给予热忱地指点和帮助。

④开展读书活动，在活动中培养和提高少年儿童的阅读能力。图书馆丰富的藏书能开阔少年儿童的阅读范围与知识视野，激发其强烈的求知欲望；图书馆丰富多彩的活动，让读者自由选择、自觉自愿参加，能使少年儿童的兴趣、愿望、个人爱好得到充分的尊重，为其个性的形成与发展提供广阔的天地；图书馆知识的教育，能增强少年儿童自学与获取知识的能力；图书馆的咨询解释工作能帮助读者深入理解阅读的内容。这些对于培养、发展少年儿童的阅读能力，无疑会起到潜移默化的作用。

五、创客空间服务

（一）创客空间的概念

不可以将"创客"视作一个纯粹的名词，要把它视作类名词。其核心为"创"，表示富有创造性，将创意转变成现实。这一词汇带有一定的流行元素，并不是电脑领域的黑客，而是可以把创意转变成现实，并且十

分愿意分享其创意，致力于美好事物创造的一群人。"创客空间"产生于
《创客杂志》，其为一个实际的物理场所，为一个实验室或是机械加工室，
并且存在着加工车间，也具备工作室的各项功能。

　　创客空间的理念开始于美国的一场创客运动，该运动的主要目的是提
倡群众积极发明、彼此合作，积极参与，创造全新的事物。其在政界、院
校、厂家均开展了全面细致的分析和实践。创客空间有悠久的历史，最开
始产生在柏林（德国）的混沌俱乐部，也可以将其叫作国际上首个创客空
间。其后该类型的公司获得良好的发展。发展到近现代，伴随 3D 打印技
术的普及和发展，创客空间掀起了发展的热潮。在 2010 年中国引入创客
空间至今，其在我国迅速发展起来，如：杭州"洋葱胶囊"、深圳"柴火
空间"、南京"兑现创意"、上海"新车间"、成都"成都创客空间"均为
当下有较大影响力的存在。创客空间的重要功效表现为如下的 4 个层面：

　　一是创客构建了特定空间。创客可运用成本不高、容易操作的尖端技
术，良好地提升了体验、分享科技的乐趣、增加了创新交流的机遇，不管
是开展什么行业、懂怎样多的科技知识，不管是团体、个人，均可以在该
特定创客空间内交流自身理念，发挥创意。

　　二是创客空间有很强的亲和力以及包容性，创建了大家共同交流、开
发、共享资源和知识的氛围以及空间。由此，群众的参与率会显著提升，
即使是草根也乐于参与，让创新意识深入到所有人的内心，且开始演变为
习惯，最后演变为其生活的内容。宏观层面上，对推动创新活动、创建创
新国家战略有深远意义。

　　三是创客空间自由和创新的环境特点，可以激发参与者的团队协作
和独立思考的能力，让参与者学会发现以及利用有效资源进行创作，提
高自身的动手能力，并且营造一种自由、活泼、互动、开放的氛围，以
共同兴趣为支撑引导群众参与，彼此切磋，实现自身学习能力的持续
提高。

　　四是在组织行为学、人类社会学、心理学研究方面，创客空间也是高
能磁场，可以吸引不同行业、不同受教育情况的人汇集在一起进行沟通和
交流，实现在隐性知识中的凝聚以及碰撞，有效地推动跨学科领域中新知
识的产生，且形成良性发展的手工创作、知识孵化的创新基地。

（二）少儿创客服务可行性

当下，在中国创建创客空间的图书馆数量越来越多，但开展少儿创客服务和教育，尤其是开设少儿创客空间的图书馆比较少。有一定典型性的为上海嘉定图书馆"青少年创新空间"、广州图书馆"阅创空间"、长沙图书馆"新三角创客空间"等。少儿想象力丰富，有极强的求知欲和好奇心，由此图书馆在儿童兴趣基础上开展创客服务和教育，开展少儿创客空间，和少儿的天性比较吻合。国外发展少儿创客空间的经验，可以帮助中国开展少儿创客服务和教育以及设立图书馆的少儿创客空间。在创客教育基础上，使用少儿创客空间平台，可以让儿童自主学习，学会使用真材料、真工具制作真产品，提倡其彼此分工合作、创新产品、发明创造、分享创新模式。这样不但可以合理激发少儿潜能，激发其想象力，并且还可以培养少儿的创造能力以及动手能力，实现科学素养的持续提升。

科学研究证明，少儿教育直接影响了人此后的发展，由此更多的家长开始关注早期少儿的启蒙教育。图书馆作为公共教育组织，其主要职能就是培养人才，并且在少儿教育方面有一定的责任。少儿的思维比较活跃，渴望了解新世界，对任何新奇的事物都有好奇心，图书馆需要强化培养少儿的创造力，不断激发其创新精神以及创造思维，且正确地引导少儿不断实践。图书馆举办有趣生动、适合儿童的创客活动，且提高活动力度吸引更多的儿童参与到活动内，不断地激发儿童在学习方面的兴趣，不断培养其动手能力、科学素养、协作精神，可以让其有效地发挥创造力以及想象力，并将创意演变为实物。图书馆作为一种公共教育组织，其基本职责和使命就是帮助少儿发展，为少儿构建可学习的环境，吸引更多的儿童进入到图书馆内，使图书馆发挥价值，并在创客空间的演变和发展中直接带动图书馆的演变和发展。让少儿有效使用网络工具，落实共享信息，接受网络发展产生的挑战和难题。

（三）少儿创客空间服务发展特点

在我国，少儿创客空间尽管已经逐步走入群众生活中，且以小团体的模式产生全新的学习环境，有极强的创意创新的文化氛围。但对比国外而言，我国创客空间的发展时间比较晚，当下依旧处于学习和摸索时期。近段时间，我国图书馆在创客空间层面获得良好成绩，例如成都、上海、深圳、广州等区域的图书馆均创建了青少年的创客空间，有很强的地区特色，且运用线下和线上融合的模式开展创客活动，吸纳更多的群体积极主动地了解创客空间。创客教育在2016年正式被添加在我国的《教育信息化"十三五"规划》中，演变为社会普遍关注的热点问题。更多的图书馆也将分析的热点投到少儿创客教育方面，并结合少年的特点开展了创客空间，实施了诸多的少儿创客活动。当下中国图书馆的少儿创客空间服务表现出如下的发展特性。

1. 呈区域化发展

我国图书馆在开展少儿创客教育时有很强的区域性，按照城市发展水平和经济现状，一线城市普遍高度关注创客空间的发展，例如上海、北京、深圳、广州等城市经济发展速度较快，对全新事物有很强的接受能力，而创建创客空间需要科技、经济方面的支撑，依托一线城市区域和经济方面的优势，可以尽快在我国建设少儿创客空间。一线城市的环境和资源比较优良，对比三四线城市接触到的信息在深度、速度、广度方面更加优秀。一线城市的创客空间，可以获得良好的发展，主要依托于政府资金和政策方面的扶持。很多公司创办的创客活动和创客教育有一定的基础，一线城市创建的创客空间也为我国其他区域发展创客空间指明了方向，提供了力量。

2. 以互联网为中心的新技术提供有力支持

随着互联网的发展，科技、经济发展迅速，网络拉近了人与人之间的关系和距离，拓展了群众的视野。尽管在家庭内同样可以了解不同区域的事情，但建立在网络基础上的新技术为少儿创客空间的发展注入了新鲜动力。计算机技术在数据查找、信息记录方面构建了有效支持，可以更系统全面地管理图书馆有关信息，并且提升群众工作效率，在创客空间发展中，图书馆提供了支撑和力量。

3. 各图书馆服务内容、布局等差异性极大

据了解，所有创客空间在布局、服务内容方面都有一定的差异性，有的重点聚焦绘画等艺术活动，有的则注重制作音乐、激光切割、建模等层

面，产生如上问题的原因是不同参与者有不同的定位和认识，当下并没有行业方面或国家产业方面的统筹规划和设计，专业素养以及顶层设计会直接影响产出的效果以及结果，但其服务宗旨和管理的体系还有一定的共性，有可以学习和借鉴的方面。

4. 构建与运营等方面经验薄弱

少儿创客空间的运营和构建都需要人的力量，为确保创客效果要配备有关的人力资源。我国少儿创客的系统发展并没有较长时间，不同图书馆在引进和设置专业人才方面也有较大的局限性，基本都是以兼职人才为主，这使少儿创客空间的专业运营和创建缺乏经验，也使全面系统的梳理缺乏知识引领和长期的专业指导以及培训。

（四）少儿创客空间建设与服务策略

图书馆的少儿创客空间可以是某一单一功能的空间，也可以是诸多功能的融合体，其需要按照少年儿童的真实需求确定，在情况必要的时期，图书馆可实施大范围的问卷调研，为用户论述不同种类创客空间的不同功能，并且有效汲取用户涉及创客空间方面的建议和意见，并将其当作最终决策的参考。与此同时，创客空间的功能定位还需要考量和社区尤其是中小学创建的创客空间两者的互补性，例如院校在组建创客空间时注重编码和"骇客空间"，图书馆组建创客空间则可以注重媒体实验室以及制造实验室等。

不管什么功能类别，少儿图书馆创建的创客空间的主要目的是支持和鼓励儿童参与创新并开展实践活动，逐渐培养儿童独立思考和深度思考能力，引导儿童产生创造性解决问题的能力。

1. 体验式创造学习的情境

体验式学习，也就是学生在反思、亲身经历中学习和认知的环节，其和传统学习模式有一定的区别，体验式学习的特性为寓教于乐、主动学习、学以致用等，通过互动、创造共享、实践体验、反思等模式，推动产生更深刻的见解和认知。

体验式学习便于学生孕育创新思维以及创新观念，为了在体验学习的情境设计中添加创客空间，图书馆需要有如下的设计：（1）创客空间活动需要尽可能地联系真实的世界，解决现存的实际问题、完成有关的任务以及项目；（2）创客空间的服务设计、空间设计需要呈现出对学生某一需求的满足，所构建的技术或设施可以为数字化的高端设施，同样还可以是日常的手工制作类型的设施，可以紧随有关的任务（如绘本制作、玩具创意、产品制作）而不断改变；（3）在设计创客空间时需要尽可能地满足学生在协作、互动中的需求，其需要创客空间的设施有灵活的特性，例如可以灵活移动，合理满足分组探讨，可以被应用在路演、演讲交流方面，可以在不同情境使用的书写板、家具、分屏显示器、移动网络等设施；（4）创客空间设计的项目以及活动可以引导学生结合某一任务或问题开展深入细致的研究和分析，其代表着图书馆不但要构建对其分析和研究需要的工具以及资源，还要在不同时期恰当地介入，为其构建有效合理的引导。

2. 融合 STEAM 发展创客教育

STEAM 为技术、科学、数学、艺术、工程教育的统称，也是缩写的形式。对图书馆而言，其设计的创客空间不但需要为来学习的成员构建创造和创新的设施、空间以及工具，还需要将空间当作纽带，对学习者落实全面、系统的创客教育，引导其在自身已有的知识储备中，使用跨学科的办法以及视角分析和解决问题。可以说，其创客教育是在自身已有的技术、科学、数学、艺术、工程的知识储备中，引导参与者将学习的知识全面灌入到实践环节，实现问题的创造性分析和解决。

STEAM 是创客教育依托的主要内容载体，由此图书馆在发展少儿创客空间时需要结合 STEAM 的具体内容开展创客教育，也就是：（1）图书馆需要按照知识储备不同、年龄不同的受众对象，融合 STEAM 学科的具体内容制定创客客体，设计级别各不相同的创客活动；（2）图书馆需要整合复杂情况各不相同的项目为学生创建挑战的工作和任务，提倡其使用诸多学科的知识分析问题、解决问题；（3）图书馆需要全面发展和高校、中小学、社会创客空间、公司的合作关系，吸收更多的优质社区创客教育资源，例如优质课程和导师，进而确保项目有很强的创意性，设计落实的高效性以及系统性。

3. 优化创客空间的运营管理

少儿图书馆建设创客空间是系统性的任务和工程，需要工作者细致布局和谨慎思考，在具体实践中，图书馆要考量推广和宣传、经费来源、人员配备、评估和管理等诸多的问题。（1）在经费方面，少儿图书馆需要在确保正常供给馆内预算的同时拓展经费通道当作补充，尝试获得公司捐赠和政府资金；（2）在推广宣传层面，图书馆需要运用合作全面加入地区、国家的创客加变化或创客计划内，让更多的儿童全面深入地感受和了解创客空间，走到创客空间内；（3）人力资源层面，图书馆需要按照真实现状决定工作者是以兼职还是专职的方式开展创客空间的建设和运营，在持续提高工作者服务能力的过程中，也需要在社会范围内汲取社会人才，例如老师、志愿者、专家学者等当作有效补充；（4）在评估和管理层面，图书馆需要学习国外和国内先进的评估和管理创客空间的经验，融合图书馆的真实现状制定系统性的评估和管理标准，例如引进设施标准和引进技术的标准、3D 打印使用制度、创客空间服务评估标准等，并定期评估，以确保管理与评估制度的与时俱进。

第三节　少儿阅读特色服务

联合国教科文组织在《公共图书馆宣言》中指出："图书馆需要积极地帮助儿童培养优良的阅读习惯，逐渐提高儿童的创造力以及想象力，推动其深刻了解和认识艺术、发明创造、文化遗产、科学成就等。"这证明了在素质教育中，图书馆是特别重要的存在。邓小平早期就表示"教育需要从小抓起"。在中国独特的市场经济基础上，图书馆要获得发展和生存，就需要强化图书馆的特色，注重特色挖掘，否则就很难呈现自我优势，很难发挥自身独有的作用和功能，很难表现出价值。进而，完善以及构建儿童图书馆或图书室，引导以及组织儿童、少年读好书、多读书，成为推动儿童健康发展和成长的主要方式。

日本学者香山健一认为："从文明史的角度看，进步基于差别，单调就是死亡，智慧再生于对比之中。"在我国社会主义市场经济条件下，少儿图书馆要求生存、图发展，必须加强特色，突出特色，否则难以展示自身的优势，难以发挥特有的功能，难以体现自己的价值。

少年儿童是特殊的读者服务群体，因此服务不仅要有特色，更要有人情味。"以人为本"的服务理念已成为图书馆的共识，"以人为本"的基本含义是尊重人、爱护人、关心人、理解人、维护人的尊严，了解人的需要并帮助其实现。少年儿童是少儿图书馆赖以生存的根基，是实现图书馆自身价值的载体。要通过各种各样的方式和手段让少年儿童走进图书馆，利用图书馆。

一、馆藏结构形成特色、增设玩具室

建设特色的馆藏文献，是当代文献资源建设中比较难的一环。图书馆需要依托图书馆优势，融合区域的文化、经济、地理、自然等相关要素，且有效依托通过网络获得的大量资源，创办有特色的少儿图书馆。图书馆需要有效考量对自身有用的信息，深刻学习先进图书馆的做法，不断创新，勇于挑战，解决少儿馆阅览和外借分离的问题。按照少儿特色创建"科技园""童话宫""动物大观""英语角"等诸多模式、诸多内容并且汇集趣味性、知识性、娱乐性于一身的活动中心，组建有自身特色的图书馆。唯有有自我特色，方可吸纳更多儿童的注意力，方可有效发挥图书馆自身的优势。

随着信息时代的发展及科学技术的进步，新型文献载体以其传播面广、传递速度快、信息处理迅速、检索方便、信息存贮量大等优势，逐步地更新着传统的印刷型馆藏资源。据悉，国家"十三五"重点图书、音像、电子出版物出版规划中，适合少儿的选题将分别占总数的 25%、38.6% 和 24.2%。根据这一出版趋势，少儿图书馆的藏书建设也要相应调整。现在的少儿读者越来越习惯于使用电脑和视听技术，少儿图书馆应加强针对少儿网上资源和视听资源的建设，并通过建立少儿网络为他们提供电子阅览服务，将小读者吸引到图书馆来。因此调整和优化馆藏结构，加大电子出版物的入藏比例，增加现代化的检索设施，是少儿图书馆建设的发展趋势。

加强玩具图书馆建设

西方国家组建玩具图书馆开始于 20 世纪 30 年代。伴随对外交流和改革开放的持续扩大，20 世纪 80 年代其开始进入中国。在少儿图书馆增设玩具室，既可以推动儿童的全面发展，丰富娱乐生活，还可以帮助培养儿童爱读书的习惯以及适应社会的能力。在购买玩具的时候，玩具室需要尽可能应用较少的资金发挥最大的功效：中等价格，但普通家庭难以购买的玩具，尤其是儿童可自己动手操作和拆装的玩具获得了家长和孩子的喜爱；户外的大型玩具，日常并没有频繁地接触，孩子普遍比较喜欢。

二、服务方式特色化

（一）图书情报教育特色化

结合不同年龄儿童的生活、学习、健康成长、心理发展的特性，在少儿读者中开展图书情报教育活动，图书馆要开展新生入学免费参观图书馆活动，并为学生细致讲解图书馆的有关知识和信息，引导学生更快地熟悉图书和图书馆，简单了解书籍分类的有关方法，并学会一般检索文献的方式，自小引导儿童产生并培养图书馆观念和意识，实现对图书馆的科学应用。

（二）加强素质教育培训服务

少儿图书馆的培训以少年儿童为主，可把图书馆办成学生的第二课堂。少儿图书馆在完成图书文献借阅的前提下，开办书法、美术、器乐、舞蹈、思维训练、外语等培训班，邀请社会上的知名教师、学者前来讲授，培训班办出了特色，最终得到社会的认可。培训活动的开展，不仅宣传了图书馆，扩大了读者队伍，而且也推动了图书馆其他业务工作的开展。总之，有必要重新认识少儿图书馆的服务，重新定位图书馆与读者之间的关系，不断创建、推出新的服务形式，从而加强读者的素质培训服务，促进少儿图书馆事业的发展。

三、加强少儿图书馆的馆舍建设

馆舍环境的设计需要和儿童少年的年龄特点相吻合。婴幼儿的思维有极强的形象性以及直观性，合理的环境不仅可以提高少儿的安全感，还能培养其学习兴趣。单调呆板和色调单一的环境，会给小儿带来恐惧和压抑，影响其积极活动；过于复杂多样的环境设计，会使他们兴奋不安或行为无序。因此，设计的婴幼儿阅览室需要明亮、宽敞、清洁、童趣、安全、美观。地面、室外墙、室内走廊需要按照不同功能进行布置，让其有内容、形象、色彩，可使用悬挂、涂贴、装置的模式予以布置。例如：为安全起见，活动区内地面应软化，用具应平滑、无角等。少儿图书馆由于其服务对象以小学生及学龄前儿童为主体，因而具有与成人图书馆不同的两大特点：一是建筑及空间的双重性，即既要体现作为文化建筑的内涵，又能通过神话丰富的内涵、奇异的想象、神秘的色彩和现代表现手法的运用，达到培养少年儿童想象力和阅读兴趣的目的。

（一）建筑外观的特殊性

在外观方面，少儿图书馆除却时代性的外观、合理的结构、前瞻的布局之外，还需要有精神形象，积极引导用户学习，遨游在知识的海洋中。这是少儿图书馆和其他图书馆建筑的根本区别。

（二）功能布局的特殊性

图书馆所营造的宁静、高雅、求知的文化氛围不但依托外观去制定，还需要内环境不断地渲染，少儿图书馆可运用特殊的布局模式，更改此前摆设图书的方式，让用户查看到书封等，进而吸纳更多的儿童和青少年的关注。按照儿童和少年有很强好奇心的特质，图书馆在加工图书环节可以恰当地添加吸引儿童的要素，例如在图书标签中添加图案或者是色彩，全部的书籍均可以巧妙地应用彩色编码体系，在书脊上贴上不同的图案以及色彩，进而区别各种类的书籍。由此用户就可以最快速度获得自身需要的书籍。例如倘若有计算机图案那么就代表是计算机种类的书籍等。

四、提高馆员的素质

馆员素质的提高，是少儿特色服务的保证。在新世纪，少儿图书馆馆员的工作对象是数字化的信息和知识，工作的工具将是计算机和网络，提供的服务是深层次的特色服务，同时还担负着培养下一代的社会教育职能。这预示着，少儿图书馆队伍的结构将产生重大变化，提高图书馆专业人员的素质成了重要的任务。对于从事儿童图书馆婴幼儿服务的工作人员来说，除要具备图书馆馆员的基本素质外，还应具备以下素质：首先应该热爱孩子，有良好的职业道德和极强的亲和力，这是搞好少儿图书馆婴幼儿服务的前提。其次，具有多学科知识，能够了解婴幼儿的心理特征。一个优秀的管理员可以把握好婴幼儿没有较长的集中注意力的时间、比较好动的心理，据此迅速改正引导模式，更改服务内容，进而获得优良的服务成效。由此，其除却需要工作者有良好的基本功之外，还需要深刻了解儿童心理学、美术、歌舞等层面的知识，使用温和生动的言语、和蔼可亲的态度、精准的引导模式更好地帮助婴幼儿。最后，当下在儿童图书馆中，计算机技术获得了大量的使用，图书馆工作者需要有网络知识以及计算机知识，进而满足用户在信息方面的需求，让用户可以在家里运用网络搜集到自身需求的信息和资料。

五、延伸服务半径，阅读辅导特色化

（一）延伸服务半径

目前，中国不同图书馆的购书经费均有补充，但藏书利用率尚未获得显著的提高。通过延伸服务可以有效地规避集中式的馆内服务的限制，少儿图书馆需要提高以及深化服务，就需要走出馆，逐渐辐射到社区、学校中，解决读者数量少的问题。学校作为儿童和少年学习和活动的场地，少儿图书馆的读者服务要面对学校，基于学校构建流通网店，让读者服务覆盖更多的儿童读者。方便广大儿童"以书为友"，努力改变"上门借书"的传统观念，图书馆使用送书上门的办法，主动为用户构建就近服务，图书馆突破传统服务格局和延伸服务职能的全新方式。例如长春少儿图书馆，尽管馆藏图书只有八万余册，但在学校中流通的藏书就达到了六万多册；厦门市少儿图书馆当下已经拥有了图书流通车，目前在 3 个社区构建了现场图书流通点，流通车到达的区域均获得了家长以及小朋友的欢迎。

（二）阅读辅导特色化

阅读辅导特色化，就是结合少年儿童的年龄结构、阅读兴趣、阅读目的，编制针对性较强的推荐书目、专题书目和必读书目，并通过提供书源和书目导读，对小读者在读书过程中遇到的问题，有针对性地加以辅导。首先，以提高阅读水平为突破口，树立大阅读观，形成"必读书籍深读""专题书籍精读""推荐书籍选读"的"三读"辅导模式。南京市六合区图书馆少儿室，结合"红领巾读书活动"，于 2006 年 8 月举办"纪念红军长征胜利 70 周年红领巾演讲比赛"。活动期间，需要参赛者写读后感，阅读制定书目，感受爱国主义教育。其次，新书介绍会的举办。已经阅读过新书籍的用户可对大家论述书籍的主要内容，朗诵在书籍内的片段，或者是由小读者扮演书中人物进行表演，进而提高用户的创造力、想象力、表现力。介绍会可融合图书馆展览会共同开展，增强小读者参与社会实践的能力。此外，还可开辟《读者园地》，设立《和好书交朋友》《请你阅读这本书》《新书架》等宣传专栏，对大家展示小读者撰写的书摘、读后感、心得等，让儿童和少年产生希望阅读书籍的愿望，进而实现激发儿童阅读兴趣的目标。

六、合理划分阅览区和休闲娱乐区

据调查，许多少儿图书馆常常将各个不同年龄段的少年儿童放在一起，这存在许多弊端。例如，不同年龄段的儿童阅读能力不同，学龄前的儿童常常需要家长在旁边陪伴讲解；而上小学的少年儿童基本上可以独立阅读。因此，在条件允许的情况下，根据不同年龄段少儿阅读的特点，合理划分阅览区，设立休闲娱乐区。针对启蒙型小读者，可举办"诗歌朗诵会""我的音乐梦想""书画能手"等多样化的比赛。评选"朗诵大王""小音乐家""小书画家"，培养其阅读兴趣，全力引导他们走进少儿图书馆。针对"探索型"小读者，可成立读书会、笔友会、小读者联谊会，引导其以书为媒，以文会友，交流心得，让少儿图书馆成为他们进步的阶梯。针对"创造型"小读者，可成立"科技小发明爱好者协会""重点读者俱乐部"，为他们提供专业化指导和咨询，还可举办"我与图书馆"讲坛、"图书馆伴随我成长"主题报告会，请他们谈心得，讲体会，让少儿图书馆成为"创造型"人才起飞的基地。

第四节　少儿数字阅读服务

一、数字时代少儿阅读的特点

1. 区别于传统阅读

当代少年儿童是在纸质阅读向数字阅读迁移的变革中成长并开始阅读旅程的。在数字阅读兴起之前，儿童的阅读形式往往是端坐在书桌前，自己或由家长带领阅读一本图书，图书多为文字形式，间或出现彩色图片。活泼好动的少年儿童保持在同一形式的阅读中难免会觉得枯燥乏味，而数字阅读通过屏幕传达出亮丽的色彩、活泼的动画，音响发出动听的声音，更容易让儿童产生新鲜感，从而对数字阅读青睐有加。

研究证明，有三分之一的用户更喜爱数字阅读带来的便利、生动的阅读休验，不但是由于相比纸质媒介而言，其在信息整合方面媒介更加优秀，也是由于少儿读者需要互动性活动。此前的阅读模式注重作者和读者在文字方面的沟通以及在阅读中读者和自我的对话，这种内向的阅读模式一般需要读者有很强的理论知识和能力，可以有极强的专注度。但是少儿读者根本就没有该特性，这也是为何不能良好推进少儿阅读的主要原因。数字阅读独有的互动方式可以让少儿用户获得极强的认可度以及接受度，进而让少儿读者更好地接受阅读，且更加积极地开展阅读，推动阅读，持续增加推广少儿阅读的效果。

2. 多感官阅读体验

在步入数字化时代后，群众可运用诸多的渠道拓展数字阅读，其最重要的原因是当下在生活和工作中可以使用更多的渠道获得信息。与此同时，更多的儿童和青少年可以更加熟练地使用获取信息的电子产品，其在日常学习和生活中可以依托网络获得更多的信息，或者是使用诸多的模式进行阅读，该阅读办法不但可以激发儿童和青少年在阅读方面的兴趣，并且还在视觉上产生多重冲击，还有可能会在触觉中深刻感受到科技的力量。

3. 为特殊儿童的学习创造条件

上文论述了数字化阅读模式和办法，可以在不同感官中让儿童和青少年感受到源于知识的力量，为用户构建更有趣和精彩的阅读体验，有极好的适应性。倘若可以合理地使用数字化阅读的如上特性，那么就可以更好地辅助特殊儿童开展阅读，例如在视力方面有障碍的儿童，难以通过视觉阅读文字，但倘若可以使用朗读的模式将文章呈现给儿童，儿童就可以运用听觉的方式获得并且感受到知识。综上，针对在视觉方面有障碍的儿童而言，数字化阅读的模式可以使用触觉、听觉的模式刺激其神经系统，让其可以更好地理解以及接受该阅读模式，进而实现提升阅读兴趣的最终目标。

4. 突破时间、空间限制

通常而言，人们在阅读纸质书籍时一般需要在稳定的环境中开展阅读或在理想环境中开展阅读，倘若周边是特别嘈杂的环境，则会降低阅读品质，但运用数字化阅读的模式并不会将群体限制在某一范围内，其可以运用智能移动设备在所有的地点和时间开展学习和阅读活动，特别是对缺乏机遇和没有时间阅读纸质书籍的少年和儿童而言，该阅读模式为其创建了全新的学习途径以及学习方式。

5. 符合个性化社交需求

儿童、青少年和成年人相同，均渴望创建社会关系网络，通常乐于分享，并希望获得熟悉人或陌生人的回应，这也是微信朋友圈盛行的主要原因。例如在豆瓣网中汇聚了大量的书友，其普遍都热爱评论、阅读，用户对电影和书籍进行评价和打分，还可以将自身想要阅读或已经阅读的书籍标记，提高互动性，该分享和互动就可以良好地满足儿童和青少年的社交需求，提高了该类型群体的阅读动力。

二、数字阅读对少儿的影响

1. 有利影响

首先，数字阅读形式丰富多样。移动数字阅读打破了传统纸质媒体文字、图片的知识呈现形式，将大量的视频、音频甚至是触觉感官等直观形象的信息展示方式融入阅读之中。而儿童本身对动态多维的事物会投入更多的关注，所以相较于传统阅读，声情并茂、丰富多彩的数字阅读更具趣味性和吸引力，更容易激发儿童阅读的兴趣。

其次，数字阅读的内容包罗万象、检索方式方便快捷。网络像一个知识的聚宝盆，为数字阅读提供了无限丰富的阅读资源。少年儿童正处在对外界事物抱有充分好奇的成长阶段，网络共享恰可以满足他们对各方面知识的强烈需求，不论是文学艺术还是社会自然科学方面的知识，甚至是最新的流行用语，只要在搜索引擎中输入关键词，就可以迅速检索出相关知识，轻松阅读。这种便捷的检索方式恰恰能满足少年儿童跳跃性思维对知识获取的即时性。

不仅如此，数字阅读的互动性也能满足少年儿童交流的需求；各类数字阅读平台每天根据已有内容推送相关阅读素材供读者选阅，降低了寻找阅读内容的时间成本。

2. 不利影响

少年时期是身体发育和性格习惯培养的关键时期，不少学者和家长认为，数字阅读设备容易造成视力下降等健康问题，数字阅读本身也存在影响儿童养成良好阅读习惯的不利因素。

首先，数字阅读的"非线性"不利于良好阅读习惯的培养。数字阅读的非线性主要体现在它的跳跃性和碎片化上。数字阅读通常提供各种各样的超链接，通过这些链接，少年儿童可以跳转到任意感兴趣的页面，也正是因为这种快捷的跳转，致使充满好奇的儿童很难专注在同一个问题上进行深入思考。数字检索可直接找到问题的答案，而问题的前因后果极有可能不在阅读范围之内，这使少年儿童很难形成系统的知识结构。同时，这种碎片化、跳跃性的阅读很容易让少年儿童产生一种娱乐性、消遣性的阅读心理，阅读不走心不思考，就很难体会阅读的乐趣，更不用说培养良好的阅读习惯了。

其次，少年儿童易受网络不良内容影响。数字阅读依托的网络资源是一个相对开放的阅读环境，所包含的信息良莠不齐，少年儿童又处在缺乏阅读自主性和辨别性的脆弱时期，"暴力""血腥"等不良因素一旦在成长阶段留下印记，则很容易误导他们，严重的甚至会影响他们的身心健康，形成错误的价值观和世界观。

三、少儿数字阅读服务模式

目前图书馆创建的少儿数字阅读重点是通过建立少儿数字阅读网站、开通公众号以及强化与少儿数字阅读资源商的合作的模式来实施和推广的。

第一，建立网站平台是落实数字阅读的基本，唯有创建了有关的网络组织和平台，方可让少儿更好地开展数字阅读，并且可让家长和更多学生深刻感受和了解数字阅读，进而在运营工作者的帮助下寻找契合少儿的数字阅读方式。

第二，微信公众号近段时间在群众中的使用率逐渐增长，通过公众号的模式，不但可以让少儿更便利地开展数字阅读，还可以运用公众号下的转发和互动板块进行互动，提升数字阅读的传播率。所有阅读方式的推广都需要建立在大量丰富的内容中，由此图书馆需要强化和资源商的深刻合作，运用长期引入优质的少儿数字阅读内容，有效满足儿童和青少年的阅读需求，与此同时在纸质书籍难以实现的层面（互动交流）持续呈现自身优势。

（1）网络平台导读

少儿读者，尤其是低幼读者，出于阅读和年龄方面的制约，在单独挑选儿童读物和表达喜好层面有难度，且有的父母也不清楚需要选择什么样的书籍，运用少儿书单推荐的方式就可以良好地解决该类问题。例如在公众号和官网中可每月定时推荐一些少儿新书，涵盖推荐的少儿书目等相关内容。

（2）移动客户端检索

数字阅读资源与移动图书馆服务可以整合在一个应用软件中。利用各平台的二维码形成新媒体矩阵，在图书馆的各种宣传品上印刷宣传，或在例如图书馆服务宣传周、世界读书日等活动中穿插论述，通过赠送小礼物的模式提倡读者使用。可将图书馆的馆情资讯、书目检索、图书续借、借阅信息查询、少儿及讲座活动信息查询功能集成在 App 上，方便读者在 App 上阅读各种免费、制作精良的数字资源。

（3）开展多种数字体验活动

与社会机构合作，在馆内开展数字体验活动。利用 AR3D（虚拟增强现实技术）可以在纸质书上实现立体阅读的效果，但凡在手机内安装软件，并且扫描书籍中的图案，就会产生相应内容，不但可实现全面观察，并且还可以运用 3D 形象和触摸屏的模式进行互动。另外，可以开展小游戏编程教授活动，通过学习编程，让少儿了解制作游戏的环节，进而引导其逐渐了解人工智能。还可以通过微信小程序、微信、微博、短视频等工具开展线上活动。

（4）购买、自建数字资源

公共图书馆重点是使用本馆资源落实导读服务以及信息服务，其也提供检索书籍等有关服务。运用自建数据库或购买数据库的模式创建有自身特色的馆藏数字资源，重点涵盖少儿版的知识世界、科普视频、哪吒看书、双语学习乐园等诸多方面，儿童或青少年可运用视听、图片的模式获得信息，形成有少儿特色的数字化网络资源服务系统。

（5）数字设备体验区益智游戏

图书馆展厅创建了数字体验区，配置了儿童和青少年的数字课桌、一体化的绘本阅读及绘画机、触摸学习机、数字电视等诸多少儿数字终端媒体，运用数字资源，让学生体验游戏互动，且通过立体展板的模式对群众呈现图书馆内的少儿资源。

（6）网上互动

图书馆可以利用微信、微博等平台，宣传以及组织少儿活动。将活动预告在公众号中予以推送，有兴趣的小用户和家长可在公众号中投票和报名，工作者按照后台报名的数据按照某原则挑选报名人员并进行通知，发动老师、家长、儿童、少儿共同参与活动，汇集热爱阅读的家长以及孩子。

四、少儿数字图书馆服务

（一）数字图书馆概述

数字图书馆是使用数字技术存储和处置诸多信息的图书馆，其实质上是一种分布式信息系统。它通过数字技术的方式存储了不同区域、不同载体的信息资源，以便于跨越区域进行网络传播以及查询。其涉及加工信息、检索信息、存储信息、利用信息的所有环节。

随着计算机技术、通信技术和网络技术的迅速发展，建设信息高速公路并充分利用是发展图书馆系统、大规模信息系统的条件以及基础。当下，数字化处理技术、网络信息管理技术、建设数字化资源已演变为国家竞争的热点问题，各国都为此投入了相当的精力进行研究和开发。数字图书馆这一新概念、新模式应运而生，并被当作二十一世纪信息产业的重要发展方向。

传统图书馆的存储、收集和重新组织信息，使读者能方便地查到自己所想要的信息，并且了解用户的应用现状，合理保护提供信息者的基本权益。从数字图书馆角度来看，收集或创建数字化馆藏，汇集了诸多的数字技术，例如色彩矫正、高分辨率的数字扫描，光学字符识别、信息压缩、转化等。它将诸多的文献资料演变为计算机获得识别的二进制信息，在安全保护、访问许可和记账服务等完善的权限管理之下，经授权的信息可用于网络发布，实现全球信息共享。数字图书馆的结构方式为：网络体系内，一个面向对象的、分布式的网络结构模式，它可被应用在诸多各不相同的计算机体系内。数字图书馆涵盖了预处置体系、用户接口、查询系统和对象库等基本构件。

数字图书馆概念一经提出，就得到了全球广泛的关注，各国纷纷组织力量进行探讨、研究和开发，进行各种模型的试验。随着数字地球概念、技术、应用领域的发展，数字图书馆已成为数字地球家族的成员，为信息高速公路提供必需的信息资源，是知识经济社会中主要的信息资源载体。

美国国会图书馆是美国最早进行数字图书馆尝试的图书馆之一，其"美国的记忆"（American Memory）影响深远。"美国的记忆"最早是一个于1990—1995年实施的试验性计划；该计划的目标是确定数字式馆藏的读者对象，建立数字图书馆的一整套技术过程，讨论有关知识资产的论题，进行分发演示，并最终确定国会图书馆数字化的方针与规范。该计划的数字馆藏对象主要为美国的历史文献，包括历史照片、手稿、历史档案及其他文献等。

（二）数字图书馆的特征

1. 信息资源数字化

数字图书馆就是利用信息技术和网络通信技术，有计划地将书、刊、报、磁带、胶片等各类介质的文献进行压缩处理并转化为数字信息，制作为可使用的数据。这些数字化资源是组建数字图书馆的基本内容。其根本是使用网络通信技术以及现代信息技术，将诸多传统文件予以压缩。其涵盖了数字化的馆藏信息、数字化的网络资源、信息出版物、电脑视频呈现三次、二次文献的视频数据等。与此同时，所有图书馆除却收藏的电子出版物，还可将信息检索服务和其他图书馆内的电子出版物当作网络数字资源进行应用。

2. 信息存储量大

数字图书馆存储载体体积小、存储信息量大，内容包罗万象、形式多样，包容了不同学科、不同领域、不同语言的文本、图像、声音等信息资源。

3. 信息存取网络化

图书馆中的信息存取必须通过计算机实现，用户但凡按照某一语法规则创建恰当的检索表达模式，就可以运用计算机实现精准、快速查询，获得自身需要的有关信息。但凡构建合理的表达式检索效果就可以实现最佳成效，即以网络为手段，数字图书馆将个人、机构及商业公司连接为一体，网络成为信息存储和传递的重要媒介，任何人都可以在网上直接存取信息，也可以根据自己的需要访问那些适合自己的图书馆专题数据库等。

4.信息资源利用自由化

信息用户应用传统图书馆受图书馆自身位置的限制，由此对有大量馆藏资源的图书馆而言，其用户也限制在某范围内。由于图书馆并非全天开放，时间有限制，群众不可能在所有的时间随时访问图书馆。但是数字图书馆，通过数字化的资源存储，计算机化的检索信息模式和网络传播信息的方式，让群众在应用图书馆的时候突破了空间、时间方面的限制。国际不同区域的用户均可以运用计算机联网访问所有的数字图书馆，并且在自身权限内随意地应用信息资源。其突破了时间和空间方面的制约。数字图书馆落实了在国际范围内信息资源的有效共享。所以数字图书馆突破了以往以纸张或其他实物介质为载体的传统信息资源的限制，比传统信息资源在开发和利用上更加灵活、方便、自由。

5.信息资源共享化

一直以来，传统图书馆均在追求资源共享，但由于条件、观众、环境等诸多方面的限制，无法落实真正的共享资源。当下依托网络，不同图书馆可运用数字馆藏彼此交换，涵盖电子出版物、读书目录等相关资源，实现共享。但出于存在集团利益、国家利益、版权的相关问题，要真正实现信息资源共享还有很多的障碍。

6.信息管理多元化

数字化图书馆并非单一实体，其是面向全球的超大规模的分布式信息资源系统，是大规模的网络工程、软件工程、计算机工程、信息组织工程等的有机组合，所以已无法由单个图书馆甚至整个图书馆界来完成。它不仅涉及图书馆界、博物馆界、档案馆界，而且还涉及教育、科技、金融、企业、商业等众多领域。

7.信息内容知识化

传统图书馆是将当下图书馆已有的信息资料通过加工、组织、整理的模式向用户提供信息。传统图书馆和数字图书馆有一定的区别，数字图书馆是由提供文献服务演变为提供知识服务，在组织和加工信息环节渐渐演变为智能化知识化发展。

8.服务范围全球化

随着图书馆落实信息化、网络化、数字化发展，图书馆的服务范围也开始突破不同国家、不同地域、不同图书馆之间的限制，并将馆内资源逐渐演变为馆外资源，拓展到全球不同区域。图书馆的服务范围不再局限在某一部门、某一单位、某一地区、某一国家。其是为全球所有用户提供服务，数字图书馆将演变为国际化的大图书馆、永不关门的图书馆。

9.信息实体虚拟化

数字图书馆实现了虚拟图书馆和实体图书馆的彼此融合，在落实数字图书馆的层面呈现出了虚拟化发展态势。人们可以对虚拟图书馆中的实体图书馆进行操纵和利用。

（三）少儿数字图书馆建设

1.硬件设施的建设

目前社会已经逐渐步入物质文明时期，由此需要对用户最大可能地创建优良的阅读工具、阅读环境以及为工作人员提供必要的工作设备。比如：建立电子阅览室、使用自动化系统、制作优良的馆舍条件。其均为网络信息时期硬件的基本设施。

2.文献资源建设

建设少儿图书馆文献资源涵盖了建设普通资源和数字资源。前者即传统意义上的文献资源，主要指纸质载体的印刷型文献。本文重点分析的是建设数字资源也就是建设网络数字资源。当代数字图书馆资源以其快捷的检索信息方式和较低的投入演变为图书馆文献信息资源建设的必要发展趋势。可以使用如下模式创建数字化的虚拟资源：

一是直接引入别人制作好的资源。当下在数字资源制作方面比较成熟的企业有：书生数字图书、超星数字图书等。图书馆要生存要发展，离不开社会各界的支持，而与兄弟单位的合作尤显重要。在合作中，首先是相互的链接，其次是数据的相互融合。

二是根据图书馆的自身需求购买动态网络资源库或专题库，例如中国学术期刊网、万方等。使用灵活的网站经营方式，目前在我国网络中有很多网站。二级以下域名的网站更不用说。用户怎样在繁多的网站内寻找需求的网站，同样是一门学问。由此，图书馆需要使用灵活的网站经营策略。例如可在国外和国内的搜索引擎站点进行免费注册等。

三是直接与数字图书资源丰富的图书馆商议，申请开户，为本馆、本地区或本校师生争取更多的数字资源。

四是根据读者的需要，从因特网上下载、搜集、整理一部分资料或建立专题导航库。

五是利用地方特色提高网民的回头率。网上图书馆要在竞争日益激烈的因特网环境中生存下去，一个明智的办法，就是利用地方特色提高网民的回头率。如桂林图书馆的网站，就有十几个具有地方特色的全文数据库。

六是实行网络信息资源共享。这应当成为图书馆藏书发展策略的重要内容。少儿图书馆没有足够的能力收藏少年儿童所需的全部资料，因特网上丰富的文献信息成了查询的重要来源，迅速发现和利用网络上的文献信息、延伸自己的数字化馆藏，是数字图书馆的主要功能。

七是网络环境下的少儿图书馆，其服务功能将在保留传统服务方式的基础上，形成传统与网络相结合的现代服务方式。在流通服务方面，开辟"网上借书、网上阅览"；在参考咨询方面，开拓"网上查询、网上搜索、网上专题信息服务"等；在阅读指导方面，开展"网上导读、网上培训"等，此外还可以开展网上娱乐、网上电子商务等针对少儿特点的创意性服务。这些活动可使少儿图书馆的服务更加适应时代的要求，更受社会和大众的欢迎。在网络虚拟数字资源的建设问题上，我们的指导思想应该是：别人有的采取"拿来主义"，决不浪费人力和时间搞重复建设，我们要做的是别人没有的、具有特色的、教学科研需要的、社会需要的资源。

3. 专业人员队伍的建设

网络环境下的少儿图书馆需要一批复合型人才。因为网络环境下的馆员，既要胜任管理纸张型文献，又要担负起信息检索员的工作，更要肩负起新时代知识领航员的职责。所以，我们只有重视人才队伍的建设，真正发挥人的主导作用，事业发展才会有后劲。

（1）加强图书馆专业人员队伍建设

在少儿图书馆专业人员队伍建设问题上，首先要走人事制度改革的道路，选好人、用好人，引进高素质人才，组建科学合理的专业人员班子。其次要充分发挥现有人员的专长和知识水平，有计划地组织专业干部到师资力量强、专业技术水平高的少儿图书馆参加培训，以提高专业干部队伍的整体素质。最后要加强自身的学习，定期组织业务学习，针对工作中出现的实际问题进行研究，以提高少儿图书馆的服务质量和服务水平。

（2）健全用人制度

网络环境下少儿图书馆的用人制度应体现在：干部能上能下，人员能进能出，工资能升能降，以能施聘，量才为用，促使优秀人才脱颖而出。具体为：一是将干部任命制改为聘任制，实行竞争上岗的办法，面向馆内、馆外公开招聘，通过自愿报名、公开演讲、面试答辩、群众测评、组织考察等程序进行聘用。二是在全员聘任制方面实行双向选择、择优聘用，逐步建立起现有体制下正式在编员工与临时工并存的队伍，制定与之相适应的一系列人事配套措施，促进人员的合理流动。三是实行专业技术职务评聘分开制度，按需设岗，竞争上岗，高职低聘，低职高聘。切实体现网络环境下用人制度的灵活性，可操作性。

（3）建立分配激励机制

少儿馆的分配机制总体上应体现多劳多得，优劳优得的原则，形成利益机制和自我发展机制。通过按岗定酬，按任务定酬的分配方式，将员工的工资收入与岗位职责、工作业绩、实际贡献以及成果转化中产生的社会效益和经济效益直接挂钩。逐步实行工资与档案工资的分离，逐步建立重实绩、重贡献，实行一流人才，一流报酬的分配激励机制。

（4）建立人才培训机制

国外图书馆界有一种说法，在图书馆服务中，图书馆建筑物占5%，信息资料占20%，图书馆员占75%。可见馆员素质高低对于图书馆整个服务质量的好坏起着决定性作用。所以我们必须在培训有现代化操作技能、有亲和力、有创新精神的新一代馆员上下功夫。网络环境下少儿图书馆强调馆员必须一专多能。网络环境下信息导航工作非常重要，这就要求馆员必须具备发现问题和解决问题的能力，而且既要懂教育，又要懂业务，更要懂技术，还要懂管理。因此，优化馆员的知识结构，制定专业人员队伍建设的短期计划和长远目标，对图书馆专业人员实施继续教育显得尤为重要。图书馆员要通过岗位培训、学历培训、脱产学习、外出进修等形式，加强对高新技术和科学知识的学习，熟练掌握计算机的编目、标引、建数据库、网上检索等技术，切实担当起信息导航的职责。

（5）建立职业资格制度

在国外，图书馆员被称为 professionals（专业人员），在我国，专家们把馆员工作分为 5 类：①事务性和服务性工作；②技术性工作；③管理性工作；④研究性工作；⑤教育性工作。可见信息服务、信息教育最适合实行职业资格制度。国外从事少儿图书馆工作的馆员必须具有从业资格证书，我们完全有必要逐步推行职业资格制度，使图书馆人才资源管理纳入法制轨道。时代已经将传统的少儿图书馆推到了全新的网络环境下。如何适应新变革，顺应新潮流，制定新策略，需要我们不断总结和探索。

第四章

公共图书馆少儿阅读服务标准

第一节 公共图书馆法

世界上很多国家已经通过立法，加强了对公共图书馆的规范和保障。据中国国家图书馆于 2013 年前后的统计显示，60 个国家已制定并颁布了有关法律 130 余部。《中华人民共和国公共图书馆法》由第十二届全国人民代表大会常务委员会第三十次会议于 2017 年 11 月 4 日通过，自 2018 年 1 月 1 日起施行。《中华人民共和国公共图书馆法》是为了促进公共图书馆事业发展，发挥公共图书馆功能，保障公民基本文化权益，提高公民科学文化素质和社会文明程度，传承人类文明，坚定文化自信而制定的法律。

《公共图书馆法》作为我国首部图书馆专业法律，改变了公共图书馆在建设、管理与服务等方面无法可依的尴尬处境，标志着我国的公共图书馆事业和公共文化服务体系日渐完善，为图书馆服务创新和可持续发展提供了更大的空间。儿童阅读服务是政府倡导建设"学习型、创新型"社会的重要组成部分，对提高全民文化素质意义重大。《公共图书馆法》的出台一是有利于健全完善文化法律制度，二是有利于促进公共图书馆事业健康发展，三是有利于保障人民群众基本文化权益。截至 2020 年年底，中华人民共和国全国共有县级以上的独立建制公共图书馆 3212 个，总藏量 84844 万册（件）。

一、公共图书馆治理法治化的内涵

通常来说，"治理"是行为方式之一。它具有长期性，主要有三个方面的内容，一个是控制，一个是引导，还有一个是操作，它总是和统治这个词相互交换。二十世纪九十年代开始，由于治理理论的不断深入，治理一词有了新的含义，开始和统治有效区分。前者关注公共管理活动，也就是政府组织等在相应的区域中，以公共权威为依托，对社会政治事务进行管理，对社会公共秩序进行有效维护，从而使公众的需求得以满足。从这一层面来看，治理的核心就是将不同相关方的智慧积聚在一起，从而使公共利益最大化的目的得以实现。与一元化集中领导是不一样的，和由上向下的行政管理也是不一样的，公共治理关注的是不同主体积极参与，重视的是彼此之间的协作，同时以联合行动为依托，对不同利益主体间出现的冲突有效协调。所以，在公共文化事业里，最核心的一个方面就是治理。公共治理理论要将公共图书馆加入进来。就像一些研究人员认为的那样，对于公共图书馆来说，其存在两种机制。由统治逐渐朝着治理的方向迈进，此为图书馆事业今后的发展方向。

根据相关研究成果，图书馆治理主要是指"各类社会组织机构和个人基于利益关系对图书馆事务的参与和管理活动"，在这之中，它有两个方面，一个是图书馆所有者管理图书馆，还有一个是控制图书馆。一些研究人员对图书馆治理和管理间的内在联系深入探究，觉得图书馆治理就是利益相关者以合作为依托，来提供图书馆服务；一些研究人员把图书馆治理当成是过程，在这之中，图书馆所有者为治理主体，图书馆事务为治理客体。总的来说，图书馆治理代表着不同利益主体，例如政府和社会组织等，管理、处理图书馆事务，同时对其行为有效监督。从本质来看，政府和社会组织间形成的制度组合是最佳的。所以，图书馆治理能够被当成是不同利益主体对图书馆事务积极参与的过程，可以提供公共文化服务，从而使公民基本文化权益得以确保。以这一模式为依托，这一治理主体具有多元性，它将不同利益主体包括在内，例如政府以及社会组织等，此外还将公民等包括在内；对于图书馆治理对象来说，它有一定的客观性，包括很多方面，例如文献信息的搜集、梳理与存储，同时还将公共文化服务等包括在内；对于图书馆治理来说，其目的是固定的，也就是以公民文化权利得以确保为依托，尽量使图书馆社会效益最大化的目的得以实现；对于图书馆治理来说，这一过程是不间断的，自图书馆建立以及运营开始，一直到管理，到最后的服务过程均在图书馆治理领域中。

从某种程度来看，治理法治化重点就是以治理思维、方式等为依托，使问题得以有效解决，从而使治理目标得以实现。以图书馆治理这一定义的分析为依托，治理法治化就是把法律化的治理原则在公共图书馆领域中有效运用，利用法治思维、方式等对图书馆事务有效管理，结合法律要求来提供公共文化服务，从而使公民基本文化权益得以确保。公共图书馆向治理法治化迈进，就是结合相应的规范制度对其科学选择，也就是以法治方式为依托，有效维护公共图书馆秩序，使公共图书馆作用全面体现出来，尽可能有效维护公民文化权益。根据《公共图书馆法》的具体要求，其治理法治化的主要内容就是：结合法律来对不同利益主体的权利义务关系进行有效调节，从而构建完善的法人治理机构，其核心就是提供公共文化服务，其宗旨就是有效保证公民文化权益，在制度化的治理过程中，把公共图书馆管理、服务等内容加入进来。总的来说，治理法治化的原则主要有三个方面：首先，公民基本文化权益得以确保的原则。对于公共图书馆来说，其核心作用就是将公共文化服务提供给社会公众，在搜集、存储文献信息的过程中，免费提供给社会公众，提供查询等服务，从而使公民信息权得以保证，使公民阅读权得以确保。治理法治化就是要使公民文化需求得以满足，使公共图书馆作用有效体现出来，从而使公民文化权益最大化的目标得以实现。其次，以法人治理原则为主。对于公共图书馆来说，它是社会组织的范畴，主要就是提供公共文化服务。其并非行政机构，并非营利性组织，它的工作重点就是将良好的公共文化产品提供给公众。治理法治化就是进一步构建完善的法人治理结构，将社会力量吸引过来，从而建立多元化治理模式，这样才能使公共图书馆服务自主性得以保证，使图书馆有效性得以确保。最后，依法服务原则。在新公共服务理论中，最主要的一个方面就是依法服务，就是以法治政府和法治社会为依托，使公共服务理念得以形成。自公共图书馆视角出发，依法服务就是结合具体的法律要求，根据图书馆章程来提供服务，使公共文化产品、服务开始向制度化等方向迈进。治理法治化，就是以完善图书馆服务制度为依托，保证服务标准的可行性，同时对图书馆开馆时间、借阅方式等进行明确规定，对服务方式、内容和具体项目等也进行明确规定。

二、公共图书馆治理法治化的重要意义

（1）促进公共文化服务高质量发展的必然要求

现代社会具有多元化的特点，优质的公共文化服务，对于人们文化生活质量的提升是有积极作用的，能够进一步强化社会文化自信。此外，这对于社会经济的平稳发展是有积极作用的。在公共文化服务体系中，社会教育、文化以及信息等最主要的场所之一就是公共图书馆，此为公民精神需求得以满足的主要渠道，也是公民知识技能不断提升的重要途径。公共文化服务质量提升，就会使图书馆治理法治化进程深入推进。首先，公共文化服务成效有效提升的重中之重就是治理法治化。公共图书馆想要提供优质的公共文化服务，就要将多样化的精神文化产品向社会进行提供，从而使人们上涨的精神文化需求得以满足，此为公共图书馆事业深入发展的主要宗旨。治理法治化这一制度的含义主要就是构建健全、完善的治理秩序，从而推进图书馆平稳快速发展，使公共文化事业持续深入推进。这就意味着，治理法治化对于建立健全公共文化服务体系是有积极作用的，能够提供多元化的公共文化产品，从而让公民共享公共文化资源，尽可能使公民基本文化需求得以满足，这样才能有效确保公民的文化权益。此外，公共文化服务优质发展的主要动力就是治理法治化。对于公共图书馆来说，将服务免费提供给社会公众，对于治理法治化下公共文化服务均等化目标的实现有着一定的推动作用，能够将公民权利至上的理念体现出来，这样能够调动社会文化创新活力，从而使公共文化服务质量全面提高。进而言之，只有大力推进公共图书馆治理法治化，才能使相关法律规定得到有效落实，例如《公共图书馆法》等，结合依治治馆、依法服务等原则，为公共文化事业的健康发展奠定坚实的制度基础，这样方可使公共文化服务质量不断提升有着充足的动力。

（2）改善公共图书馆治理机制的有效方式

从某一层面来看，建立健全的治理机制，是使公共文化服务体系深入发展的重中之重，此为公共文化体制变革的核心内容。以法治化思维为依

托，对公共图书馆治理模式进行改进，有效提升依法治理的科学性，这对于公民文化权利的保证有着积极的影响。当前，先进文化不断深入发展，在这一背景下，公共图书馆这一服务机构是以政府为主体的，唯有进一步强化法治建设，建立科学、规范、合理的治理体系，方可使公共图书馆的作用有效发挥，这样公众才能对图书馆资源进行有效应用。对图书馆服务进行共享，在使公民文化素质提升、社会文明度提高的同时，也是对公民文化权益的有效保证。从内部治理的视角出发，以治理方式为依托来对图书馆事务科学管理，对馆长、馆员的责、权、利关系给予确定，构建完善的岗位责任制，建立健全的绩效考核机制，以科学的激励、监督机制为依托，有效调动馆员的服务积极性，对馆员自主服务能力进行有效激发，这样能够自根源入手，使公共图书馆服务质量有效提升，使公共图书馆治理成效显著提升。从外部治理的视角出发，对于公共图书馆来说，一定要对不同利益主体间的联系进行有效处理，这将政府组织包括在内，能够使不同相关方力量聚集在一起，从而使图书馆发展有序推进。公共图书治理向法治化方向迈进，这是图书馆事业发展的必然产物，还是利益相关者的自主认识，也是使图书馆治理成效提升的重中之重。以法律规定为依托，有效确定公共图书馆建设人员、管理人员间的内在联系，对不同主体间的利益关系进行有效协调，能够有效规避公共图书馆出现多头、无头管理的问题。

（3）实现图书馆事业可持续发展的重要保障

目前，在公共文化服务体系中，公共图书馆的地位是十分关键的，在使人们精神文化需求得以满足方面，其作用是非常显著的。公共图书馆向治理法治化方向迈进，一方面对于建立科学的治理模式是有积极作用的，另一方面对于治理秩序的规范性发展有着正向影响，能够使它的价值和作用全面展现出来，最终使公民文化需求得以满足，使公民文化权益得以确保。首先，对于公共图书馆来说，其治理法治化深入发展，对于图书馆法律地位的确定是有利的。当前，依法治国深入发展，在这一背景下，社会关系处理的基础就是法律，以法律为依托，对图书馆的作用和地位给予明确，不仅可以使公众更加全面地认识和了解公共图书馆，同时可以使社会公众对这一事业的发展给予更多的关注。特别是以法律为依托，对政府在公共图书馆发展方面应该承担的责任给予明确，不单可以使公共图书馆得到相应的资金支持，同时可以使公共图书馆服务质量得以确保，这样在公共文化事业发展过程中，可以将公共图书馆的价值全面体现出来。其次，对于公共图书馆来说，治理法治化对于图书馆事业发展趋势的明确是有利的。当前文明的发展，最突出的一个特点就是社会治理法治化，公众合法权益是不是能够获得有效保护，从某种程度来看，与社会治理法治化是密切相关的。从本质来看，治理法治化就是结合依法治国的思想，将其在这一领域深入推广。构建完善的法治机制，以此为依托，能够为图书馆事业发展创设有利的法治环境，使治理法治化进程深入推进，在民主法治过程中，将公共图书馆事业发展加入进来，使个人意志的影响得以减轻，使专断权的影响得以规避，这对于图书馆事业的平稳健康发展是有积极作用的。

三、公共图书馆治理法治化进程中存在的问题

当前，公共文化事业发展速度越来越快，在这一背景下，从建设规模以及服务质量等方面来看，国内公共图书馆得到了有效改进，构建了较为健全的服务体系。就像前文介绍的那样，《公共图书馆法》的出台，一方面为图书馆治理奠定了坚实的法律基础，另一方面使图书馆事业法治化深入推进有了坚实的制度基础。虽然这样，公共图书馆治理还是无法将以往人治模式全面破除。从某种程度来看，公共图书馆发展与政府领导的关注度密切相关，这和实际意义上的法治有着显著的不同。自现阶段实际可以看出，国内公共图书馆治理法治化还有着很多实际问题必须得到高度重视。

（1）依法治理可操作性规则有待完善

对于法治来说，最主要的就是良法，对于良法来说，自身必须要得到有效执行。由于《公共图书馆法》的出台，国内依法治理情况有了一定的改进，开始向制度化、规范化方向迈进。但是，从最近几年这一法律的落实情况可以得出，"其立法的象征意义或大于其实际作用"。仅从宏观层面入手，明确要求了与公共图书馆治理相关的问题。在这之中，一些内容的表述不清晰、不明确，或是还有很多漏洞，同时与之相关的法律解释也

没有立即出台。例如在这一法律中，明确提出，县级以上政府在国民经济社会发展规划中，必须把公共图书馆事业加入进来，在城乡规划中将这一内容加入进来，在土地利用规划中将这一内容加入进来，同时政府在公共图书馆方面的投入力度要进一步增加。然而此处没有对经济社会发展过程中公共图书馆的地位进行说明，未对政府投入公共图书馆方面的标准明确说明，只是以抽象的要求为依托，想要使公共图书馆发展经费得以保证是不可能的。在这个过程中，公共图书馆地方法律法规还是十分滞后的，想要对国家立法存在的问题给予有效补充是很难的，没有提供有可行性的操作原则。因为一直以来，公共图书馆都在公共事业单位管理内容中，地方政府没有全面认识到这一立法的作用与价值，有的把公共图书馆当成是公益文化设施之一，有的认为这一社会组织有着公民文化教育职能，但是大多未从专业视角出发，对公共图书馆治理法治化问题给予全方位考虑。比如，与公共图书馆治理相关的法律法规基本是在这一法律还没有颁布时就出台了，其在很多方面的要求都不明确，例如图书馆管理方式和服务模式等还有很多的不同之处，在这之中，很多法律规定未得到深入落实。

（2）治理主体的法治意识相对淡薄

公共图书馆事业发展的同时，受以往政治文化因素以及体制因素的影响，使得政事不分的情况在这一领域十分普遍。在公共图书馆中，人治的色彩十分突出，治理主体法治理念不强，治理意识不强，没有对治理法治化的作用和价值给予正确认识与理解。特别是当前行政主导的背景下，以由上向下为主，行政部门对图书馆投资、管理等方面全面操控，图书馆治理专业人才严重缺失，使得依法治理难以深入推进。所以，公共图书馆的发展与政府领导的关注度是密切相关的，不管是馆长，或是一般馆员，自身都无实际的话语权。这就意味着，公共图书馆的发展是以行政部门为主体的，真正的独立性是缺失的，也毫无自主性可谈，与决策、监督彼此分离的治理思想是完全不相符的。此外，因为行政权力的影响，一般来说，馆长与馆员等想要在图书馆治理方面提供相应的建议或措施是很难的，他们大多会将自己放在边缘位置，把自身当成是行政部门的实施者。由于受向上级负责理念的影响，对于他们这一治理主体来说，他们在法治问题方面的思考能力缺失，依法治馆理念越来越薄弱，使得他们不会以法治方式为依托来对图书馆事务进行管理。比如，在 2018 年，深圳大学图书馆不允许不满十四岁儿童进入，这一事件从某种程度来看，能够将图书馆治理主体法治理念不强的实际情况体现出来，其无法结合法律规定来对图书馆事务进行有效处理，无法使公众在图书馆治理法治化方面的具体需求得以满足。

（3）法治化进程中社会力量参与不足

从本质来看，治理这一过程就是使治理目标得以实现，不同主体积极参与。《公共图书馆法》对公共图书馆治理过程中社会力量参与的原则有要求：政府进一步推进图书馆构建完善的法人治理结构，将专家、社会公众吸引过来，在管理过程中积极参与。但是，从实际情况可以看出，公共图书馆治理过程中，社会公众的参与才刚刚开始，还处于摸索时期，依法治理时，社会力量参与力度不大。因为表达利益的途径与机制缺失，很多社会公众，例如读者等，事实上无法参与图书馆的事务管理。这一情况的主要原因，就是行政主导的影响。公共图书馆治理过程中，真正掌握话语权的以政府部门为主，社会公众等在政府主导下，对图书馆事务进行参与，同时还要与政府的意志相符，一般来说，大多是被动实施行政指令，要不然参与的机会就会丧失。由于权力高度集中，在这一背景下，社会力量在治理过程中参与的途径并非无限的，事实上，他们没有在治理过程中全面参与的权利，也不能提出与行政权力相违背的想法或建议。从这一层面来看，因为公共图书馆治理，过度关注政府在管理图书馆中的主体作用，关注政府在配置资源方面的主体作用，使社会力量在治理过程中的参与度缺失。从某种程度来看，它是形式化的问题，就是我们所说的口号化，这样就不可能使以往的人治模式有效转变。比如，部分地方公共图书馆前期就已经对理事会制度进行研究，想要构建完善的法人治理机构。但上述理事会等机构，从某种程度来看，就仅存在于名称中，尽管从形式来看是单独构建的机构，却没有在管理、决策过程中有效参与，无法使治理作用有效发挥。此外，上述公共图书馆无法全面破除政府部门的干预影响机制。

（4）依法治理监督与问责机制有待规范

从某种程度来看，法律的落实与完善的监管体系是密切相关的，要不然，想要使真正的法治得以实现是很难的。从现阶段实际可以看出，虽然国内公共图书馆治理法治化有一定的法律基础，却存在软法特点突出的问题，很多规范没有惩罚机制，导致这一法律有着一定的灵活性却没有强制性。对于文化权利来说，其自觉性使得这一法律不可以以国家强制力为依托，来保证实施，但是可以通过软法来规范。事实上，公共图书馆法大多是以鼓励、引导等手段，使政府部门有效履行治理责任，这样能够使基本文化权益得以确保。但是，对于《公共图书馆法》来说，它有着非强制性的特点，这样在实践时，治理主体的裁量空间就要大一些，想要确定治理责任是很难的，这样使得依法治理评价越来越困难。在这个过程中，依法治理问责机制缺失，责任主体不清晰，问责程序还没有建立，使得法律在实施过程中还有很多的不足之处，使得依法治理成效受到严重约束。比如，在《公共图书馆法》中明确要求：文化部门等在管理公共图书馆过程中存在很多问题，例如职权私自乱用，不属于自身责任等，那么就要结合法律规定来对主管领导以及责任员工进行处分。此处与法律责任相关的要求不明确、不清晰，不仅没有明确追责主体，同时对结合怎样的法律来追究责任主体的违法行为也没有明确要求。最后，对于公共图书馆来说，依法治理时科学的考核评价制度缺失，使图书馆法治化进程有序推进没有确定的标准。这样想要评价、衡量法治化是非常难的，同时还会使不同相关方主体在依法治理过程中的主动性和热情受到严重影响。

四、推进公共图书馆治理法治化的实现路径

因为以往的公共图书馆治理机制不健全，治理能力缺失，治理有效性缺失，使得人们在服务质量方面不认可，在服务成效方面不认同。当前我国的治国方略就是以依法治国为主，但公共图书馆治理法治化水平还不高。这导致公共图书馆功能没有有效体现，与时代发展步伐相适应也很难实现。因此，要强化法治化水平，使治理能力有效提升，这样才能使图书馆事业的健康深入发展得以确保。也就是说，我们能够凭借如下方式来使治理法治化进程有序推进，具体有五个方面：

（1）实现法治理念的培育与发展

当前，依法治国深入发展，在这一背景下，公民以法律为依托，对自身文化权力进行维护的理念越来越强，公共图书馆必须使自身治理理念发生转变，结合法律要求来提供公共文化产品，从而使公民文化权益最大化的目标得以实现。现阶段，国内公共图书馆还是典型的事业单位范畴，公共图书馆法治化必须要有相应的社会基础。在建立这一基础时，依法治理理念和认识是必不可少的，要不然，治理法治化将仅处于理想状态。在治理法治化有序推进的同时，治理主体的法治理念在公民文化权益强化、维护方面的作用是十分关键的。首先，公共图书馆法治教育有序推进，使治理主体的人治理念发生转变。对于公共图书馆来说，它是社会公共文化服务最核心的媒介，从某种程度来看法治化水平与治理主体法治理念的强化是密切相关的。深入推广图书馆价值功能，对自身角色进行宣传推广，以此为依托，使人们能够全方位地正确认识法治，这对于图书馆事业的健康发展是有积极作用的，也能使这一事业开始向法治化、规范化方向迈进。其次，公共图书馆发展与法治理念有机结合，深入贯彻法治精神。公共图书馆事业深入发展的同时，治理主体一定要遵循法律至高无上的原则。它以《公共图书馆法》为依托，结合法律要求，有效履行法定责任，有效保证读者的合法权益，使图书馆事业健康平稳发展。在这个过程中，馆员尤其是管理者一定要意识到公共图书馆治理法治化发展的作用与价值，对法治文化大力宣传，深入推广，进一步增强依法治理的认识和思想，以依法治馆为依托，有效提供公共文化产品和服务等内容。

（2）完善依法治理的制度与规则体系

法治得以实现的基础就是良法，治理法治化的核心就是要有完善的法治体系，同时这一机制有两个方面，一个是法律规定，一个是规章制度。就像前文介绍的那样，国内公共图书馆以依法治理为依托，其最核心的内容就是《公共图书馆法》，尽管相应的地方法律也有规定，然而他们基本是在这一法律尚未出台前就下发，和当前法律还有一定的冲突。在治理法治化发展过程中，其主要目的就是创设良好的法治环境，建立健全、科学的协调机制，构建科学的规则体系。首先，政府要根据《公共图书馆法》来制定配套制度，构建健全的公共图书馆法治机制。从国家层面入手，保证与治理相关的规定、政策得以有效落实，同时确保政策有效执行，政府要根据地区的具体情况，因地制宜制定新的法律规定，或是对前期的行业规范进行修订，使公共图书馆保障标准更加全面，使评价标准更加完善，使服务规范更加健全，这可以为法律的落实与实施提供可行的制度要求，这样能够使法律有效性提升，使法律实施的成效提升。其次，公共图书馆要根据馆的具体情况，制定科学的制度，使法律规定的实施得以保证，使行政规章真正落实下去。对于公共图书馆来说，治理法治化的核心就是图书馆要结合法律要求来对相关事务进行管理，同时提供公共文化产品。一般来说，图书馆不一样，其环境条件是不一样的，运行实际也是存在差异的，只从宏观法律层面对依法治理有序推进也是不实际的。所有公共图书馆均要根据法律规定，再结合具体图书馆的实际情况，制定科学的自治制度，这一制度不可以超出国家法律规定的内容，且要与图书馆具体实际相符，从而对依法治理体系进行有效补充，使其更加完善。此外，根据图书馆服务模式、运行机制等，对图书馆制度进行有效落实，其作用与意义是十分突出的。

（3）基于管办分离原则推动治理转型

治理法治化的深入推进，使以往以行政为依托的管理方式有效转变，也就是以管办彼此分开为依托，使图书馆治理模式转变有序推进。根据《公共图书馆法》的具体内容，管办分离事实上即完善法人治理机构，对政府部门和公共图书馆间的内在联系有效处理，构建完善的理事会制度，使分权制衡的目的得以实现。这就代表着，治理图书馆时要建立科学的治理结构，同时使决策与监督等职能彼此分开，理事会主要对决策负责，馆长主要就是对理事会决策有效落实，通过监督层对理事会决策的科学性进行监管，对馆长行使权力是否与法律相符进行监管，这样才能构建科学的图书馆治理模式，其决策、监督是彼此分离的，同时也是保持一致的。总的来说，要以管办分离原则为依托，使图书馆治理转型有序推进。第一，使治理去行政化深入推进。以往以行政为主体的公共图书馆，事实上是向单一的藏书馆进行转变，馆员开始向图书保管员进行转变，他们仅是对政府部门的指令服从，落实上级指令，实现上级意志，不需要提出自身的想法，不需要提出创新建议。国内文化事业管理制度变革的主要趋势就是去行政化，从某种程度来看，去行政化最主要的就是有效规避政府部门影响图书馆事务的情况发生，使其行政色彩减弱，尽量将行政体制的约束破除，以理事会决策为依托，使图书馆治理质量和能力全面提升。第二，公共图书馆自治能力有效提升。对于公共图书馆来说，主要目的就是将公共文化产品提供给公众，从某种程度来看，这一作用与自治能力是密切相关的。由于"外行管内行"的影响，事实上公共图书馆转化成了政府决策的实施组织，而失去了单独发展的治理渠道。想要使治理法治化有序推进，唯有使行政权力的影响减轻，使图书馆有足够的自主权，将专业人才积聚起来，使自主管理能力显著提升，也使法人治理结构的作用有效发挥出来，这样才能使治理法治化转型有序推进，也可以使图书馆治理成效显著提升。

（4）扩大公民参与法治的渠道与途径

对于民主来说，它和法治是彼此依托的，民主保障缺失，也就无法使法治真正实现。从这一层面来看，公共图书馆治理模式变化的重点就是公民参与，这是使治理能力提升的重要意义所在。结合《公共图书馆法》的具体要求，以构建完善法人治理结构为依托，将专业人员以及社会公众积聚在一起，让他们在管理中积极参与。这一要求能够将公民在图书馆治理方面的参与作用全面体现出来。现阶段，不管是从法律要求方面，还是从政府宣传方面看，图书馆在治理时，公民的态度大多以支持和肯定为主。然而上述支持与肯定主要以公共宣传为主，没有对治理过程中公民的法律地位给予确定，同时也没有在治理实践中有效落实。治理法治化的深入推进，主要是积极拓展公民参与渠道，使治理过程中公民参与的价值体现出来。首先，对图书馆治理中公民的法律地位给予确定，使公民参与热情被有效激发。对相关法律规定等进行完善，赋予公民相应的权利属性，这对于公众在治理模式方面的认识转型是有积极作用的，同时能够将公民治理的积极性调动起来，这样才能在治理过程中使公众的智慧展现出来。其次，图书馆治理时将公民参与的途径有效延伸，结合法律要求对公民参与形式进行有效保证。主要内容是：法人治理结构的作用要效发挥出来，这样才能使公众全面深入认识、理解图书馆功能，使其社会影响力提升，将公众的注意力吸引过来，从而对图书馆事业发展给予高度重视，将专业人才吸引过来，积极参与图书馆治理，使图书馆治理创新更加深入。

（5）健全依法治理的监督与问责机制

为提高公共图书馆的法治有效性，使图书馆得以平稳运行，要建立完善的依法治理监督制度。同时，必须建立健全的法治体系，在治理时，还要构建完善的信息公开制度，建立科学的绩效评价机制，使行业组织的作用有效发挥，使社会力量的监督作用全面展现，从根本入手，使治理向制度化方向迈进。首先，完善信息公开机制。公共图书馆要结合《公共图书馆法》和信息公开制度的相关内容，将文献信息目录和服务信息提供给社会，同时将年报等发布，使公众能够对图书馆运行情况全面了解，图书馆也要接受公众的监督。对于公共图书馆来说，依法治理的主要内容就是信息公开。这不单能够使治理透明度提升，使公民知情权得以保证，同时还能够使公众全面了解信息资源，进一步认识服务功能，强化服务有效性，这样也能够使治理成效显著提升。其次，完善绩效评价制度。公共图书馆要建立科学的绩效评价制度，把管理层、馆员的履职和薪酬有机联系起来，进一步使绩效考核的有效性显著提升；构建顺畅的投诉途径，建立科学的反馈制度，将社会力量积聚起来，在治理监督等过程中参与进来，对图书馆工作流程进行优化，使服务能力显著提高。最后，完善责任追究制度。图书馆要结合办馆目的，使自身功能有效发挥，结合法律要求来将自身的责任、义务有效履行，使服务质量全面提升。图书馆在运行时，如果决策不正确，就会使公共利益受损，影响到读者的合法权益，这时就要结合法律的要求对其责任进行深究，为图书馆依法治理责任的深入发展奠定坚实基础。

五、《公共图书馆法》与少儿阅读推广工作

从 2012 年写入了党的十八大报告，到 2014 年写入当年政府工作报告，再到《全民阅读促进条例》等的实施，"全民阅读"活动如火如荼地展开了。公共图书馆在全民阅读服务中承担了重要的责任和义务。联合国教科文组织颁布的《公共图书馆宣言》指出，人们可以不受年龄、种族和社会地位的限制，均等地享受公共图书馆的服务。作为全民阅读的重要组成部分，少儿阅读在全民阅读中占据非常重要的位置。全民阅读的根本在少儿阅读，只有从儿童抓起，从娃娃抓起，才能真正实现全民阅读。国外

对少儿阅读非常重视，美国在 2002 年制定了《不让一个孩子落后法案》，第一条款 A 部分就提出阅读是提高读写能力的首要方法。俄罗斯在 2012 年制定了《民族阅读大纲》，使俄罗斯读书人数快速增长，大纲以国家法律保障儿童书籍的出版、运输和传播。我国在 2018 年实施的《公共图书馆法》中第四章第三十条指出，政府设立的公共图书馆应当设置少年儿童阅览区域，根据少年儿童的特点配备相应的专业人员，开展面向少年儿童的阅读指导和社会教育活动，并为学校开展有关课外活动提供支持。有条件的地区可以单独设立少年儿童图书馆。

《公共图书馆法》的实施为公共图书馆少儿阅读服务制定了新的服务标准（见图 1）。首先是场地的保障，在法律的层面规定由政府出资建设的公共图书馆必须为未成年人开辟专门空间，或者建设独立的少年儿童图书馆。其次未成年人和成年人两大群体，不管是在心理方面，或是在文化方面，均存在显著的不同，所以，对未成年阅读服务全面负责的馆员，不单要掌握相应的专业理论，同时还要了解儿童心理学等相关理论。专业的儿童教育队伍保障了阅读服务的准确性和有效性。阅读活动的策划、实施以及活动后期的效果评估都可由图书馆工作人员独立完成，准确、高效的执行力可使活动取得良好的预期效果，另外在社会上挖掘一批热爱阅读、乐于奉献的少儿阅读服务志愿者也会对少儿阅读服务工作起到良好的推动和补充作用。最后阅读指导一直是公共图书馆为未成年人提供服务的重要一环，这与公共图书馆具备的社会教育职能相适应。因此，公共图书馆应构建完善、科学、系统的未成年人社会教育保障体系，积极开展广泛、有效且符合时代要求的社会教育活动。在建设全民阅读社会的今天，读者的阅读需求和参与图书馆日常活动的意愿与日俱增。因此"馆、校、社区、家"多元融合协作，就是今后线下阅读服务的主要发展方向。将图书馆资源与服务转移到社区以及家庭之中，从而使闭环服务模式得以建立，在有效的传播过程中，使预期阅读成效得以实现。由于电子设备的快速发展，读者的阅读习惯有了很大的改变，读者大多数的阅读工具以新媒体为主。对于新媒体阅读推广来说，它有两个特点，一个是传播广，另一个是覆盖高，纸质媒体等与之不可比拟。特别是最近一段时间，家长以及未成年人等十分认可线上阅读推广，使得图书馆电子资源需求越来越多。通过新技术来进行阅读推广，就要把它与以往的阅读推广联系起来，构建线上服务体系，这样，能够在未成年人阅读推广时将新鲜血液加入进来。

在《公共图书馆法》颁布实施的背景下，公共图书馆应结合自身资源优势，开发针对少儿读者的有特色、有个性、有社会影响力的阅读资源，多方位地提高馆员服务意识和业务能力，创新构建未成年人阅读服务体系，为全民阅读普及担负起应有的社会责任。

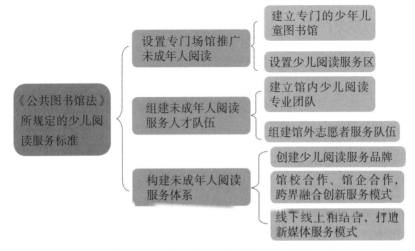

图1　《公共图书馆法》所规定的少儿阅读服务标准

第二节　公共图书馆评估标准

一、公共图书馆第六次评估定级工作

"县级以上公共图书馆评估定级工作"是中国图书馆学会承接政府转移职能的又一举措，并加入学会重点项目中。结合公共图书馆评估工作的相关内容，文化部对评估定级工作全面负责，同时学会要对这一工作提供支持与帮助，使这一工作得以有效落实。从 1994 年到 2017 年，文化部先后组织开展了 6 次全国公共图书馆评估定级工作，任意一次大考均能够使图书馆更加深入发展。评估工作四年一次，主要就是检查图书馆事业的具体实际，这是政府在公共文化事业方面的重要考查。

按照文化部办公共函〔2017〕5 号文件精神，2017 年深入推进公共图书馆评估定级工作，同时进一步研究图书馆评估标准。结合上一次的评估准则，能够得出，这一标准有着自身特点，即促进、提升与发展。投入、付出较多以及业绩突出的图书馆，获取的分数要高一些，标准对图书馆下一步发展有着重要的指导作用。通过认真地调查分析，图书馆能够看出自身的改变和显著特征。

这一评估标准特点非常明显，与时代发展步伐相符，与公共文化服务需求相符，从内容来看，它以创新为主，增强了保障、激励的作用。

一、分值变化明显。其不单通过得分来体现，同时还有加分。对于市县图书馆来说，尽管其评价项目相同，总分都是 1000 分，还有加分五百分，此为以往评估标准中不存在的，加大了对工作拓展、创新支持的力度，将发展空间提供给受评企业。

二、评估指标按区域划分。即第一次结合经济实际来划分区域。评估标准并非所有地区都是一样的，它是结合经济现状，划分三个地区，即东西中，指标有 3 个，区域不一样，标准也是不一样的，与前几次评估相比，能够将因地制宜的评估体现出来。

三、大项归纳简洁明了。第五次评估标准有七条，例如财政拨款以及馆藏数量等。此次评估主要有三大类，共计八个方面，第一类是服务效能，例如文献借出量等，第二类是业务建设，例如共建共享等，第三类是保障条件，例如财政拨款等。

四、评价项目与时俱进。和前期的评估标准存在显著差异，此次标准分值以服务、阅读等为主，同时还有很多其他新的名词。例如对于县级评估来说，其一级指标有三十个，其中新的指标有十八个，相近概念有九个，只有三个指标的名称未发生变化，例如读者评价等，不同率为 60%，相近率为 30%，相同率只有 10%。

在第六次全国县级以上公共图书馆评估指标中，未成年人及其他特殊群体服务和新媒体服务单独列出。作为图书馆学的重要领域，儿童图书馆学和公共图书馆未成年人服务近几年受到广泛的重视。然而，在以往公共图书馆评估标准研制过程中，独立建制的少年儿童图书馆（少儿馆）有专门的标准，而成人馆的评估标准对未成年人服务则未给予足够的重视。在第六次评估中，未成年人及其他特殊群体服务被单独列出，并占有 50 个分值，足可见其重要性。新媒体是近年来迅速发展的信息传播途径，具有大容量、实时性和交互性等特点，公共图书馆利用新媒体平台为读者提供服务是近年来的创新趋势，在本次评估中也占有 30 个分值。关于图书馆新媒体服务的定义，在评估标准中通过与服务效能相关的内容进行全面论述。对于新媒体服务来说，其服务形式有很多，不单有微信平台，同时还有微博，此外还有数字电视等。微信公众平台和微博服务指正式注册的官方微信或微博服务平台，支付宝服务窗等同类服务平台也在这一范畴内。对于移动图书馆来说，读者能够在任意时间、空间利用移动设备，例如手机等，对图书馆资源系统有效应用，可以使移动图书馆功能得以实现，微信公众号等，均是这一类型的服务。对于触摸媒体的服务来说，以多媒体触摸一体机为主，也就是通过触摸液晶显示器，与计算机结合，这一产品有两大功能，一个是触摸显示，一个是计算机操作。此外还包含阅读服务，例如音频、视频等。对于触摸媒体来说，它还有很多服务，例如图书预览等。对于数字电视服务来说，就是以广播电视网络为依托，能够对馆藏资源进行介绍，例如 IPTV 等，同时还可以查询馆藏资源。对于电话语音服务来说，就是以电话语音服务系统为依托，提供不同类型的自助服务。

二、评估标准中的未成年人服务

1. 儿童优先原则

早在 1959 年的联合国《儿童权利宣言》中就提出了"儿童优先"，即为保护儿童的各项权益，法律的制定应以"儿童的最大利益为首要考虑"。1990 年生效的《儿童权利公约》规定各机构在处理儿童问题时应将"儿童的最大利益作为首要考虑事项"。1990 年，世界儿童问题首脑会议首次明确提出"儿童优先"原则这一概念，并将其定义为"在资源分配方面，儿童的基本需求应得到高度优先"。在我国，儿童已经成为优先关注和重点发展的对象，儿童优先的政策法律不断完善。《中国儿童发展纲要（2011—2020 年）》首次把"儿童优先"原则纳入政策法规，从健康、教育、福利、社会环境与法律保护五个方面对儿童发展提出了相关目标和策略措施。 2021 年 8 月 25 日国务院常务会议审议通过《中国儿童发展纲要（ 2021 — 2030 年）》（以下简称《纲要》），强调坚持儿童优先原则，更加注重家庭、学校、社会和网络对儿童的全方位保护，完善儿童健康服务体系。《中华人民共和国未成年人保护法》（2021 年修订）第四十四条提出"国家鼓励各公共场馆开设未成年人专场，为未成年人提供有针对性的服务"。

2. 评估标准变化

结合"儿童优先"原则解读历次评估标准可发现：一方面，未成年人服务在评估中的地位不断提高。首次评估的地市级标准只有"设立儿童阅览室"的三级指标，县级评估标准针对"少儿阅览座席"增加了评估项。前几次评估仅针对儿童阅览座席这一定量指标进行评估，缺少对服务的评估。直到第四次评估才在"为特殊人群、弱势群体"服务指标细则中首次提到青少年服务。第五次评估的标准增加了"单独的少年儿童活动空间"的分值项目，并明确了少儿阅览室座席的定义，对有单独少儿活动空间的图书馆提供了折算方式。另一方面，前五次评估存在着"儿童优先"原则缺失的问题，没有把为未成年人服务放在首位。第四次评估时，评估标准中才新增有关未成年人服务的分值标准，但仅占相关"服务工作"指标的百分之六。直到第六次评估，"儿童优先"原则才有所体现：首次确立了"未成年人服务"的概念，构建了"未成年人及其他特殊群体服务"的一级指标项，分值占比相对以前来说有了明显提升，还增加了"未成年人服务专门品牌活动和低幼服务"的指标。彻底改变了以往将未成年人（少儿）隶属于"特殊人群、弱势群体"的地位，第一次确立了未成年人在各种特殊群体中的首要地位。然而，第六次评估的标准中未成年人服务占比仍不到百分之十，而且就近几年来"儿童优先"原则的发展看，第六次评估标准并非自觉地贯彻这一原则，所体现的这一原则也是远远不够的。

评估标准是图书馆工作的"风向标"和"导航仪"，能让图书馆对自身工作有更细致更深入的了解，也为图书馆工作指明今后努力的方向。不仅如此，公共图书馆是未成年人服务的重要社会主体之一，担负着未成年人保护与发展的社会责任，因此，将"儿童优先"原则引入未成年人服务评估标准对于促进儿童发展和未成年人保护具有重要意义。坚持"儿童优先"原则，就是在公共图书馆评估标准和评估工作中优先考虑儿童的需求，加大"儿童优先"和未成年人相关服务工作评估与考核的分值和权重，以评估标准的方式保障儿童利益最大化。

《中华人民共和国国民经济和社会发展第十四个五年规划和2035年远景目标纲要》首次将"智慧图书馆"纳入国家政策。在"全国智慧图书馆体系"的总体框架下，公共图书馆智慧化快速起步，未成年人智慧服务应当在智慧图书馆建设中占有重要地位。因此，在公共图书馆智慧服务中引入"儿童优先"原则，加强未成年人智慧服务，既是儿童智慧建设在公共图书馆界的全新尝试，也是后评估时代引领图书馆智慧服务的突破性措施。未成年人是国家的未来，民族的希望，公共图书馆有义务也有能力承担起服务和培育未成年人的责任。"儿童优先"不仅要求公共图书馆评估观念先行，制定有扎实理论研究支撑的评估标准，而且要求创新评估标准与评估模式，要求与时俱进，在实践中检验评估标准的有效性。因此，以"儿童优先"为指导原则构建未成年人服务的指标体系，可以加强和改进公共图书馆未成年人服务的质量，以实现我国公共图书馆未成年人服务的全面转型。需要说明的是，本文所设计的评估体系只是一个理论框架，是一个初步的探索，未来还需要进一步细化，在此基础上才能成为用于操作的评估标准。希望图书馆理论界与实践界紧密协作，加强对未成年人服务评估的应用研究，推动"儿童优先"的公共图书馆事业高质量发展。

公共图书馆评估，能够使图书馆事业发展理念有效变革，使得图书馆事业发展变化有序推进。第一，强化图书馆事业发展，对图书馆发展时政府的责任格外关注，将公共文化事业中，政府这一主体的作用凸显出来。此次评估的发展理论以创新为主，目的就是使公共图书馆事业健康发展深入推进，从而使公共文化服务体系内图书馆的能力充分发挥。第二，强化图书馆资源建设，使新的资源增长点不断涌现出来，资源建设视角有了很大的改变，不只对图书馆的资源总量给予关注，同时还要对资源人均量给予关注，以公平性为主。第三，强化数字资源建设，以数字资源指标为依托，从某种程度来看，能够使资源建设视角有效带动数字资源建设。第四，强化业务规范性，使新的业务标准有效落实，将新时代背景下业务规范内容体现出来，从而使业务标准化程度显著提高。第五，强化信息化管理，使图书馆信息化能力进一步提高，使图书馆办公网络等得到有效改进，图书馆业务工作，今后必然会向信息化方向迈进，图书馆业务效率以及服务质量的显著提高，能够使优质的服务向读者、服务等提供。第六，强化人才管理，开展不同类型的图书馆培训，使馆员的工作能力显著提高，培育更多的骨干人员，同时进一步锻炼馆员，提升素质和能力，从而使图书馆人才质量得到显著提高。

第三节　公共文化服务保障法

党的十九届五中全会提出，建成文化强国、教育强国、人才强国、体育强国、健康中国，国民素质和社会文明程度达到新高度，国家文化软实力显著增强，基本公共服务实现均等化，把公共文化服务体系和文化产业体系更加健全，人民精神文化生活日益丰富，作为"十四五"时期经济社会发展的主要目标之一。

2017 年 3 月 1 日，《中华人民共和国公共文化服务保障法》（以下简称《公共文化服务保障法》）实施后，根据《公共文化服务保障法》里相关公共文化服务机构的设定，制定了相关专门法。其中最全面的为针对公共图书馆制定《中华人民共和国公共图书馆法》（以下简称《公共图书馆法》），以及各个地方制定的关于公共图书馆相关法规和规章，公共图书馆相关机制的完善为公共文化服务保障法内包括的相关公共文化服务设施完善提供了参考。同时，全国部分省份开始结合地区情况制定公共文化服务保护条例，如安徽省、浙江省、重庆市等。

2020 年 8 月，全国人大常委会正式开启公共文化服务检查工作，此为人大常委会第一次从文化层面入手，检查法律的具体实施，通过这些能够将政府在公共文化服务体系发展方面的关注与重视情况全面展现出来。在2020 年年末，十三届人大常委会中，蔡达峰副委员长对公共文化服务保障法的落实情况进行总结，同时提出，这一法律在最近几年的实施过程中，在很多方面都有了一定的提升，一是政府保障法律的实施，二是建立完善的网络体系，三是产品、服务供给更加多样，四是社会力量积极参与，五是公共文化服务渠道拓展。此外，他还提出，在很多方面还有很多的不足之处，一是政府保障的责任还需要有效落实，二是服务效能未全面发挥，三是未科学配置资源，四是社会力量参与深度不足，五是专业人才短缺。法律的主要工作就是构建制度。对于公共文化服务保障法来说，这一法律主要就是把政府在强化服务体系方面的理念向国家意志进行转变。在具体实施时，使用成效显著的政策开始向法律层面迈进，以实际为依托，建立相应的制度规范，从而使一些重要冲突与矛盾有效解决，形成了我国公共文化服务保障法律制度体系的"四梁八柱"，实现了我国公共文化服务保障基本制度的初步集成，迈出了公共文化治理体系和治理能力现代化的坚实步伐。当前，"十四五"时期提升公共文化服务水平的重点任务和2035年建成社会主义文化强国的远景目标已经明确，对这一保障法自实施开始一直到现在的具体成效进行梳理与总结，以此为依托，找出问题，查找不足，聚焦不足，使这一保障法的落实得以保证，同时使其更加健全完善，通过法律的手段，使公共文化服务质量显著提升，这是十四五时期文化服务体系发展的重中之重。

一、深化基本公共文化服务标准制度

对于公共文化服务来说，最主要的目的就是使所有人民能够平等地共享文化。党的十八届三中全会确定的战略思想就是使公共文化服务标准均等化得以实现，同时对文化服务通过标准化方式实现的途径与渠道进行明确。在2015年，政府出台与建立公共文化服务体系相关的文件，在这一文件中第一次提出，构建基本公共文化服务标准，这一标准不单要有自身特点，同时还要上下对接，有共性特点。对于这一保障法来说，它把构想向法律制度进行转变，要求政府对文化服务标准进行科学制定，同时还要对其进行调整，不同地区政府，要结合地区实际，科学制定这一地区的文化服务标准，对于市、县政府来说，同时要将公共文化服务目录公开。此制度中明确提出，政府要把这一服务的内容、类型和具体情况全面公开，使其管理向清单化方向迈进。从理论层面来看，政府事权责任与其支出责任是密切相关的。事权责任确定，那么支出责任也就确定，前者是后者的基础；服务质量、数量确定，那么支出水平就有了相应的尺度，所以，构建此制度，使公共文化服务保障有三大作用，一个是基础性，一个是根本性，还有一个是全局性。这一制度能够将公共文化服务的自身特点体现出来，这就是我们所说的中国创造。从保障法实施开始，省政府均制定并下发该地区的公共文化服务标准，超过百分之九十三的市政府，以及超过百分之九十八的县政府均结合地区实际，制定了科学的公共文化服务目录。自统计数据能够得出，公共文化服务制度推进的过程中，主要就是使有没有的问题得到有效解决。现阶段，最突出的问题是"实不实""好不好""管用不管用"的问题。比如有些地市、县市的标准（目录）不明确、不清晰，而且项目化缺失，不具自身特色，同时指标化程度不足，从而使事权责任不清晰，这时想要落实支出责任也是不可能的。党的十九届五中全会明确提出，在十四五阶段，公共文化服务能力提高的过程中，最关键的任务就是使文化服务体系一体化深入推进。对于城乡来说，这一服务标准是一致的，供给是平衡的，水平也基本差不多，这是城乡一体化发展的体现。所以，对这一服务标准制度进一步细化，是使城乡一体化发展得以实现的基础与前提。在十四五初期，各级政府面临着出台新一轮基本公共文化服务标准（目录）的任务，必须对国家以及地方这一服务的数量进行确定，对质量以及支出责任进行确定，使这一服务能够和这一地区的社会经济发展相符，与财政支持能力相符，将服务项目、支出方式、服务标准以及责任等具体内容向公众公开，使公众能够了解其质量标准以及责任部门，这样公众能够对政府是不是履行承诺进行监督，这是这一制度有效落实的核心内容。

二、完善落实免费开放和优惠服务政策

自 2008 年开始，公共文化服务保障法要求国内公共文化设施以免费开放政策为主，进一步构建服务免费制度。在这一制度中，最关键的就是开放文化设施。提出公共文化服务的过程中，一定要以公益性原则为主，然而对于公益性来说，它不是全部免费，也可将低收费的优惠包括在内。

最近一段时间，由于文化服务体系的快速发展，国内公共文化设施免费开放程度进一步延伸，从博物馆开始，至文化馆，一直到科技馆，公共文化场馆不收费的数量越来越多，一直到 2019 年，不收费的这一类型

场所超过五万家；最近十几年来，政府在文化设施免费方面的投入力度很大，补助资金超过五百八十亿元，使得人们已经广泛认识到文化设施免费这一理念。由于社会经济的不断深入发展，公众在美好生活方面的需求越来越突出，使得其在文化方面的需求不断提升，因此，必须健全完善免费开放制度。对于完善来说，其主要有三个方面的内容，第一，范围不断扩大。主要原则就是尽力、量力。由于财政支持力度不断加大，使得很多公共文化设施免费开放的目的得以实现，例如青少年宫等。此外，还要对不同地区，社会经济发展的特点全面考虑，使免费开放国内一刀切的方式得以转变，针对经济发达地区来说，可以带头将免费开放范围进一步拓展。第二，资金补助力度进一步增加。在服务保障法中明确要求，文化设施免费开放要结合政府的要求来获取相应的补助，这样能够将权利、义务对等的理念全面展现出来。免费开放文化设施这是中央与地方都有的事权，因此，中央以及地方财政要联合起来，在经费方面给予大力支持。2021 年起，补助资金的地区从三类变成五类，然而补助金额长期以来都未发生改变。公共文化服务能力的提高，使得在资金保障方面的要求越来越高，所以，将免费开放的补助资金标准提升，这是制度完善过程中的主要内容。第三，构建激励制度。这一保障法把服务考核评价结果当成是补贴，或者将其当成是奖励，然而这一补助资金一直到现在也未和服务绩效有效对接，这使激励公共文化机构改善服务、提高效能的功能不显著。所以，一定要对构建补助资金和服务绩效对接的具体细则深入分析，使资金的使用效益显著提升。

对于优惠服务来说，就是将公共文化服务排除在外，收取相应的费用，但要和市场价格区别开来，使收费标准下降，结合成本价格将相应的服务向公众进行提供。也就是说，它的目的并非营利，这一低收费模式的下限就是对服务成本进行补充。倘若公共文化服务处于保本时期，那么可以不考虑优惠服务，在高质量发展过程中，也不那么容易实现。由于所谓"高质量"，其最突出的特点就是多元化、个性化的服务越来越多，这一类型与保障权益不相符，这一服务无法使基本需求得以满足，不管是从公平正义视角出发，或是从公共财政支持方面出发，均不可能使完全免费真正实现。目前在实践中，在对非文化服务优惠制度落实过程中，存在一定的问题，例如服务标准以及目标不够细化，导致免费和优惠的界限不清，给实际操作带来了困难；相关政策不协调，这是制度有效落实的主要难点。例如，当前政策中明确提出，对于公益事业单位来说，不可以进行经营活动，在很多地方，公共文化优惠服务，人们觉得它为经营活动，使其不允许经营。此外，因为激励措施缺失，很多公共文化机构对非基本服务提供优惠时没有太大的动力，"可以做的，不愿意做"，与"愿意做的，无法做"的情况共同存在，使得服务的多元化受到影响，使服务水平提升受到约束。推动公共文化服务高质量发展，使公共文化服务能力提高，必须以问题为依托，结合具体实际，将上述政策问题全面解决，这样保障法构建优惠制度方可得以有效落实。最近几年，部分地区进行了破冰探索，例如在北京一些地区制定公共文化设施运营制度，使公众个性化需求在延伸服务中得以满足，使公共文化服务与个性化服务联系起来。对其深入探究，可以使免费服务和优惠服务共同发展，从而将不同类型的主体吸引过来，在公共文化服务中积极参与，使这些主体的主动性有效发挥，这样才能使服务的发展动力得以强化。

三、鼓励社会力量参与

坚持政府主导、社会力量参与，此为国内公共文化服务体系发展过程中最主要的一个原则。党的十八届三中全会提出，进一步建立现代公共文化服务体系，其最关键的内容就是使服务向社会化方向迈进，其目的就是使政府、市场等主体，能够在服务体系建设过程中积极参与，建立科学的发展模式。《公共文化服务保障法》重点从两个层面入手，一是参与方式，二是支持方式，构筑起了促进公共文化服务社会化发展的基本制度。从参与方式来看，对重要方式进行确定，例如赞助方式、支持项目以及捐赠活动等，在这之中，一些关键方式均有相应的明确要求，例如社会力量在设施管理方面的积极参与，社会资本在文化服务中的应用，以捐赠为依托建立文化服务基金，使社会力量积极参与文化志愿服务。从支持方式来看，确定针对贡献杰出的社会力量进行相应的奖励，同时提出，对于捐赠财产来说，在公共文化服务中应用，结合法律要求，进一步享受税收优惠等，构建参与制度，政府对公共文化服务进行购买，同时对社会力量参与提供相应的支持。

　　近年来，由于公共文化服务体系不断深入发展，使得这一服务开始向社会化方向迈进，最突出的表现有两方面：一是政府购买公共文化服务，二是公共文化设施以社会化管理为主。实际上，后者是政府购买的范畴，仅是以运营与管理为主。结合相关数据可以看出，在2017年，国内政府在公共文化服务购买方面的支出达到20亿元，2018年快速增长到65亿元，截至2018年年底，全国引入社会化运营管理的基层公共文化设施达到1.1万家以上，大多以经济发达地区为主，例如北京石景山，其文化活动中心有九个，都以社会化管理为主，在上海，百分之九十以上的文化中心面向企业等进行委托管理。在2015年，四川省公共文化服务超市开始涌现出来，参与的企业、单位超过两百家，在现场交易中参与的项目超过四百个；在2017年，上海浦东开展文化服务采购会议。从此以后，很多公共文化产品采购会议先后开展，例如长三角等地，线上公共文化交易中心初步建立，以供需为依托，有效对接、现场洽谈、菜单式购买为特色的"文采会"使得政府对公共文化服务的购买方式有了新的发展思路。从总体来看，政府对上述服务等进行购买，同时对其管理，这是当前国内公共文化服务向社会化方向迈进的体现，它不单能够将以政府为主体、以财政支持为核心的原则体现出来，同时能够将中国特色体现出来，能够把公共文化服务将市场机制加入进来体现出来，可以将竞争方式向社会化方向迈进的情况体现出来。这一方面可以对政府在社会力量参与公共文化服务方面制定的指导措施给予证实，另一方面，能够使社会力量将创新能力全面释放出来。这是新时代背景下，公共文化服务中社会力量的积极参与的突出特点的体现。

　　政府对公共文化服务购买时，也存在很多的问题与不足。其中，最严重的问题就是合法性问题，对于公共文化服务机构来说，其既是购买主体，同时还是承接主体。结合政府采购法相关要求，所谓政府采购就是政府、社会组织等以财政性资金为依托进行采购的行为。对于购买主体来说，它将事业单位的不同级别、不同类型的文化机构包括在内。然而在2016年，财政部等部门共同下发与政府购买服务相关的变革文件，在这一文件中明确提出，对于公益性单位来说，它并非购买主体，同时也并非承接主体。这样，法律与政策就不那么协调了。从理论层面来看，对公共文化服务全面负责的机构，知道购买的产品，购买数量，实际情况是购买行为主要以公共文化机构为主。此外，对于总分馆建设来说，存在两种情况，一个是总馆负责分馆的运营，一个是政府将分馆交给总馆管理，同时将相应的费用进行支付。事实上，总馆的角色就是分馆的承接主体，对其管理运营全面负责。从实际入手，使政府购买服务工作有序推进，这就必须使购买、承担主体以外的政策垒壁开通，使政策与法律得以保持统一的目的得以实现。此外，还有一个主要问题就是适配性问题，即购买服务时政府购买的手段以及程序。对于政府来说，在对公共文化服务购买时，其处于后来者、新情况的范畴中，现有购买程序、过程大多未对购买服务的特殊情况全面考虑，所以，在编制标书的过程中，在评标等同时，还有着很多问题。这时就必须对最近几年的实践情况进行梳理、归纳，从而构建科学、完善、可行的操作手册。

对于公共文化设施来说，社会化管理是政府对公共文化服务购买过程中形式最具特殊性的一个，在国内产生的时间很短，但是发展迅速。在2015年，由于受政策的影响，一些条件具备的地方，能够试运行公共文化设施社会化运营。保障法中明确提出，对社会力量在公共文化管理中积极参与给予支持和鼓励。由于事业单位变革的深入，可以预料，今后县以下公共文化设施以社会化管理为主，而且会不断增长。因此，创新与构筑基层公共文化设施社会化管理的制度规范具有紧迫性。

第一，从理论来看，对社会化管理的应用范围进行确定。从国际来看，日本使用这一方法是非常普遍的。在二十世纪六十年代，其在公共设施管理方面就以委托经营为主，在二十世纪九十年代，其制定并出台指定管理者制度，现在还在应用，此为日本社会化管理制度的原形。结合日本文部省相关规定能够得出，一直到2018年，日本国内共有公共文化设施超过五万个，以指定管理者制度为主的超过一万五千个，占比超过百分之三十。从实行该制度的公共设施层级和规模上看，在2009年，县级公共设施将这一制度引入进来，占比近百分之十，市级占比百分之九，村级占比超过百分之八十。在2015年，县级公共图书馆将指定管理者制度加入进来，其占比近百分之七，村级图书馆将这一制度加入进来的占比超过百分之十三。这一结果能够将相应的规律体现出来：社会化运营管理方式的适用范围，随公共文化设施性质功能、层次规模的不同而有明显区别，并非普遍适用，不可一概而论。

第二，国内现阶段公共文化设施实施社会化管理的重点以县以下和村级为主。通过实践存在的问题能够得出，必须要从三个层面入手，对这一制度进行优化。首先，构建培育、评价承接主体机制。承接主体不合格，这是现阶段公共设施社会化管理过程中最突出的问题。对于承接主体来说，需要与什么条件相符，此为资质评价方面的内容。因此，对于资质评价来说，它与培养合格的主体是彼此关联的。对公共文化设施全面考虑，将其当成是文明发展的主要形态，从不同层面入手，构建科学的评价标准，创设相应的条件，例如从文化安全以及管理队伍方面，从专业特点以及人才结构方面等，以此为依托，使承接主体规范化管理深入推进。其次，构建购买经费测算制度，对社会化管理健康发展给予大力支持。对于公共文化设施来说，它以社会化管理为主，从本质来看，其并非仅是使政府支出得以缩减的制度，这一制度能够有效激发活力，使服务质量全面提高。现阶段，部分地区存在低价中标的情况，这对于健康发展是有影响的。一定要构建可以使公共文化服务得以保证，同时还能够对承接主体有效激发、持续发展的经费保障机制。最后，构建专业人才培育制度，使其与社会化管理需求相符。从国际经验看，社会化管理公共文化设施，存在一定的争议，一些学者对其不认可，认为其服务质量不高，管理专业化能力不高，从根源来看，就是人才专业化能力不足。国内当前这一领域的专业人才培育，与社会化管理需求是不相符的。首先，社会化管理主体无法将高校专业人才的注意力吸引过来；另一方面，对公共文化设施社会化管理，必须要有很多的初级以及中级专业人才。结合此需求，高校必须构建相应的社会化认证机制，这一制度的重点就是系统专业的教育，与日本的司书制度差不多，以此为依托，将其当成是承接主体，对专业人才进行聘请。这一渠道的发展空间是十分广阔的。

四、健全政府监管和机构责任制度

服务保障法中要求构建政府监管制度。它有两种类型，第一种类型是考核评价制度，它是以政府为主体的，例如公众在公共文化设施中积极参与，其制度以效能考核评价机制为主，在公共文化服务中积极参与考核评价制度。此外还有征询反馈制度，它能够将公众文化需求体现出来。第二种类型是服务信息公开制度，不单将设施目录包括在内，将信息公布制度包括在内，同时将资金使用监管制度包括在内。这一制度的实施，表面上很简单，然而事实上，实施成效还有着很多的问题。例如，政府考评公共文化服务，这是常规工作之一，法律的核心就是对考核评价中的公众积极参与给予关注，能够将以人为本的理念体现出来。然而公众怎样在政府考核评价中积极参与呢？公众怎样将意义表述出来？想要表述的建议怎样在考核结果中应用呢？针对上述问题，现阶段无具体的实施制度，导致"公众参与"的实施方式不是特别具体。此外，政府出台这一地区的文化设施目录，同时将公共信息发布出来，表面上看其实施很简单，然而因为操作规程的缺失，例如公开时间等，使得实施情况不理想。网络调查显示，到2020年初，全国只有6省区文化部门在网站中结合法律内容，将这一地区的相关信息全面公开。因此能够得出，想要结合法律的要求，构建政府监管制度，也要构建完善的实施细则。

与公共文化相关的责任制度，服务保障法中还有很多，不单将管理制度、服务制度包括在内，也将资产统计报告制度等包括在内，同时将年报制度和安全管理制度等包括在内。在这之中，年报制度有着一定的创新性。在法律中提及的年报，它和公共文化机构等事业单位相结合，每年要将法人年度报告等提交给登记以及审批机关，它和其他年报是不一样的，它重点就是将机构一年的具体实际、服务开展情况、事业进展情况体现出来。同时它有两个特点，一个是总结性，一个是研究性，同时会将年度报告进行公开。对于服务保障法来说，尚未构建年报制度时，我国公共文化机构编制、公开这一类型的年报不多。法律构建年报制度时，不同级别、不同类型的公共文化机构对法律责任有了有效认识，开展此工作的机构不断增长。此外，年报的编制开始在图书馆评价标准中加入进来。在十四五时期，年报制度的实施会深入推进。此外，年报制度必须从三个层面入手，对其不断优化：首先，以行业协会为主体，尽可能制定年报编制手册，明确要求年报的内容与格式，这样才能使年报质量得以确保。其次，健全年报公开时间以及渠道，使年报公开越来越规范。最后，根据具体情况，对年报的呈现方式进行研究，除机构年报之外，结合区域性来划分其形式，例如总分馆体系年报等。

第四节　公共图书馆少年儿童服务规范

一、《公共图书馆少年儿童服务规范》制定背景

在新时代背景下，图书馆事业发展的重点有两个方面，一个是标准化，一个是体系化。2011 年 12 月《公共图书馆服务规范》发布，可将其当成是图书馆界最主要的标准之一，这样国内图书馆服务就有据可依。儿童是图书馆服务中最特殊的对象，他们与国家今后的发展密切相关，所以，一定要将现阶段图书馆儿童服务标准缺失的情况进行转变。2013 年 1 月伊始，由湖南省少年儿童图书馆牵头的编制小组在长达 5 年的时间里，对我国公共图书馆儿童服务具体实际深入调查，同时以图书馆服务规范为依托，参考国际图联（IFLA）《公共图书馆服务指南》、"少年儿童服务三部指南"和英国图书馆协会《公共图书馆儿童和青少年服务指南》进行编写。2018 年 9 月，文化部、国家市场监督管理总局和中国国家标准化管理委员会正式颁布《公共图书馆少年儿童服务规范》（以下简称《规范》），2019 年 4 月正式实施。2018 年 1 月，《中华人民共和国公共图书馆法》（以下简称《公共图书馆法》）正式实施，其内容涉及空间设立、服务保障、服务内容、交流合作以及法律责任等多面，由此对儿童服务条款进行制定，从法律入手，对国内儿童阅读权进行有效保证。因此能够得出，国内图书馆儿童服务从顶层法律一直到底层的保证体系越来越健全、完善。

《规范》从六个层面入手，进一步明确相关内容，例如服务资源、内容、形式以及合作等，主要就是使儿童服务体系向规范化方向迈进。这使

儿童图书馆服务明确了两大条目，一个是指导性，另一个是可行性。在这之中，上述指标是服务工作的核心标准，在儿童服务要求、服务质量以及阅读权等方面有着积极的作用，这样儿童阅读权开始朝着标准化方向发展。本文对《规范》详细分析，为图书馆儿童服务工作深入发展奠定坚实基础，同时对其参考价值进行深入探究。

二、《公共图书馆少年儿童服务规范》内容解读

在《规范》中，对于儿童阅读权来说，它与很多权密切相关，例如平等。第一，图书馆儿童服务工作最主要的目的就是使儿童平等权得以保证，此为儿童服务最主要的一个原则，国际图联下发图书馆宣言，其中明确提出，对于公共图书馆来说，不可以对年龄、性别、宗教以及语言等进行区分，要向提供公众平等的服务。但是，现阶段，因为国内地区发展存在差异，阅读服务资源以发达城市为主，对于贫困地区来说，无法得到相同的服务，导致儿童平等权无法得到确保。因此，不同类型图书馆以儿童优先原则等为依托，使儿童服务发展有序推进。第二，公共图书馆服务的重中之重就是使儿童阅读权得以确保。首先，图书馆要针对儿童设置相应的阅读角，与标准要求相符，使与儿童特点相符的馆藏资源数量得以确保，建立一系列服务制度，例如借阅自由度等。其次，不单要强化自身发展，同时还要以合作共享等为依托，建立服务体系，例如在《规范》中社会合作共享这一内容，就要求儿童服务必须和其他社会团体、组织等配合，例如学校以及社区等，建立完善的儿童服务体系，所以，一定要强化合作，使图书馆走入校园等活动深入开展，同时重点将阅读工程深入推进。此外，使儿童阅读权有效确保，还要求重视儿童的受教育权，以及活动参与权。《规范》的制定宗旨就是使国际法、相关法精神得以全面展现，例如《儿童权利公约》等，使图书馆文化服务体系更加健全、规范。其中，《儿童权利公约》中明确要求，儿童有权获得教育，同时以机会均等为依托，进一步使这一权利得以实现。对于学校教育来说，其中最关键的补充手段就是课外阅读，《规范》中在服务内容等方面要求，公共图书馆必须要有阅读辅导服务，以多种方式来指导儿童阅读，例如专题推荐等，从而使儿童阅读习惯得以形成，使儿童阅读能力全面提升。参与权是《中

国儿童发展纲要（2011—2020 年）》中儿童基本权利之一,《规范》中也对这一指标进行详细说明, 例如每年组织 10000 人阅读活动的次数要超过 4 次。

《规范》中对图书馆儿童服务进一步要求, 其服务原则主要有四个, 一个是健康, 一个是平等, 一个是分级, 还有一个是安全。对于公共图书馆来说, 它的馆藏资源要提供给儿童, 主要有两种, 一种是文献资源, 一种是非文献资源, 一定要将传统文化内涵体现出来, 同时要对儿童的心理健康发展有积极影响, 使开卷有益的目的得以实现; 对于公共图书馆来说, 这一儿童服务以社会公众为主, 其核心对象就是儿童, 必须使文化需求得以满足, 例如获取知识等, 此教育工作的基础就是其他客观影响不会对所有儿童公平得到服务的权利产生负面影响;《规范》中明确提出, 其对象以 0 到 18 岁的儿童为主, 国际图联把未成年人划分成三类, 一类是婴幼儿, 一类是儿童, 还有一类是青少年, 国内将其划分成七个阶段, 所以, 儿童服务要将个性化服务提供给未成年人, 使青少年能够自儿童逐渐过渡到成年人, 此为儿童服务专业化的诠释。对于公共图书馆来说, 在对服务效能强化的过程中, 对阅读服务资源进行配置, 这是十分重要的。在《规范》中结合软硬件以及服务等, 在安全性方面制定了很多的规定, 例如馆舍建筑等要与国家标准等相符, 在制度设计等方面, 要对儿童年龄等全面考虑, 使他们不受到影响, 同时做到安全第一。

公共图书馆要通过多样化方式将不同类型的服务提供给儿童。《规范》中要求, 公共图书馆的服务内容有很多, 不单将导读、咨询以及阅读服务等包括在内, 同时还要将推广服务包括在内。最近几年, 政府以及公众越来越关注儿童服务, 所以, 其有了很多的改变, 例如将不同形式、多元化的服务提供给儿童, 服务模式由单一化方式向多元化方式转变, 它是以新技术、新方法为依托的。公共图书馆开展馆藏资源的借阅和使用服务、咨询导读、阅读指导等, 同时还有很多其他基本服务, 例如公益性服务等;同时通过流动站等方式组织巡回流动服务;结合不同类型儿童群体, 制定科学的个性化阅读模式;通过信息技术, 例如网络等, 结合新媒体平台, 例如微信等, 提供远程网络信息服务, 这些服务形式能够使儿童在公共文化方面的需求得以确保。

对于公共图书馆来说，合作共享服务模式的主体就是儿童。《规范》中明确提出，公共图书馆必须全面提升儿童服务质量，使服务效益进一步提高，同时以互助共赢为依托不断强化协作，使价值最大化原则得以实现，进一步强化馆际以及社会合作共享，对于总分馆等来说，图书馆要和其他社会组织建立科学的服务合作体系，例如学校以及幼儿园等，以馆藏资源的多元化形式为依托，使合作共享得以实现，例如数字化服务等。

对于公共图书馆来说，建立完善的宣传制度，其服务主体就是儿童。《规范》中，将服务宣传划分成三个方面，一个是导引，一个是服务告示，还有一个是宣传推广。公共图书馆要对儿童这一群体的心理以及生理特点全面考虑，针对儿童服务区，对不同区域的功能进行明确，设置明显的功能标识，这样儿童能够将其有效识别出来；部分服务政策与不同类型的信息可以在图书馆中以及网站中进行公示；同时以媒介为依托，对儿童服务等进行宣传，例如以微信公众号等平台做好三个工作，一个是认知，一个是宣传推广，还有一个是树立形象。

三、对《公共图书馆少年儿童服务规范》的思考与完善

（一）我国公共图书馆少年儿童服务存在的问题

深入调查分析国内一级图书馆，其中省级儿童图书馆有十一所，能够得出，《规范》中对服务质量的规定包括很多方面的内容，一是硬件资源，例如馆内空间布局等，二是馆藏资源，例如配置的文献资源等，三是服务内容，上述儿童图书馆与标准相符。然而还有很多问题，例如从人力资源来看，针对儿童服务的工作人员的能力与素质，很多图书馆没有对其详细介绍，在这之中，图书馆配备的儿童服务工作人员，没有提到是不是配置了了解盲文的馆员以及懂手语的馆员；从非文献资源来看，仅南宁儿童图书馆对这一内容进行介绍，其他图书馆都没有对其进行说明；从借阅服务来看，有两个图书馆与《规范》要求不相符。以此为依托可知，国内公共图书馆儿童服务的发展以积极改进为主。

（二）启示

儿童服务得以深入推进的基础就是要有健全的服务政策。《规范》中服务政策这一内容明确要求，要构建完善的、使少年儿童服务工作顺利开展的服务政策。首先，结合儿童的特点，制定完善的服务制度，要对服务内容、形式、范围等进行明确，同时还要将服务承诺等包括在内。其次，不同级的儿童图书馆在开放时间等方面进行明确规定，同时对节假日以及放假时的服务进行明确。本人对十一所省级儿童图书馆进行调查显示，它们的政策几乎与这些要求相符，特别是在开放时间上，很多图书馆比《规范》中要求的一周要超过四十小时的要求还要多一些。不单如此，必须对儿童服务发展适宜的法治环境进行有效创设，在 2018 年元月开始实施的《公共图书馆法》，对法律方面儿童服务条款的缺失进行了有效补充。不同类型的图书馆要主动落实相关法律规定，例如《规范》等，提供专门空间、专业人员、专门服务、专门馆藏，深入推进专业合作；不同地区要构建图书馆法治理念，同时对具体的实施细则健全完善。

儿童服务深入推进的重点就是提供多样化的服务资源。通过调查分析十一所儿童图书馆能够得出，科学配置服务资源，可以使儿童信息需求得以满足，使儿童的阅读需求得以满足，使儿童阅读服务质量全面提高，这样能够使儿童阅读满意度显著提升。所以，必须将儿童服务经费方面的投入力度进一步加大。最近几年，儿童图书馆财政拨款每年是不断增长的，在这之中，购书费用是平稳增长的态势，虽然这样，结合 2010 年人口普查的相关数据能够得出，国内 0 到 14 岁人口超过二亿人，在国内人口总量中占比超过百分之十六，服务经费投入还是不能使大部分儿童受益。其次，进一步健全服务体系，使服务设备更加完善。因为本人调查的对象以省级儿童图书馆为主，其地理条件优越，能够确保其服务资源，然而从农村以及特殊儿童的覆盖率上考虑，以及对服务半径等其他因素进行考虑，还需要构建完善的儿童阅读保障机制。此外，对于弱势群体来说，仅上海儿童图书馆对其进行介绍，其他图书馆都没有对其进行介绍。所以，一定要强化设施建设，以此为依托，结合特殊儿童的阅读需求，对其进行改进与优化，针对这一群体，打开绿色通道，使儿童服务范围进一步延伸，能够给这些读者提供阅读服务。最后，利用纸电联合的形式，将文献和非文献有机联系起来，对馆藏资源配置规范化管理，向儿童提供对其心理、身体发展有积极作用的文献资源进行提供。通过本人的调查，从配置文献资源可以看出，很多图书馆与要求相符，然而在配置非文献资源时，只有南宁儿童图书馆对其进行了介绍。对于儿童图书馆来说，一定要关注数字化建设，同时还要关注非文献资源建设，例如构建文化共享平台等，使与不同年龄相符的配套设备的购买力度进一步加大。

针对儿童特点开展个性化服务，开创服务品牌，这是使儿童服务影响力显著提升的最佳渠道。首先，由于信息化时代的快速发展，图书馆的基本服务想要与儿童公共文化需求相满足是很难的，例如借阅服务等，它必须朝着多元化服务方向迈进，使多元化需求得以满足。结合本人的调查分析，例如杭州儿童图书馆，将易悦读推出，这一借阅服务是新兴的，其核心思想就是你负责挑书，我负责付钱，读者要将慧阅读 App 下载，在既定书店对新书进行借阅，通过 App 能够使图书互借的目标得以实现；在广州儿童图书馆，其开发定制服务，结合幼儿园、学校等的阅读需求，编制服务预案，教师、学生等均可以在图书馆获取与自身需求相符的服务，例如主题阅读服务等，这一服务能够使儿童服务的影响显著提升。其次，儿童图书馆一定要关注特殊群体，比如留守儿童、流动儿童、残疾儿童等，建立特色文献资源库，结合个性化需求，对读者服务政策等进行制定，深入推进阅读活动，以弱势儿童为主体，将全方位的信息服务向其进行提供，这样使城乡儿童服务得以推进，使阅读服务协同的目的得以实现。

在儿童服务工作时，馆员的作用是十分关键的。《规范》在 5.3 "人力资源"方面，对人员数量、人员要求、人员配备、人员培训、志愿者等提出了一系列要求。根据《中国图书馆年鉴（2017）》的统计，到 2016 年年末，国内儿童图书馆工作人员超过两千五百人，在这之中，专业技术人员超过一千八百人，正高职称共计五十人，副高近三百人，中级职称超过八百人。通过调查能够得出，很多儿童图书馆专业人员结构科学，员工文化程度较高，例如广州儿童图书馆，其中专业技术人员十二人，中级职称共计四十一人，副高十三人，正高一人，在这之中，中级职称的占比超过百分之六十，专科人员为四人，本科员工五十多人，硕士员工为九人，其中本科员工超过百分之八十。但是，实际上，儿童服务工作人员队伍中，专业人员十分短缺，尤其是有着专业能力以及专业知识的人才，大多数均是从其他行业转行进入这一行业的，他们的专业素质缺失，专业能力不足。从人员培训来看，《规范》中要求，儿童服务工作人员必须进行培训，同时每年培训的时间要达到六十学时，本人在调查分析十一所儿童图书馆时，很多图书馆与这一要求不相符。所以，对于儿童图书馆来说，要结合《规范》的内容来科学配置人力资源，从人才配置以及培训等层面入手，对儿童服务进行改进与优化，建立科学的人力资源结构，从而使儿童服务的健康发展得以深入推进。

对于公共图书馆来说，儿童服务工作开始向新的发展方向迈进。长期以来，国内图书馆怎样使儿童服务这一工作具有长期性、系统性的特点是个问题。《规范》的实施与发展，使得国内图书馆儿童服务质量有所提升，使儿童阅读权得以确保。《规范》是国内儿童服务中最主要的法律，其主要就是明确方向，使工作有法可依，使儿童服务出现的量、度等问题有效解决，然而从操作层面来说，例如年龄、地域等方面的划分，《规范》还不是特别的具体、全面，上述问题需要在今后的应用过程中进一步改进和调整。

第五章

新媒体语境下的少儿
阅读推广

第一节　少儿阅读现状

一、早期阅读现状

我国城市家庭对儿童早期阅读特别重视，父母对孩子教育投资也占到家庭收入的 30%。但一些经济欠发达的农村，对于儿童早期的阅读却被忽视。目前我国儿童早期阅读的问题是：

（一）家长

尤其是农村家长对于早期阅读开展的年龄与阅读的重要性认识有偏差，不能理解儿童阅读的正确含义，缺乏对儿童早期阅读的科学认识。

（二）缺乏亲子读书环境

大部分的家长很少能正确投入时间与孩子一起阅读，在家庭环境的布置上也不利于开展早期阅读，有意识地为孩子准备书橱、书桌与书房的比例也很小。

（三）大部分家长不懂得少儿各年龄阅读的特点

家长没有进行正确指导，且过早地强调少儿读书作为获取信息与知识的工具，让低幼儿童进行大量的文学性、知识性的阅读，起到了拔苗助长的效果。

这些问题的产生，主要是家长对儿童阅读重要性没有足够的认知。学校、家长与政府对培养儿童阅读的重要性并没有充足的意识，不重视他们阅读能力的培养，相关媒体对阅读的问题也很少关注，造成儿童阅读率的下降。特别是我国目前应试教育的影响，学校与家长都抱有较严重的功利心态，与考试无关的书籍不读，与教辅不相关的材料不买，机械地背诵强记让孩子认为阅读乏味，不会对阅读产生兴趣，反而形成了负担，将儿童阅读引入了歧途。科学研究发现，养成读书习惯重要的时期是 14 岁以前，若在 14 岁还没有养成阅读的习惯，那他将终身与阅读无缘。对儿童阅读意识的培养是持久的工程，儿童时期要抓住孩子们活跃的思维、广泛的兴趣、超强的求知欲这些特点，并培养、引导阅读的兴趣。这些需要政府与社会的大力引导与支持，需要学校与家庭的配合，只有大家都关注才会促进与发展。

二、阅读资源的贫乏

据统计，我国目前少儿报刊、国家年少儿图书出版量十分可观，绝对数量很多，但对有着 2.5 亿儿童的我国来说还很缺乏。中国市场，目前儿童读物销量好的是文学性书籍，很少一部分读物是功能性的。而且进口或原创的儿童文学精品有着严重的不足，儿童读物的质量与问题也较多，另外，书价的上涨，未成年人读物持续下降，有些贫困城市与农村家庭的孩子无书可读，图书资源无法满足孩子们阅读的需求。可以说，在丰富的物质生活的时代，孩子们越来越缺乏精神的食粮。

三、互联网对传统阅读的冲击

在国内图书阅读率持续下降的状况下，网络的利用率却有了大幅度的增长。互联网信息统计，我国的网民数量居世界第一位，这其中的网民有很多是青少年。随着手机、电脑等电子产品的普及，越来越多的儿童被其吸引，这极大地影响与冲击了传统图书阅读。媒体的多元化，吸引了太多儿童的注意力，这也不利于儿童阅读能力的培养。

四、社区图书馆缺乏普遍性

社区图书馆是最方便市民与最接近市民的，更是最前沿的。全国社区图书馆目前的覆盖率不足。又因运营经费与管理服务的缺乏，可以正常发挥作用与功能的也很少。

第二节　少儿阅读推广概述

一、少儿阅读推广概念

阅读是人类通过视觉或触觉来获取信息的过程，这里的信息可以包括文字、符号、图形和图表等多种形式。少儿阅读的定义则更加宽泛，少儿阅读可以包括一切能够引起少儿获取信息的兴趣和行为的活动。我国关于少儿阅读在很长时间内的一个误区就是，阅读活动是从少儿具有识字和理解能力时才开始的活动，然而实际上，在婴幼儿时期，具有听觉、触觉后阅读行为就已经逐步形成。这一过程中，少儿阅读活动不能独立完成，而是需要更多的外界指导和干预。

关于公共图书馆少儿阅读推广的概念，很多学者从不同方面进行了界定，王辛培认为阅读推广是图书馆、出版机构、媒体、网络、政府及相关部门等为培养读者阅读习惯、激发阅读兴趣、提升阅读水平、促进全民阅读所开展的有关活动和工作。朱淑华将少儿阅读推广定义为：基于阅读对少儿所产生的巨大影响，秉持少儿阅读的正确理念，通过各种方法向少儿和有引导能力的成人介绍优秀阅读素材、阅读指导方法和阅读理念，逐步引导少儿爱上阅读，帮助少儿成为"自觉的、独立的、热诚的终身阅读者"，并改善少儿阅读环境的过程。少儿阅读推广从对象上包括少儿和成人，从性质上表现为主动传播。总结现有学者的研究经验，少儿阅读推广是指服务对象为少年儿童、在阅读活动中提供外界干预和指导，帮助少儿接触阅读，培养少儿的阅读兴趣和阅读习惯，提高阅读能力和理解能力的服务。少儿阅读推广的主要目的是为少儿阅读提供主动的服务，营造适合少儿阅读的环境，提供阅读资源、阅读服务、阅读交流平台等一切有助于少儿阅读的服务。

二、少儿阅读推广的服务主体

在我国一般认可的少儿的年龄阶段主要是 0—14 岁，而根据 1989 年 11 月 20 日的联合国大会上通过的《儿童权利公约》来说，国际上对少儿的一般界定是指 18 岁以下的所有人群。从广义上来说，阅读活动是一种人类出生以后就自然存在的行为，甚至有研究认为胎教也是一种阅读行为，从上文对少儿在心理学上的划分也可以看出，从出生开始少儿的思维、行为、语言、情感都是在逐渐成熟和健全的，在这个阶段中阅读行为一直伴随着少儿的成长。从形式上来说，阅读行为也不仅限于视觉的行为，可以是听觉的、手语的、甚至可以是触觉的行为，在少儿阅读活动的开展过程中，必须从心理学角度考虑少儿在不同年龄阶段的认知水平、兴趣爱好、发展阶段的个体差异以及少儿在生理和心理成熟度之间的差距，从多个角度照顾到少儿心理的特点并运用到少儿阅读推广活动中。少儿作为公共图书馆少儿阅读服务的首要服务对象，无疑是开展少儿阅读推广活动的出发点和依据。我国对少儿阅读的培养一般是从语言能力初步具备的 2—3 岁开始的，进入到学龄阶段即 6 周岁左右基本达到独立阅读水平。

除少儿外，公共图书馆少儿阅读推广服务的另一个重要对象就是家长，家长是伴随少儿成长全过程的重要主体，家庭环境对孩子阅读习惯、阅读兴趣的养成都具有重要作用。在图书馆阅读推广服务中，亲子阅读也是重要的活动形式之一，指导家长如何引导少儿养成正确的阅读习惯、培养对身心健康有益的阅读兴趣也是公共图书馆少儿阅读推广活动的重要课题。

三、少儿文献类型与特点

图书馆工作的对象有两个方面：一是文献，二是读者。图书馆是读者与文献之间的一座桥梁。现在，"文献"一词普遍在图书馆学、情报学、目录学等范围使用。因此，少儿图书馆的工作人员有必要了解"文献"的含义，掌握区分文献种类的基本方法，熟悉文献的类型及其特点，这样才能有针对性地搜集文献、组织文献，有效地开展图书馆各项工作，更好地为广大小读者服务。

随着科学技术的迅猛发展，文献形式也在不断变化。传统的书刊等印刷型出版物已不能与"文献"齐名，只能是其中一个分支。由于物质载体的多样性，现代文献又将朝着文献缩微化、检索自动化、存贮磁性化、接受直观形象化方向发展。根据不同的划分标准可将文献分成许多类型，例如按文种划分有中文和外文之分，按出版年代划分有古代、近代、现代之分，按不同标准划分的文献类型之间又互相交叉。我们这里主要按以下三种标准来划分文献的类型。

（一）文献类型

（1）图书

图书是用文字、图像或其他符号手写或印刷于纸张等形式的载体上，具有一定篇幅并制成卷册的非连续性的文献。根据联合国教科文组织的规定，现代图书的篇幅除封面外应不少于49页。图书是对人类生活、精神面貌、风俗习惯、经济形态、科学文化的重要记录，对人类文明历史与智慧的记录与传承是其最根本的功能。依赖图书的传播，人们能够获得最经济、最简便、最系统的知识，使个人学识得以增进，人类经验得以传承，人类谋求的文明进步与社会福祉得以梦想成真，因此人类在以非凡能力与勇气改造着自然的同时也创造着记录自身发展的图书。图书以其出版量大，质量稳定、系统，便于存放、携带等优点成为人类社会重要的信息交流媒介之一。图书是一种成熟、定型、非定期的出版物。图书在出版形式上有以下特点：有封面、封底、书名、书名页、正文（插页）、完整的版权记载，装订成卷成册，印刷装帧比较讲究，从时间上来看，图书出版周期比报刊长，但图书论述的内容比较成熟、深透，有章有节，层次清楚，结构严谨。每一种图书除了具有不同的内容特征外，同时具有书名、著者、出版社、ISBN 号等外表特征，这些内容特征和外表特征都是识别不同图书的重要标识。ISBN 指国际标准书号（International Standard Book Number），2007 年以前的国际标准书号由十位数字组成，被三条短横线分为四段，每一段都有不同的含义。第一段是地区号，又叫组号（Group

Identifier），大体上兼顾文种、国别和地区，划分成若干地区，各有固定的编码：0、1代表英语，使用这两个代码的国家有澳大利亚、加拿大、爱尔兰、新西兰、波多黎各、南非、英国、美国和津巴布韦等；2代表法语，法国、卢森堡以及比利时、加拿大和瑞士的法语区使用该代码；3代表德语，德国、奥地利和瑞士德语区使用该代码；4是日本出版物的代码；5是俄语系国家出版物的代码；7是中国大陆出版物使用的代码。第二段号码是出版社代码（Publisher Identifier）。第三段是书序码（Title Identifier），由出版社自己给出。第四组是计算机校验码（Check Digit）。四组数字之间应该用连字符"–"连接。新的国际标准书号由13位数字组成，前缀加上978，其余部分与原 ISBN 相同。

（2）期刊

期刊又称杂志，有固定名称和版式，定期或按宣布的期限出版，并计划无限期出版的连续出版物。期刊有以下特点：定期连续出版，有出版序号，如卷、期、年月号；有固定的名称、版式和篇幅，以及基本稳定的栏目；内容新颖，包含最新、最近的信息、进展；每期内容不相重复；一般刊登多个作者的多篇论文。期刊类型多种多样。期刊按内容可分为学术性、时事政治性、资料性、检索性、普及性期刊等。和图书一样，公开发行的期刊都有 ISBN 号和 CN 号。ISBN 号，即国际标准刊号，以实现对全世界期刊文献的管理，国际标准刊号由8位数字组成，共分为两段，每段4位数字，中间用"–"隔开，前7位是刊名代号，末位是计算机校验位。CN 号，即国内统一刊号，由报刊登记号和分类号两部分组成，其间以斜线"/"隔开，结构形式为：CN 报刊登记号 / 分类号。

（3）报纸

报纸是每日、每周或每隔一定的时间（通常较短）发行的一种连续出版物，以刊载新闻为主，包括评论文章（如社论）、特写、广告和其他内容的文章，是重要的社会舆论工具和大众传播工具。报纸按范围级别分，有全国性报纸和地方性报纸；按内容性质分，有综合性报纸和专业性报纸；按出版时间分，有日报、双日报、周报和月报等。联合国教科文组织把每周至少出版四次的报纸称为日报，把每周出版三次及以下的报纸称为非日报。报纸可理解为一种特定形式的期刊，其特点是出版速度快，发行数量大，传递迅速及时，读者面广，能以最快的速度报道世界各地发生的最新事件，时效性和新闻性很强。

（4）科技报告

科技报告是描述一项研究的进展或取得的成果，或一项技术研制试验和评价结果的一种文体。科技报告反映的是新兴科学和尖端科学的研究成果，能代表一个国家的研究水平。科技报告在形式上通常是一个报告单独成册，且注有研究机构名称和统一编号；在内容上，它叙述详尽具体，数据完整、可靠，技术专深全面，可直接借鉴；在发表速度上，它快于其他类型文献。

（5）会议文献

会议文献是指在学术会议上所交流的论文、报告及有关文献。学术会议都是围绕某一学科或专业领域的新成就和新课题来进行交流、探讨的。会议文献的学术性很强，代表了一门学科或专业领域最新的研究成果，反映着世界上科学技术发展的水平和趋势。近年来，各类会议不断增多，会议文献也相应增加。据统计，每年国际上要举行上万次学术会议，发表的学术论文达 10 万余篇。

（6）专利文献

专利文献是指实行专利制度的国家出版的专利说明书，也包括出版的各种专利检索工具书。专利说明书是专利申请人向专利主管部门呈交的有关发明创造的详细技术说明书，是具有知识产权特性的信息资源，主要包括经实审批准授权的专利说明书和未经实审的专利申请公开说明书。专利说明书涉及的技术内容广博、新颖、具体，从高深的国防尖端技术到普通的工程技术以及日常生活用品无所不包，具有融技术信息、经济信息、法律信息为一体的特点。据统计，世界各国每年公布的新专利约 105 万件。在应用技术研究中经常参阅和利用专利说明书，可以缩短研究时间的 60%，节省开发费用的 40%，是了解并掌握世界发明创造和新技术发展趋势的最佳信息资源。专利文献范围广泛，出版迅速，格式规范，文字简练、严谨，有助于科技人员借鉴国际先进技术，避免重复劳动并节省科研经费。

（7）标准文献

标准是对工农业新产品和工程建设的质量、规格、参数及检验方法所做的技术规定，是从事生产、建设的一种共同的技术依据。根据使用的范围，可分为国际标准、区域标准、国家标准、行业标准和企业标准。按具体内容，可分为基础标准、产品标准、工艺及工艺装备标准和方法标准等。技术标准具有计划性、协调性、法律约束性的特点，它可促使产品规格化、系列化和通用化，对提高生产水平、产品质量，节约原材料，推广应用研究成果，促进科技发展等有着十分重要的作用，可为了解世界各国的技术政策、经济政策、生产水平和标准化水平提供依据。标准的制定工作一般是由其主管部门完成的。标准的新陈代谢十分频繁，随着技术水平的不断提高，标准也需不断补充、修改。国际经济贸易的发展，又促使标准日趋国际化，因而标准文献体现了本技术领域的发展水平，科技人员可以从中获取大量有价值的信息。标准文献的特点是具有独立完整性和法律约束性。

（8）学位论文

是指高等院校博士、硕士、学士毕业时所撰写的学术性研究论文。学位论文是非卖品，一般不出版发行，有时在相关期刊摘要发表，近几年均以数据库形式出版发行。学位论文是经过审查的原始成果，并具有一定的独创性，它所探讨的问题专深，论述系统详尽，有较高的参考价值。

（9）产品样本

产品样本是对定型产品的性能、构造、原理、用途、使用方法和操作方法、产品规格等所做的具体说明。产品样本是由制造商和销售商出版发行的。它的内容范围涵盖从家电、药品、坑具制品到工业用各种技术复杂的设备元件等。产品样本往往配有外观照片、结构图，直观性强，技术成熟，数据可靠。它既反映了企业的技术水平和生产动态，又促进了新产品、新工艺在业界的推广和应用。

（10）技术档案

技术档案是指生产建设、科学技术部门和企业、事业单位针对具体的工程或项目形成的技术文件、设计图纸、图表、照片、原始记录的原本以及复制件，包括任务书、协议书、技术经济指标和审批文件、研究计划、研究方案、试验项目、试验记录等。它是生产领域、科学实践中用以积累经验、吸取教训和提高质量的重要文献。技术档案具有保密性，常常限定使用范围。

（二）文献的特点

（1）数量急剧增长

科学技术的蓬勃发展，各种新学科不断出现，各个知识领域的书刊文献资料的数量越来越大，增长速度越来越快。据国际图联的资料显示：世界的科技文献资料每隔7、8年就翻一番。某些尖端领域和新兴学科的文献增长的速度更快，如计算机、原子能、环境科学等学科的文献量，每2—3年就要翻一番。

（2）内容交叉重复

现代研究成果的文献表现形式呈现出一种较突出的现象，即文献内容的交叉重复，具体表现在三个方面：一是同一类文献用多种类型见之于世，如会议论文，先以会议文献形式出现，再在专业刊物上发表，继之收入论文集，后又出版单行本等；二是同一篇文献同时或先后用多种文字或多种载体发表；三是国与国之间的文献相互重复，表现在各国竞相翻译出版内容相同的文献，由此而造成文献的交叉重复，给文献的管理与利用带来诸多困难。

（3）文献类型增多

随着科学技术的进步和发展，文献的生产早已超出了传统的印刷形式。声、光、电、磁的现代技术和新型材料在文献生产领域广泛应用，记录知识的载体形式日益多样化，出现了大量的缩微资料、视听资料、机读资料及光盘等多种文献载体。

（4）文献失效加快

社会的进步，科技的发展，使文献有效使用时间日益缩短，失效周期明显加快。据国外资料介绍，各类文献的平均时效为：图书10—20年，期刊论文3—5年，科技报告10年，技术标准5年，学位论文5—7年，产品样本3—5年。科技发达的西方国家认为，大部分科技文献的使用寿命一般为5—7年，甚至更短。

（5）文献语种多样化

文献语种的多样化，现已成为读者利用文献的一大障碍。过去，世界文献多用英、德、法等几种语言写成，现在大量的文献是用日、俄、意、波、汉等语言写成的。据报道，文献出版的文种有 70—80 种之多，比较集中的文种分布也不下 10 种。文种的多样化严重地影响了文献的收集、整理、检索和利用。据有关调查资料报道，世界各国出版的期刊中，有二分之一的期刊是用一半左右的科学家所不懂的语言文字出版的。

（6）文献载体电子化，文献传播网络化

计算机技术和现代信息存储技术的应用，使文献信息的载体从传统的纸质媒介向光学、磁性媒介发展，文献信息的缩微化、电子化已成为主要的发展趋势。尤其是始于 20 世纪 70 年代的电子信息资源，已形成单机版和网络版两大系列。电子单机版主要以磁盘、光盘（CD-ROM）、集成电路卡等为载体，其中光盘以海量存储器著称，配以多媒体技术，发展尤为迅速。电子网络版以数据库和电信网络为基础，以计算机的硬盘为载体。电子文献容量大、体积小，能存储图文音像信息，可共享性高，检索速度快，易于复制和保存，具有很大的发展前景。计算机技术、电子技术、远程通信技术、光盘技术、视听技术、网络技术等，构成了信息的现代传播技术。联机检索、交互式图文检索、电子原文传递等现代化信息传播方式已进入实用阶段。信息检索已发展到网络化阶段，人们可以利用分布全球的互联网，多途径、多选择、多层次地检索所需文献信息。

四、少儿阅读推广理论体系

生态系统理论

就生态系统理论来说，它属于发展心理学的范畴，是国外学者尤登时·布朗芬布伦纳总结出来的，其中最核心的内容就是个体发展模型系统。这一理论提出，儿童在彼此影响的环境系统内存在，两者之间的交互作用，对儿童的发展有着重要的影响。这一系统层次主要有四个，一个是微观系统，一个是中间系统，一个是外层系统，还有一个是宏观系统。最下层的微观系统就是儿童，中间系统对其有重要的影响，这一系统主要以家庭、学校等为主，之后是外层系统，也就是父母的工作环境，它能够对家庭情感产生一定的影响，此外还有宏观系统，此系统将时间维度包括在内，学者提出，由于时间的发展，儿童的环境是不断变化的，此为发展的推进器，会对儿童的一生产生影响。

国内学者伍新春等以生态系统理论为依托，认为在儿童的发展过程中，父亲的作用是不可或缺的，父亲的爱可以令儿童的自信心更强。国内学者桑标以这一理论为依托，深入探究儿童心理健康发展机制，并得出，父母以及家庭环境等子系统会对儿童心理发展产生积极影响。对于公共图书馆来说，在儿童阅读推广的过程中，一方面能够有效调动儿童的阅读兴趣，另一方面能够将家长等的目光吸引过来，使其和教育人员密切配合。

1. 认知发展理论

这一理论是国外知名学者让·皮亚杰总结出来的，这一理论是这一学科中最具代表性的。这一理论提出，人从生下来开始，就不断对环境进行适应，了解事物，认识问题，由于年龄的变化，这些能力以及思维模式等也是发生变化的。儿童得到知识的最有效方式就是主动探索，对智慧活动进行设置，能够使儿童掌握更多的知识。皮亚杰将认知发展划分为感知运动阶段（0—2岁）、前运算阶段（2—6、7岁）、具体运算阶段（6、7岁—11、12岁）和形式运算阶段（11、12岁至以后）等4个阶段。在不同年龄段中，儿童的认知结构是不一样的，所以在独立阅读推广过程中，要结合儿童的年龄，来对项目进行设置，从而正确指导儿童阅读。

以认知发展理论为依托，国内学者夏代英结合怎样将适合学前儿童的阅读材料挑选出来，使儿童发展深入推进，并对这一问题进行研究。学者们认为，阅读材料要将儿童的积极性体现出来，在对阅读材料挑选的过程中，要对儿童的发展给予关注，一方面要对儿童的发展时期给予关注，又要符合儿童具体情况。张蓓等人在儿童阅读活动方面制定相关的改进措施：第一，对阅读活动目标进行制定，不单要对幼儿发展总体性给予重视，同时还要对个性差异给予重视。第二，选择阅读活动内容必须和幼儿特点和认知能力等相符。第三，在阅读活动实施过程中，以多元化教学方式为主，有效培育幼儿自主阅读能力。对于公共图书馆来说，在深入推进儿童阅读推广活动的过程中，一定要对儿童的认知发展方式全面了解，关注个体差异，在挑选材料的过程中，以相应的推广方式为依托，对阅读进行指导，同时将自主探索平台提供给儿童，让其掌握自主阅读能力。

2. 分级阅读理论

分级阅读就是结合智力发展情况，制定合理的阅读计划，将科学且适宜的儿童读物提供给儿童。在美国，分级阅读的发展过程有五十年，儿童阅读分级越来越完善。一直到现在，分级阅读的划分原则并不是只有一个，使用最广泛的分级阅读模式有三个，一个是数字体系，一个是字母表体系，还有一个是年级体系。数字体系是将 DRA 等包括在内；字母表体系就是结合字母顺序，自简单向复杂，将图书变成二十六个等级；年级体系就是结合儿童的年龄，对他们具体的阅读能力进行划分。

近几年来，我国相关学者和图书馆从业人员也开始关注、研究分级阅读。2008 年广东省成立了我国第一个专业阅读研发推广的机构，推出了《中国儿童青少年分级阅读内容选择标准》《中国儿童青少年分级阅读水平评价标准》《儿童心智发展与分级阅读的内容选择标准》和《中国儿童分级阅读参考书目（200 种）》，这四种有关儿童阅读推广的选择标准。2011 年 8 月国务院颁布了《中国儿童发展纲要（2011—2020 年）》，第一次明确提出"面向儿童推广的图书分级制，为不同年龄段的儿童提供合适的图书，为儿童家长选择图书提供可行的建议和指导"，使得儿童阅读理论更加深入。魏玉山提出，要把制定一套分级阅读的行业标准作为首要的目标。最近十多年来，我国儿童分级阅读标准工作已经有一定的积累，形成了包括企业标准、学术标准在内的几套分级阅读标准，首个面向特定年龄阶段的行业标准也已经编制完成并送审，但是离形成比较完备的分级阅读标准体系还有较大的差距。应当加强阅读基础理论研究，特别是与分级阅读相关的理论研究。

要形成权威、完备的分级阅读标准体系，关键在于加强儿童阅读的理论研究。阅读是一个极为复杂的行为，涉及认知学、脑科学、神经语言学等多种学科，应当从儿童心理、生理、教育、母语学习等多方面进行研究，打好儿童阅读理论基础，才能制定出科学权威的分级阅读标准。

第三节　图书馆少儿阅读推广服务

一、图书馆开展阅读服务工作的意义

对于少儿阅读服务来说，这一工作的主要方式就是宣传。使儿童阅读目的明确，形成阅读思维，培育良好的阅读习惯，从而使阅读成效提升，并将图书馆教育责任体现出来，此为少儿工作的核心。对儿童阅读心理全面掌握，以此为依托，对儿童阅读需求全面了解，将适宜的读物提供给儿童，对儿童全面认真阅读给予有效指导，在阅读时提供相应的帮助，以及主动学习的方法，对图书的含义进行全面了解，这样儿童一方面可以读书，另一方面可以掌握怎样读书，这样能够培育儿童正确的三观，同时对儿童发展产生积极影响。

图书馆推进阅读服务，这是对儿童阅读能力有效培育的关键。学习中最关键的就是阅读，这是人们掌握知识的有效渠道，可以有效培育性情，使视野更加开阔，使理念得以创新，不断强化自身能力。在阅读时，人们可以满足精神需求，对人生全面感受与体验，这与人的发展息息相关。阅读习惯要自小开始，阅读过程即心智发展，此时，儿童的很多能力能够有效锻炼，例如分析与总结能力等，此为儿童自主发展的关键。高尔基认为，人类进步的基础就是书籍，这一至理名言将人类发展过程中书籍的作用全面体现出来了。

二、图书馆少儿阅读推广服务优势

（一）提供充足的文献资源

总结少年儿童阅读资源的来源主要包括学校图书馆、公共图书馆和个人购买的图书，相对于学校图书馆和个人购买来说，公共图书馆在文献资源的提供量、更新速度、阅读成本等各个方面都有很大的优势。首先，公共图书馆作为社会性的综合文化服务机构，其所有的文化服务都是基于馆藏资源的丰富和全面基础上来进行的，对于少年儿童来说，为其提供丰富的图书馆资料是公共图书馆少儿服务的基础，这些资料有不同的介质和载体，比如印刷型的纸质书籍、期刊报纸、音频资源、视频资源、图片、手稿等多种形式都是公共图书馆有能力也有责任为少年儿童提供的阅读资源。其次，相对于学校图书馆和个人购买来说，公共图书馆不但有更多的财力保证其文献资源丰富全面，更重要的是，公共图书馆还是一个公共的服务平台，该平台可以通过整合资源并合理分配实现资源最大程度地使用，既节省了购置资本又实现了有效利用，既为学校节省了课外资源的购买成本，同时也为家长节省了孩子的培养成本。再次，学校是为少年儿童提供基础教育的场所，学校图书馆是学校服务体系下的机构，因此学校图书馆更加注重为学生教学提供帮助，所提供的资源多数属于基础学科的辅助教材等，很难实现按照少年儿童的意愿自主阅读。而公共图书馆的馆藏资源的一大特点就是综合性，其馆藏涉及的学科和范围更加广泛，少年儿童可以根据自己的阅读兴趣选择阅读内容。

（二）提供完备的人力支持

除了丰富的馆藏资源外，公共图书馆在少儿阅读方面的另一大优势就是图书馆配有专业的少儿馆员，这些馆员在观念上对少儿阅读推广、少儿图书馆服务等概念有着清晰的认识，熟练掌握少儿服务的方式方法。少儿图书馆员的服务主要包含以下几方面的内容。第一，少儿馆员能够结合少年儿童在不同年龄阶段的阅读偏好、兴趣、目的等影响阅读资料选择的因素为少年儿童提供个性化的指导，保证少年儿童在阅读过程中选择正确的、有兴趣的阅读资料。第二，少儿馆员还能为家长服务，帮助家长为孩子制定阅读计划、推荐书目，并在阅读时间、方式、方法等方面提供专业意见。除了阅读方面基本的专业知识之外，公共图书馆的少儿馆员还在阅读推广活动的主题策划和开展上发挥重要作用。第三，在信息技术发展迅速的今天，少年儿童信息能力的培养至关重要，让少年儿童正确利用信息技术解决学习上的问题、正确看待信息技术的有利面和危害面并加以引导，也是公共图书馆在多媒体环境的营造方面应该注重的内容，而少儿馆员无疑是以上内容的负责人，为少年儿童提供正确的信息服务和数字资源是公共图书馆在人力支持上的一大优势和重要责任。另外，少儿馆员的专业能力还体现在帮助少年儿童理解阅读活动中的核心价值、思想精神，为孩子的思想教育提供引导。

（三）提供良好的阅读环境

少年儿童在思维上有容易被外界环境影响、喜欢新鲜的事物的特点，在情感上，少年儿童有一定的社会化特点，渴望与外界交流，尤其是在语言能力成熟、抽象思维逐渐成熟之后，少年儿童更希望通过和同龄人交流沟通获取信息。并且，阅读是一项身心交流的活动，好的阅读体验不仅是通过阅读的书籍和资料掌握知识和信息，更重要的是获得精神上的共鸣，这种共鸣往往在一定程度上受到外界环境的影响。从外部环境上来说，公共图书馆有能力为少年儿童设计符合他们情感特征和喜好的外观，比如色彩鲜明的主题风格、书架座椅的摆放等，能够为少年儿童营造出愉悦的阅读环境。另外，恰当的卡通玩具、滑梯、儿童沙发、玩偶等也能增添图书馆阅读的趣味性。以上的环境构建都是图书馆能够为少年儿童提供，而学校和家庭不能完全满足的条件。除了外观和室内环境外，公共图书馆还能针对少年儿童的社会化特征为少年儿童提供讨论交流的环境，针对年纪较小的儿童，亲子阅读是对儿童和家长都有帮助的一种阅读形式，公共图书馆有适合亲子阅读的环境，另外，公共图书馆的环境也适合群体阅读、角色扮演、故事接龙等多种形式的阅读，同时，群体的阅读环境也更能吸引少年儿童的参与。

（四）提供先进的服务设备

当前，信息技术和网络技术发展十分迅速，公共图书馆的信息化、网络化和数字化无疑是大势所趋，我国公共图书馆在此背景下也已经取得了显著的成效，少年儿童作为信息环境下的服务对象，公共图书馆能够为其提供方便快捷的信息服务，这也是公共图书馆少儿服务的一大优势。公共图书馆的实体空间有条件为少年儿童营造良好的计算机氛围，同时还能在计算机的基本操作、基本的检索能力、网络信息资源的利用、视频音频资料的查找和共享方面为少年儿童提供指导。美国纽约公共图书馆在其总馆及分馆中按照环境建设标准配备了计算机、打印机等设备，还在纽约、曼哈顿、布朗克斯等城市开设了 80 门计算机基础课程，这些课程都是免费开放的，对于不能到公共图书馆参加课程学习的少年儿童，纽约公共图书馆还在其门户网站上发布在线的网络课程，并通过 You Tube、Twitter 等社交平台发布课程的最新信息、教学视频等资源，最大限度地为青少年提供最方便的信息服务，其不仅在阅读、教学方面提供辅助服务，还提供青少年的志愿者服务、社会实践活动、兼职、大学生就业指导、简历制作等内容。除了以上的信息服务，公共图书馆目前在积极建设的数字图书馆、图书馆自动化、特色数据库等服务对少儿阅读推广也起到很大的促进作用。

三、图书馆少儿阅读服务内容

（一）传统服务内容

少儿阅读推广服务的内容应围绕少年儿童的需求展开，同时还应迎合少年儿童的阅读兴趣和思维特征。首先，少儿阅读推广活动的开展应该具有针对性。比如，对于学龄前儿童开展的学前启蒙阅读、针对学龄儿童开展的课外阅读和作业辅导、针对青少年开展的具有实践性质的阅读活动等，针对不同年龄特征培养少年儿童的阅读能力和阅读水平是开展阅读推广活动的出发点。其次，阅读推广活动的内容应具有明确的主题。围绕一个主题而开展一系列的阅读活动，各个活动之间应该具有逻辑性和连贯性，阅读推广活动的类型丰富多样，但一段时间内的活动应围绕相同或相近的主题开展，并且整合各类阅读活动的精神和成果，不仅向少年儿童传递活动的主题精神，也为公共图书馆的阅读推广服务积累经验。最后，公共图书馆在开展阅读推广活动时还应该注重特色和创新。例如针对传统文化和节日文化展开的朗读比赛、猜灯谜、讲故事等有民族特色的活动，再如有助于少年儿童锻炼实践能力的实习馆员、小图书馆管理员等具有创新性的活动也是公共图书馆阅读推广活动的重要内容。

另外，少年儿童信息能力的培养也是阅读推广活动的一项重要内容。目前，国内公共图书馆在很多方面还不健全，例如数字化设施方面，同时一些青少年迷恋网游，因为计算机基础应用能力缺失，在使用阅读工具以及软件等方面还有很多不足，使得在其对网络以及数字设施应用过程中必须要有相应的干预。此外，图书馆在计算机设备教学方面不到位，大多数图书馆仅将计算机设备进行配置，没有培育儿童的计算机应用能力，由于计算机技术的不断深入，加之数字化技术的快速发展，公共图书馆开始对儿童信息技术水平给予重视，使儿童能够掌握更多的信息技术，从而获取更多的信息。因此，国内公共图书馆一定要深入指导儿童应用计算机，使儿童以信息技术为依托，达到知识面拓展，信息素养全面提升的目的，而不是沉溺于网络游戏和社交。其次，不单要对数字化设施应用给予指导，同时还要将其他工具加入进来，例如打印机等，将书籍检索、下载以及应用等学习机会提供给儿童，进而扎实少年儿童的计算机基础教育。

（二）个性化服务内容

少年儿童阅读推广服务不仅包括针对不同年龄的儿童和青少年应提供内容和形式各不相同的阅读推广服务，还包括针对不同性别、学科、兴趣等因素的个性化阅读服务，这也是未来公共图书馆少儿阅读推广服务的前进方向之一。结合对长春市少儿阅读推广服务读者调查与分析可知，不同性别的少年儿童对阅读资源的选择表现在：男孩更倾向于趣味性更强兼具一定科学性的读物，女孩则更喜欢表现力更强、文学性更强的读物，此现象也比较符合儿童心理学对不同性别儿童的喜好分析，少年儿童在科学、文学、美术、音乐等不同学科领域的兴趣等因素对少儿阅读推广服务也具有重要影响。因此，公共图书馆在开展阅读推广服务的过程中更应该添加个性化服务的内容。首先在性别上阅读推广服务应做出一定的区分，在阅读资料的题材、内容、阅读推广活动的类型和形式等方面均要考虑男孩和女孩的不同偏好；同时，具有一定科学性和趣味性的物理实验、文学名著的推荐赏析活动、书法、绘画大赛、展览活动、影视音乐赏析等针对不同学科和艺术领域的活动不仅丰富了少儿阅读推广活动，而且也是重要的少儿个性化阅读服务策略。

（三）图书馆少儿阅读服务工作模式

1. "图书馆 + 家庭" 模式

当前，城市建设进程的加快与现代公共文化服务体系的发展，在满足人们日益增长的物质需求的同时还需满足文化产品需求。公共图书馆作为公共文化服务的传播者，需要积极地强化大批成年人的阅读推广，还需结合家庭来促进未成年人的阅读推广。在家庭中父母作为孩子的第一任老师，他们的言行举止会直接影响到孩子的行为。

再加上，儿童的阅读行为深受家长持续关注、阅读习惯等因素的影响，利用"图书馆 + 家庭"模式能够将公共图书馆本身所具有的优势充分发挥出来，强化与家庭之间的有效合作，这有助于家庭和谐，还能充分调动儿童对于阅读的兴趣，从而更好地促进公共图书馆少儿阅读推广的有效性。

2. "图书馆 + 学校" 模式

随着合作多元化的快速发展，公共图书馆在发展过程中需要结合自身优势条件，并做好服务推广工作。立足于学校图书馆采取各种形式的阅读推广活动、推广方法，是阅读推广活动自身局限性的有效弥补，也能打下一个坚实的文化基础来形成良好的阅读氛围。同时，学校为做好宣传工作，可以采用图片的方式，鼓励学生积极参与到学校活动当中，通过开展"读书夏令营"活动，在假日期间为年轻读者和同龄人提供一个良好的交流机会，更好地分享阅读体验，这对于培养少年儿童的阅读能力、独立的学习精神十分有帮助。

3."图书馆＋书店"模式

公共图书馆作为一个公益性文化服务机构，多建在城市，而农村公共图书馆由于自身教育程度不高、分布不足，导致很难满足孩子的阅读需求。书店具有规模小、分布广的特点，能够为发展少儿阅读提供一定推动力，因此"图书馆＋书店"的模式可以满足不同年龄段的阅读需求，图书馆藏书资源少的缺陷可以获得有效弥补，还能够有效缓解公共图书馆资不足的问题。

4."图书馆＋社会服务机构"模式

这一阅读推广模式在某种程度上已经引起社会的高度重视。当前，公共图书馆所举办的读者活动，已经得到群众的广泛认可，他们还可以为良好读书氛围的形成吸取更多的社会力量，以此能够打下一个坚实的社会基础来更好地推广少儿阅读。例如大英图书馆基金会早在 1992 年就与伯明翰图书馆服务局一同启动阅读促进项目。在英国阅读促进项目的基础上，苏州图书馆又联合当地文化部门共同启动"快乐宝贝阅读"项目，并为不足 3 岁的儿童组建了家庭教育空间，可供父母、孩子一起进行阅读。

另外，我国公共图书馆与医疗机构之间进行了密切合作，申请了新生儿阅读许可，并提供了少儿阅读指导指南服务。且公共图书馆与社会非营利组织强化合作，提供专业上的指导，充分发挥运营服务本身所具有的优势，从而可以帮助少年儿童进行更好的阅读。

四、图书馆少儿阅读服务工作的发展趋势

在儿童工作中，最主要的一个方面就是阅读服务工作，唯有使理念进一步更新，产生新思想、新思路，并落实到工作中，阅读工作才能持续深入地开展。必须以"以人为本"服务理念为主，进一步探究读者需求。

一是培育知识传播。通过图书馆进行宣传推广，使儿童阅读理念提升。一定要对其正确教育，将业务辅导范围向学校拓展。图书馆针对学校上报的服务员进行培育，主题就是怎样使用图书馆，使他们对图书馆更加了解。了解图书馆，进而利用好图书馆。再以小服务员为依托，将他们当成是知识传播的火。在学校以及班级设置怎样使用图书馆的说明，内容不

单可以将图书馆功能包括在内，还可以将如何查询以及借阅等包括在内，同时还要构建图书角，从而使儿童使用图书馆的能力与意识显著提升。

二是以现代技术手段为依托，深入推进新书推荐与导读。对儿童多看书给予正确指导。使网络信息以及推荐专架等有效利用，对新书以及好书等大力宣传。将积极向上、内容健康的书进行推荐，语言文字规范，知识性、趣味兼顾。图片与文字结合，从而将儿童的注意力吸引过来。其次，推荐读物尽量与学校教育教学有机联系起来，这样校内阅读与校外阅读能够彼此作用，使阅读质量得以确保。推荐工作要结合阅读计划，根据儿童的阅读需求，设置相应的专架，例如童话以及文学作品等。

三是了解儿童心理，提升儿童阅读能力。图书馆阅读指导服务深入的同时，要使图书馆的教育性特点全面体现，使其社会功能有效发挥，例如知识传播与智力开发等，结合儿童特点，培育阅读能力。对于这一能力来说，它包括很多方面的内容，不单将朗读、理解能力包括在内，同时将语言表达以及自学能力等包括在内。儿童阅读能力培育，这一过程是自然而然的，是读书活动产生的，是在与读者谈话以及辅导的同时产生的。对儿童教育心理有效掌握，对儿童的问题进行解答，对儿童阅读时产生的问题进行指导，从而使儿童的阅读技能提升。

培养少年儿童阅读能力，此为图书馆服务中最主要的内容，结合儿童能力、特点等，通过优质服务，有效激发儿童的阅读兴趣，这样，儿童在阅读时，能够对正确的三观进行感知。对儿童与书交朋友给予鼓励，对儿童读书给予指导，使他们认识到书的魅力，从而形成终身学习的思想。

第四节　新媒体与少儿阅读推广

阅读推广服务是图书馆的重要服务内容，以新媒体平台为载体，搭建新媒体阅读推广服务，此为一体化阅读推广产生的基础。现阶段，主流社交媒体以新媒体为主，在儿童阅读推广过程中有效应用新媒体，能够将它的价值体现出来。在新媒体背景下，从发展视角出发，推进新媒体阅读推广服务建设，可以使图书馆发展有更坚实的基础。

一、少儿阅读服务引入新媒体服务的可行性

今后，国内教育发展以素质教育为主，为了全面提高素质，那么经济性、可行性最佳的方式就是阅读。所以，相关部门日益关注儿童的课外阅读。对于公共图书馆来说，对儿童阅读习惯有效培育的关键就是阅读推广活动，由于成效越来越显著，同时机关与社会对其越来越关注，家长开始在推广过程中积极参与。不单如此，随着国内科技不断深入发展，新媒体技术的应用，能够使图书馆阅读推广活动的发展方向更加明确。

现阶段，公共图书馆以网络平台为依托，将与图书馆相关的资讯动态更新，将评论模块加入进来，对读者的参与正确指导，一方面能够提供多样化的服务，另一方面还能够对读者的多样化需求深入分析，从而向其提供个性化服务。上述目的的实现与新媒体技术是密不可分的。此时，儿童不需要在图书馆就能够获得相应的资源，此外对家长科学有效应用图书馆提供支持。不单如此，深入推进馆校合作，一方面能够有效应用图书资源，另一方面能够有效激发儿童在书籍方面的兴趣。

二、新媒体少儿阅读推广主要内容

（一）图书馆活动推广

图书馆活动推广主要是为了让读者在第一时间获取图书馆的活动信息。在此之前，图书馆所开展的少儿阅读活动，一般是靠官网发布、馆内张贴海报等方式宣传。但读者现在只要关注了新媒体，即使不专门上官网或到图书馆内，也可以轻松地获取图书馆的活动信息，活动辐射范围和活动参与规模比起传统宣传模式有很大的提升。另外，有些少儿活动还可以直接在新媒体上参与，让家长与孩子足不出户就能享受图书馆的阅读活动，如"杭州图书馆少儿分馆"公众号的菜单栏设有"启航互动＋"栏目，家长可以借助该栏目的资源，与孩子在家通过阅读和观看视频，自行创作绘画作品。

（二）优质资源推广

面向少儿及其家长、老师的图书馆资源很多。从形式上看，有图书资源和数字资源；从内容上看，有绘本、读本等。其中，优质的绘本和读本是多数少儿阅读资源推广的主要内容。图书馆可以通过公众号对经典的绘本、读本进行详细介绍，同时还可以对家长在家开展亲子共读进行指导，对老师在课堂开展阅读分享会提供阅读建议，如果有相关的数字资源，还可以附在文后一并推荐。比如说，《大卫上学去》这本书曾获美国凯迪克童话书大奖，读后让人充满幸福感和希望，非常适合亲子共读，那么，图书馆在新媒体上对该绘本进行推广的时候，可以先介绍绘本的信息、作者的写作经历、亲子共读建议和拓展数字阅读的指引等。

（三）阅读成果推广

开展少儿阅读推广服务，主要的目的是想提高少儿阅读的整体水平。而少儿阅读的整体水平除了通过调研、调查、数据分析等方式了解外，还可以通过少儿的阅读成果进行更直观、生动的体现。少儿阅读成果可以通过各种少儿阅读活动展示出来，如撰写读后感、绘画、讲故事和朗诵等形式。在新媒体推广少儿阅读成果，一方面可以展示少儿阅读推广的成效；另一方面，可以为其他读者提供学习的范本，营造浓厚的阅读氛围。比如，"东莞图书馆少儿分馆"的"e口童声"栏目，提供了一个让少儿朗读自己喜爱的童书的机会，让孩子们更能感受到童书的魅力。

（四）少儿阅读服务推广

不管活动如何丰富，资源如何优质，阅读服务才是图书馆开展少儿阅读推广工作的根本。所以，新媒体的功能服务不但不能少，还必须不断完善。大部分家长和老师除节假日外，平日一般未能在开馆时间内亲临图书馆办理业务和咨询，如果可以在公众号上设置读者自助服务的功能，则能极大地方便读者和增加读者继续享受阅读服务的意愿。比如说，在公众号菜单栏增设图书信息查询、续借功能，设置常用问题的"关键词回复"功能，开通活动线上报名的渠道等。

三、微博少儿阅读推广

（一）微博少儿阅读推广优点

1.容易引起读者兴趣和共鸣

微博集文字、图像、视频、音频等多种信息传播方式为一体，形象、生动。得到微博信息是十分方便的，读者仅结合首页，就能够见到其关注的相关信息，微博就好比快递一样，把阅读推广信息向读者微博主页传输，读者不必浪费过多的时间，在不同的网站登录，来得到所需的信息。微博应用越来越方便，使读者以微博为依托，使信息黏性提升，由于自由度越来越大，读者可以对感兴趣的人等进行关注。微博阅读平台以共鸣策略为依托，把媒体话语和受众关注的价值结合在一起，引起受众的共鸣，这样能够满足受众需求，从而使公众对其给予重视。

2.内容容易被接受

对于微博传播来说，它与一般传播相比，在很多方面要好一些，例如影响力等。因为微博传播不以单一内容为主，它将博主与粉丝的认同关系包括在内，它是圈子文化发展的结果。以报刊以及电视等传播内容的方式发生变化，对于微博平台来说，它以自由交流为主，对不同类型的信息进行传播，将不同观点进行发表，网友在平台中自主交流，使以往信息垄断情况有效破除，读者能够有足够的选择权，从心理层面来看，能够得到更多的自由。

3.信息传播即时

与以往博客中的长篇大论进行比较，微博内容不超过140字符，这一约束使得微博有效摆脱以往的烦琐限制，它是即时通信软件之一。所有人均为媒介，所有人均为传播者，微博的通信方式，能够把阅读推广信息向读者进行传输，同时获取读者的反馈，这样图书馆能够和读者有效互动。此外，平台的即时性能够使读者阅读需求全面满足，同时强化读者参与。

4.效果明显

微博的传播模式以核裂变为主。在最开始的首级传播时，博主传输的文字、图书等均能够分享给粉丝。在传播时，其规模和粉丝数量密切相关，粉丝数量与传播规模密切相关；然而传播到现在，是不会停下来的，唯有对此内容认同，用户才会觉得分享这一内容有价值，才会将其转发，这样次级传播产生，觉得有转发价值的内容可以通过转发，使接收者的数量规模变得庞大，也使得核裂变的传播效应得以形成。与 SNS 网站进行比较，在具体人际关系中，人际互动的占比不大。在人人网内，用户间十分了解，是强连带的范围，尽管用户互动十分便利，然而在传输信息方面不是特别频繁。与之进行比较，微博用户间不熟悉，其以弱连带为主，用户间社交互动不是特别频繁，传输信息却十分频繁，也就是微博能够使信息流动速度提升。所以，获取价值信息的过程中，微博可以将最短接触路径提供给用户，这样用户能够得到不同维度的信息。

（二）微博少儿阅读推广策略

1.倡导明确的阅读推广理念

对于高校图书馆来说，其最关键的工作就是宣传、推广阅读，微博平台能够将阅读服务的目的体现出来。唯有将微博阅读推广当成是重要思想向读者进行灌输，在信息传输的过程中，进一步渗透信息，使阅读理念扎根于内心，方可有效培育新用户，使用户忠诚度显著提升。

2.建立一体化的阅读推广体系

在建立阅读推广平台的过程中，主题一定要明确、清晰。图书馆要对读者阅读兴趣全面了解，对阅读需求全面掌握，以此为依托，对目标受众类型进行科学划分，结合这一情况，实施阅读推广，对现阶段的推广问题进行改变，例如杂乱无章等，建立不同类型的微博阅读平台。对于图书馆来说，结合微博主题以及内容，根据相应的服务范围，构建多元化的微博账户，对不同学科馆员结合相应的学科范围，构建相应的专题微博给予支持与鼓励，这样能够构建科学的学科微博体系。对于读者来说，能够结合自身需求与爱好，对不同类型的专题微博给予关注。例如对于综合性、新闻微博等，又如不同学科馆员主题微博等，可以构建相应的项目微博，这样能够建立科学的微博体系。构建微博推广体系，能够对潜在读者有效选择，这样能够使阅读推广深入推进，从而使精准阅读推广健康发展。

3.设置条理化的阅读推广话题

想要使阅读推广成效最大化的目的得以实现，对于微博话题来说，是十分关键的。这一话题是不是热点话题，不单和微博内容密切相关，同时和发布者密切相关，也和传播者息息相关。对于高校图书馆来说，在设置微博话题的过程中，一定要对四个方面的内容给予关注：（1）自下而上设置。结合读者的重视度来分割读者角色，同时高度重视焦点读者，重视积极读者，从而对重点话题进行设置。（2）设置深度创意。一定要创新话题内容，同时还要有相应的深度，同时正确指导读者的阅读，明确方向。（3）因时因势设置。话题不单要新颖，同时还要瞄准机会，与读者自身特点相符，例如学习处于的阶段等，能够将读者需求全面体现出来，与读者生活密切贴合，使读者兴趣有效调动起来。（4）设置粉丝互动。比如，清华图书馆的活动预告，其互动成效十分突出，春天万物滋发，可以在微博中组织一些阅读活动，大家对哪一类型的活动感兴趣？很多读者@拍书、@竞赛等，互动成效非常不错。

4.打造形象化的阅读活动直播平台

对于微博来说，它有即时通信的特点，能够使人们在任意时间、地点交流、共享的需求得以满足。图书馆能够利用这一平台，使格式保持一致，进而宣传阅读活动时使读者的跟踪更加便利。具体来说，它主要有三个过程，一是前期预告，通常来说，它有四大要素，例如时间、地点等，活动预告能够将人马聚集起来；二是活动直播，在微博中将与活动进度相关的文字、图片等信息进行传输，这样没有在现场的读者，也可以有效获取现场信息；三是活动完成后的总结，要把活动情况全面地体现出来。

5. 创建有温度的阅读推荐平台

对于图书馆来说，要以微博平台为依托，使阅读推荐工作有序推进，使推荐平台更加便利。首先，将经典推荐和时尚推荐有机联系起来。针对大多数读者来说，专家推荐含金量非常高的书目是非常多的，例如教育司提供的学生必读书等。这些推荐书目尽管以经典书籍为主，且影响深远，但都不同程度地存在"不脱旧时习气""经典数量过多""选择眼光太窄""缺少时代气息"等问题。微博平台阅读推荐必须对其显著的实效性特点进行参考，可以和主流思想有机联系起来，它的时代感显著，读者接受起来更加容易。例如新京报设置书香榜等。结合这些图书信息，在这之中，将本馆收藏的图书与读者适宜阅读的图书挑选出来，将经典图书和时尚图书有机联系起来，向读者进行推荐，使经典图书的年代氛围体现出来。其次，将图书推荐与读者推荐有机联系起来。对于平台阅读推荐来说，对学生的不同需求全面考虑，对其不同层次的文化需求给予关注，将读者聚集起来，对书评等进行撰写，编写相关的主题征文，对读者的阅读主动性进行调动，有效激发阅读热情，设置读者推荐栏，使杰出的读者向推荐主体进行转化，强化平台影响力。再次，将新书与旧书推荐有机联系起来。这一平台可以对新图书、旧图书价值全面兼顾，使人们不关注的经典图书魅力再次发挥，使文献利用率显著提升。最后，将专题推荐和一般推荐有机联系起来，将与核心话题相关的专题书目推荐出来，这样能够将图书的时代氛围体现出来，将其专业性特点体现出来，从而使新旧图书更加均衡，激活经典。

6. 形成主流化的阅读热点引导平台

社会因素会严重影响到读者阅读热点，使得它有着显著的时代特点。对于图书馆来说，其微博平台就是信息交互的中心，能够对阅读热点正确指引，同时还要全面承担传播正能量的责任。此外，阅读热点的产生，和社会中不同类型的传播媒介是密切相关的，与宣传工具是息息相关的。所以，图书馆要以微博平台为依托，形成相应的宣传效应，这样才能使非主流的阅读热点得以有效降温，有效规避阅读时形成的消极效应。例如现阶段关注度不断下降的科幻系列，可以通过转移等手段，使它的温度继续下降，同时在平台中增加宣传力度，将与读者身体、心理健康有积极作用的书籍进行推广，这对于读者的健康发展是有利的，在"新书推荐"时开展一系列微书评活动，可以将读者经典书评全面体现出来，有效指导读者通过微博来重视、评论经典书籍的活动。此外，在相应的时间段内，图书馆要掌握经典阅读发展的情况，这样才能使影响更加深远与持久。

7 建设创造性的阅读交流分享平台

对于微博平台来说，它有着开放性的特点，这样博友间能够在理念方面保持平等，将平民化特点体现出来；不管是学术专家，或是一般研究人员，均自相同层面入手，以面对面交流为主，一般研究人员能够以新思想为依托，主动发言，向学术带头人进行转变。此外，微博还有一定的社会网络性，使跨界沟通越来越多，这对于创新思想的产生是有积极作用的。国外研究人员海沃德提出，最佳的学习方式就是与他人共同探讨。凭借交流能够使读者将头脑中对客观事物方面的认识全面表述出来，使隐性知识显化得以实现。微博平台能够结合读者需求，创设良好的环境，也就是共享的条件，此为阅读学习的阵地。同时这一平台能够使知识彼此之间产生碰撞、产生火花。

四、微信少儿阅读推广

（一）微信少儿阅读推广优点

1. 受众群体庞大，阅读推广服务面广

微信是我国当前主流的社交软件，且具有庞大的用户流量。阅读推广和平台的流量推广之间有着一定的关联。公众号庞大的流量群体，可以为图书馆少儿阅读推广服务提供载体。同时，公众号"视图文"相结合的特点有助于其吸引更多人关注。当消息被推送出去之后，每一位关注公众号的粉丝

都会收到信息——这也是公众号最大的好处：直指用户，精准营销。

2. 实现双向互动，构建个性化服务

传统阅读推广服务主要是单向导入为主，宣传工作主要是张贴海报和广播宣传、官网宣传等，这种宣传方式具有一定的局限性。在新媒体时代，图书馆运用公众号开展少儿阅读推广服务可以构建双向互动机制，不仅可以在线推广，还可以在线上与用户进行交流，提高服务质量。除此之外，使用公众号可以转变传统的服务体系，构建个性化服务平台，如可根据用户的浏览、留言等相关信息为用户推送其感兴趣的服务信息，也为开展线下阅读服务提供相应的基础保障。

3. 统计分析功能，优化推广服务布局

"精准的阅读推广服务"是自媒体时代下图书馆少儿阅读推广服务发展的主要方向。因此，在公众号构建过程中，馆员需要对公众号的用户大数据进行详细分析，了解新时期少儿的阅读需求和阅读习惯，从而优化阅读服务。公众号后台自带的"统计分析"功能则能很好地帮助馆员对用户、推文内容和菜单栏等方面的数据进行统计与分析。比如，对用户的年龄、性别、语言、地域分布等数据进行分析，可以帮助馆员大概了解关注该公众号的粉丝（读者）的特点分布，为下一步优化服务布局提供依据与数据支持。

（二）微信少儿阅读推广策略

1. 搭建服务平台，优化服务内容

在新的媒体环境下，少儿图书馆要从发展的角度出发，不断搭建并完善微信服务平台。首先，少儿图书馆要强化微信平台搭建，提升微信平台在阅读推广中的重要作用。在服务内容、服务方式等方面，进行不断优化改进，以更好地满足读者需求。如上海少儿图书馆微信阅读推广平台，该平台搭建了"新书通报"服务内容，以更好地强化读者的阅读需求。其次，转变服务意识，能够在主动服务中，更好地提高服务质量，为读者提供全天候的阅读推广服务。上海少儿图书馆在"新书通报"的同时，也是通过"一星期一本"的推广服务，以特色阅读推广为基础，更好地提高服务质量，满足不同读者的阅读需求。最后，在阅读平台中，要从不同维度空间、需求层面，不断地

扩展互动性服务，让个性化服务更好地满足读者需求。

2. 丰富服务形式，提高服务质量

少儿处于个性发展的特殊阶段，阅读推广服务构建应不断地丰富服务形式，更好地盘活服务效能。在笔者看来，少儿图书馆应以创新发展为导向，在服务形式上要进行不断创新。通过微信阅读推广平台，开展丰富多彩的阅读推广活动，以更好地吸引读者。如，在微信阅读平台，开展"阅读周""诗词比赛"等阅读活动，让丰富多彩的服务形式，更好地满足读者需求。此外，在服务形式上，要适应新的时代要求，可通过音视频等丰富的阅读内容形式，让读者能够更好地享受微信阅读，形成良好的阅读习惯。因此，在微信阅读平台的构建中，应丰富服务形式，通过多样化服务资源导入，更好地提高阅读推广服务质量。

3. 加快团队建设，提高服务水平

微信阅读推广服务，对服务水平有了更高要求。为此，少儿图书馆要在团队建设方面，为微信平台阅读推广服务提供人才保障。一是少儿图书馆要加快团队建设，打造全媒体环境下的专业团队，以更好地打造微信阅读推广服务平台；二是要转变服务理念，在专业化服务中，更好地依托微信平台，拓展阅读推广服务，以实现良好的服务效果；三是在阅读推广服务中，应增加互动趣味性，能够在互动交流中，为阅读推广服务提供资源保障。如，利用微信公众号，实现阅读推广服务构建。通过微信平台，打造"亲子阅读"服务机制，让阅读与家长课堂共建，提高阅读推广服务质量。

五、短视频少儿阅读推广

（一）短视频少儿阅读推广优点

1. 传播内容更丰富、立体

短视频作为当下信息传播的新型媒介，将网络信息的传播方式从文字、图片的形式转向视频的形式，打破了传统图文的理解壁垒，使受众能更直观地对传播的内容进行获取和理解。短视频的影像表达让呈现的内容

更丰富、立体，创作者可以在几分钟之内为受众解释清楚一个简单的科学概念或专有名词，或者带用户观看一次现场活动的内容，也可以就某一问题或现象发表观点等。Facebook 运营主管尼古拉·门德尔松曾经公开表示："讲故事的最好方式其实是视频，这种形式为我们提供了大量的信息，它以更快的方式为我们传递了远多于文字的信息。"

2. 传播便捷、制作门槛低

随着手机智能应用的发展和 5G 通信技术的来临，技术的门槛越来越低，短视频不再受限于设备和网速，只需一部手机就可以做到随时随地进行拍摄、制作、传播和观看。短视频不同于微电影或者直播，不需要较为专业的团队制作，或者专业的拍摄设备，人们用手机拍下视频经过软件的简单加工便可以直接上传。这种操作简单、制作门槛低、便捷的拍摄和传播方式，让短视频具备了即时性和交互性的传播特点，让用户从被动地接收到主动地创作，使得短视频可以像文字、图片一样成为一种主流的内容表达载体，也因此受到了广大受众和平台的青睐。

3. 符合受众碎片化的阅读需求

在如今移动互联网的信息化时代，人们获取信息的方式和阅读习惯发生了很大的改变，人们越来越依赖手机和网络媒体来了解和阅读信息，也越来越倾向于利用碎片化时间去阅读碎片化内容。短视频短、平、快的特点可以让受众在碎片化的时间里，用简短的时间了解生动立体的信息，较好地满足用户碎片化的观看阅读需求。人们可以在闲暇时间用移动设备进行观看，众多用户在碎片化时间内可创造出巨大流量，这也更易于短视频的碎片化获取和大众化传播，也促使短视频的内容更垂直细分化，更能吸引目标用户的注意力。

（二）短视频少儿阅读推广策略

1. 重视管理服务规范建设

新兴技术深入应用，使得公共图书馆内外环境发生根本性改变。以微博、微信为代表的新媒体社交平台在公共图书馆部署应用，"两微一端"平台逐渐成为图书馆信息发布与互动交流的窗口，短视频以更加直观的情感表达、沉浸式视听体验深受线上用户追捧。受服务观念、经费投入、人才保障等因素影响，移动短视频在公共图书馆发展空间有待提升。因此，公共图书馆应立足地区和本馆实际，找准定位，做好移动短视频各阶段服务规划，坚持定性与定量分析相结合，对短视频内容数据及时加以筛选、分析，重点提升原创内容质量，建立客观公正的服务评价机制，确保各项工作朝着常态化服务目标迈进，提升优质用户与短视频内容的关联度。

2. 加强特色精品内容开发

内容归根结底是移动短视频服务赖以生存和发展的根本，优秀的视频内容能够向用户传递正确的价值观，使用户在欣赏过程中产生情感上的共鸣，并借助用户的转发分享行为产生裂变影响。公共图书馆在短视频选题和策划上应坚持重点与一般相结合的发展原则，在深入分析用户文化和视觉痛点的基础上，打造选题丰富、类型多样，能够被不同知识层次群体理解和接受的精品内容。一方面依托地方文化主题，对具有地方特色的精品文化资源加以全面搜集和视频加工，使其焕发新的生命力；另一方面，对图书馆日常工作与服务以艺术化方式重新创作，让用户能够从不同角度全面了解图书馆服务背后的故事，使短视频内容更具趣味性、普适性，更加贴近用户真实生活。借助重要影响事件和热点话题提升短视频内容关注度，是促进用户关注度提升的重要推动力。公共图书馆可利用短视频独特的算法技术，及时发布和推送与用户需求相吻合的原创作品，使短视频内容产生裂变式影响。2018年七大博物馆联合抖音发起的"第一届文物戏精大会"、2020年"秦始皇代言地铁"等热点事件，便是在挖掘历史特色的基础上进行的一次试水，视频一经上线迅速成为网民关注的焦点，相关话题持续登上热搜排行榜。

3. 增强线上线下话题联动

图书馆作为短视频运营管理主体，应高度树立"互联网流量"思维方式，深入了解并精准识别出线上用户的需求痛点，在深挖特色内容建设同时，做好线上粉丝热点话题讨论和互动交流。通过建立线上线下话题联动机制，以热点话题互动、分享的方式，让更多潜在用户主动参与到图书馆短视频服务互动中来，实现线上线下粉丝数转化，促进短视频内容吸引力的快速提升。

公共图书馆短视频管理人员应主动做好与线上忠实用户、游客用户之间的联动交流，及时回应用户提出的问题，消除图书馆与用户之间的身份隔阂，提升线上粉丝的服务满意度；公共图书馆可依托人员、技术和场馆空间优势，积极搭建在线直播间，不定期举办在线直播活动，扩大短视频服务覆盖范围，将资源与服务穿插到互动直播之中，拉近粉丝与图书馆的距离，增强用户服务体验效果。另外，联合意见领袖、知名学者、演艺界人士开展服务推广，不仅有助于制造话题流量，同时对刺激网络用户参与相关话题互动具有积极的宣传引导作用。国家图书馆在世界读书日当天，联合抖音上线"抖音图书馆"，邀请阅读明星号召粉丝阅读打卡，并参与读书感悟分享，取得了不俗反响。

4. 强化营销推广能力建设

新媒体快速普及应用，营销方式和推广渠道变得越发多样。受其影响，公共图书馆借助营销媒介和营销手段力促服务能力转型升级。整合营销工具和营销渠道可以促进公共图书馆营销服务能力提升，实现主体（图书馆）和客体（用户）有效对接。公共图书馆可以将短视频内容同微信、微博以及传统媒体服务平台进行深度关联，拓宽宣传渠道覆盖面，发挥不同媒体宣传推广优势，促成点对多网络传播效应形成。另外，可通过委派相关人员进入企业、传媒院校进行短视频策划、编辑和制作学习培训，为公共图书馆输送具备热点话题捕捉能力、素材搜集能力、文案撰写与表达能力，同时兼备过硬视频编辑策划能力的高素质应用型人才，提升图书馆员在移动短视频创作中的专业服务优势，为公共图书馆服务营销储备力量。

第六章

新媒体语境下图书馆少儿阅读服务案例分析

第一节　全媒体时代图书馆少儿阅读服务创新实践——以国家图书馆少儿馆为例

近年来，我国公共图书馆已经意识到儿童阅读细化的作用，其可以使儿童阅读需求有效调动起来，对儿童阅读体验在服务方面的作用显著提升。对以全媒体技术为依托的儿童服务模型结构进行探究，并对具体实施策略进行研究，可以实现科学技术的有效应用，例如数字图书馆技术以及社交平台技术等，建立顺畅的渠道，使图书馆和儿童的交互更加深入，使阅读服务流量增加，获得更多用户关注，从而使经济效益显著提高。在这之中，国家图书馆的儿童阅读服务有着一定的代表性，首先，强化儿童在阅读服务方面的满意度，使其忠诚度提升，图书馆针对不同功能建立阅读服务平台，例如智能感知阅读需求等，对儿童从阅读向"悦读"转变进行有效指导，其次，对儿童阅读目的、方法和习惯等存在的不同之处进行全面思考，促使图书馆提供功能性服务，例如传播信息立体化等，使儿童在阅读服务方面的满意度全面提高。

一、国家图书馆少儿阅读服务概况

国家图书馆少儿馆于 2010 年 5 月正式向未成年人开放，馆方提供的特色阅读服务吸引了广大少儿读者。

第一，从儿童阅读服务主体能够得出，想要使儿童阅读服务有效性提升，使实效性得以增加，图书馆要对儿童阅读需求进行有效跟踪，同时对其阅读行为的变化给予关注。首先，通过自媒体平台、真人阅读活动、慕课 App 有效促进图书馆与读者、读者与读者之间的多维互动，使馆方可随时获取少儿读者的反馈意见，提高阅读服务精细度；其次，建设成本下降，从而使阅读服务主体、客体间的沟通渠道有效开通，使线下平台与线上平台有机联系起来，以互动场域为依托，对儿童思维模式进行有效培育，使儿童阅读得以优化和改进。

第二，从儿童阅读服务对象可以看出，因为儿童在阅读方面需求增加，这一服务技术含量突出，而且需要高效率的互动性，所以，强化儿童阅读服务成效，最主要的就是能否和阅读兴趣挂钩，使动态配置得以实现。图书馆针对馆藏资源情况，深入挖掘数据，调整知识顺序，以此为依托，将移动图书馆等当成是用户，将定制化阅读资源提供给用户，这样能够使儿童主观阅读和行为有机结合起来，使阅读服务进一步提升。

第三，从儿童阅读服务内容可以看出，图书馆以科学为依托，对儿童阅读行为意图进行研究，从而强化用户感知度，一方面以亲子共读等方式为依托，使儿童阅读积极性提升，使兴趣产生后再向参与阅读进行转变，另一方面要将分级阅读理念加入进来，例如阅读测量尺等，从而对儿童合理阅读进行指导，使儿童阅读兴趣和能力的双向增长得以实现。

二、基于新媒体技术的服务路线

国家图书馆少儿馆基于新媒体技术，建立和现阶段儿童分级阅读特点相符的服务结构，构建新的制度体系，通过不同模块的协同影响，一是感知，二是激发兴趣，三是交互，使图书馆和儿童能够建立互动服务模式，这样能够使儿童阅读价值产生统一的向心力。

（1）对于精细感知模块来说，这是儿童获取知识的主要渠道，以信息化传播方式为依托，对儿童阅读个性化态度进行有效激发。这一模块的单元有两个，一个是社交平台媒介，一个是柔性化感知体系，它们之间的关系是彼此作用、彼此影响的。首先，不同类型的平台媒介和智能阅读终端，其以全媒体资源为主，这是儿童在阅读活动中积极参与的主要条件；其次，对于柔性化感知体系来说，其获取的以全要素资源为主，这是不同类型社交平台媒介中最主要的用户流量。

（2）兴趣激活模块能够对用户的兴趣感知价值进行有效激发，同时将其进一步扩散，这样能够使用户常态化交互需求得以满足，也就是我们所说的个体行为。这一模块是以 4I 模型为依托，为交互技术提供支持，也为数字化资源提供坚实基础。国家图书馆以 4I 模型为依托，建立互动回路，从而使信息有效聚集起来，这样能够将用户以交互学习为主的动力有效激发。对于多类型数字化资源来说，它能够使用户多元化需求得以满足，也就是将多模态数字化资源提供给用户，从而使虚拟群落得以建立，其中包括用户兴趣标签在内，这对于图书馆对用户需求的发展变化进行分析是有积极作用的。

（3）对于交互沟通模块来说，其主要就是在图书馆和儿童间建立相应的沟通渠道，这一渠道有两个特点，一是可靠性高，二是稳定性突出。想要使这一目标得以实现，国家图书馆可以进一步强化网络交互通路，使用户体验进一步强化，建立常态化交互连接机制，有效维护用户满意度，使用户忠诚度提升。在这之中，社会化网络交互通路，最突出的价值就是使用户在利用图书资源方面的黏性提升，使服务成效提高，儿童阅读时能够建立相应的社交网络关系，使服务感知力提升。对于用户常态化连接渠道来说，其主要作用就是为用户阅读资源获取提供帮助，对用户阅读兴趣进行有效激发，此为图书馆儿童阅读精细化的主要方式。国家图书馆要以多样化技术为依托，例如 RFID 技术等，使学校、儿童等的沟通边界扩大，建立共读模式，从而使儿童的社交化阅读需求得以满足。

三、"全渠道" + "全媒体"服务少儿读者

国家图书馆少儿馆通过新媒体技术，高精度捕捉用户需求痛点，进一步增强儿童在阅读服务方面的主观认知，使儿童阅读服务逐渐向跨越式方向迈进。对于公共图书馆来说，它将全渠道和全媒体有机联系起来，使儿童在阅读服务方面的感知度进一步提升。

第一，以全媒体技术为依托，阅读服务不单可以使儿童心智潜力有效激发，同时还可以使儿童阅读服务的应用黏性进一步强化，从而使儿童产生相应的感官体验。例如以 5G 智能技术和虚拟技术为依托，建立儿童阅读服务矩阵，可以使阅读服务界限进一步延伸，这对于图书馆将优质阅读资源提供给儿童是有利的，能够使儿童阅读体验进一步强化。

第二，根据儿童多元化阅读需求，将个性化、多样化的阅读服务向儿

童提供。对于公共图书馆来说，以分级阅读为依托，对儿童阅读思维有效培育，根据儿童年龄、学龄等具体情况，构建不同层次、不同类型的阅读标准，同时以此为依托，对和接受能力相符的不同维度的服务内容进行开发。例如将对儿童认识、理解能力有利的读物挑选出来，向幼儿提供有着真人伴读功能的书籍，向学龄儿童提供篇幅不长、生字不多，同时有着相应故事情节的书籍。

第三，建立不同领域、覆盖范围大的儿童阅读资源体系，将线上阅读服务与线下阅读服务有机结合起来，使儿童阅读服务能力显著提升。结合现阶段儿童在数字阅读方面的能力，图书馆要对不同类型智能信息进行有效应用，建立信息感知平台，有效获取儿童使用流量，同时将网络口碑有效掌握，这样能够使感知和被感知等保持一致。对于公共图书馆来说，要根据线下阅读服务的具体特点，将其和线上数字资源特点有机结合起来，构建信息动态感知体系，将学校等全面覆盖，这样线上资源才能和线下阅读有机结合起来。

第二节　少儿图书馆阅读推广活动创新——以武汉市少年儿童图书馆为例

武汉市少年儿童图书馆是我国首批独立建制的少儿图书馆之一，它是典型的国家一级图书馆。武汉市少年儿童图书馆的服务对象是不超过十七岁的儿童，同时把儿童阅读推广加入业务工作中，进一步使服务升级，使馆藏资源更加多元，从而将外借等服务向儿童进行提供，之后先后构建分馆，深入推进阅读活动，获取优异成效，获取社会公众的认同，在具体实践时，其工作经验能够向其他图书馆进行提供，发挥借鉴作用。

一、武汉少儿馆馆藏资源建设

馆藏资源为图书馆阅读推广工作的重点。武汉少儿馆对馆藏资源建设的作用十分了解，同时将资源建设放在一切工作的首位，使服务能力提升，使服务成效提高，它主要有 3 个方面的内容：第一，关注馆藏质量。武汉少儿馆要对馆藏结构进行优化，使馆藏质量提升，健全采选机制，对文献采选制度等进行重新制定和修改，明确馆藏资源使用的相关标准；定期开展专题会议，对读者阅读需求深入了解，对购书方向进行明确，组织图书采购系列活动，把图书采购的权利赋予读者，从而使他们能够自主购书。第二，关注特色馆藏建设。武汉少儿馆要把连环画当成是特色馆藏资源，对其深入分析，1949 年到 2010 年期间，图书馆中的连环画共计十万册；深入推进图书馆寻宝活动，将大师们的作品全面收集，同时将其展示，将读者邀请进来，对作品进行参观。在改革开放开始时，武汉少儿馆就已经对藏书建设深入推进，其中最主要的一个工作就是对港台儿童读物进行收藏，通过多年的努力，馆中当前图书 14609 种、15245 册，内容以儿童教育学、家庭教育、儿童心理学、绘本图书为主。三是注重数字资源建设。截至目前，武汉少儿馆自建与外购的数字资源总量已达 52TB，其中自建数字资源总容量达 31TB。武汉少儿馆对名人故事数据库建设工作进行承揽，这一工作当前制作完成的故事达到四百三十个，还构建不同主题的专题数据库，例如少儿礼仪等主题。图书馆针对读书活动以及专题会议等，进一步加工这些资源，建立综合资源库。

二、武汉少儿馆场馆建设现状

武汉少儿馆大力争取政府、相关部门及各级领导的支持，改善办馆条件，更新技术、设备，为阅读推广工作的发展奠定坚实基础。武汉市政府以及相关部门的管理者对图书馆的发展给予关注，每年深入图书馆调查分析，同时将专项费用下发，在图书馆设备改进、阅读环境创建方面应用。这与政府的支持是密不可分的。图书馆构建文化共享平台，同时建立相应的数字服务平台，深入推进新媒体服务，这一服务是以微博等为依托的，同时在图书馆中建立数字阅读体验角。图书馆购买数字阅读设备，共计四十六台，例如触控一体机等，在图书馆的一层等建立专门区域供展示使用，同时提供具体的服务，从而结合读者实际情况，建立相应的知识服务平台。2016 年，武汉少儿馆引入了国际交流项目，争取到 150 万元的财政拨款，在一层等空间建立千字屋，面积超过 300 平方米，主要用于锻炼儿童想象力，其中划分七个不同主题区域，例如愿望塔以及理想屋等，从而向儿童提供造型不同的阅读空间。图书馆在设施以及服务方面有了一定的改进，同时社会影响力有了很大的提高，能够将读者吸引过来，在借阅过程中积极参与。

三、开展多种多样的少儿阅读推广活动

（一）全市大型儿童阅读推广类活动

自 2013 年起，武汉少儿馆将持续开展三十余年的"故事大王讲故事"

活动改造成囊括曲艺、情景剧、课本剧、家庭读书秀等多种形式的"楚童杯"读书汇活动。武汉市每年均由市文化和旅游局、市精神文明建设指导委员会办公室、市妇女联合会、共青团市委、市关心下一代工作委员会等单位联合发文，部署全年的读书活动。武汉少儿馆负责活动的具体承办工作，召集武汉市十三个市辖区的公共图书馆召开联合办公会议，共同研讨活动的内容、方式和范围。各市辖区公共图书馆则深入基层，与街道、社区、学校合作，使活动得以层层落实。得益于读书汇活动的引领作用，各市辖区公共图书馆因地制宜地开展了大量儿童阅读推广活动，打造出特色的活动品牌，如洪山区的"洪孩子"系列读书活动、新洲区的"问津读书节"系列活动等。

（二）精品少儿书画类活动

"马良杯"少儿书画赛是武汉少儿馆的传统活动，一般会根据读者的年龄段进行分组，以现场命题的方式进行书法、绘画比赛，先在各个市辖区举行初赛，选拔出优秀选手，再集中至武汉少儿馆进行决赛，活动参与人数众多，已持续举办 34 届，积累了丰富的经验，在业界具有良好的口碑。在中国图书馆学会的支持下，2009 年至今，武汉少儿馆已六次承办全国少年儿童书画类比赛活动，如首届"闻一多杯"全国少年儿童书法绘画征集赛、"悦读经典放飞梦想"全国少年儿童书法作品征集赛等，累计收到作品 20000 余件，获奖作品 4000 件，编辑出版作品集 3 种，参与活动的省、市（地区）图书馆和教育机构近 500 个。书画赛活动的成功举办使武汉少儿馆的社会影响力进一步提升，更多的少儿家长愿意将孩子送到图书馆参与阅读活动。

（三）亲子家教类活动

2015 年，武汉少儿馆与武汉当地的新媒体"掌上武汉"合作推出了"家教大讲堂"讲座活动，鼓励少儿家长走上讲台，分享育儿心得。武汉少儿馆通过开展公益讲座、家教咨询等系列活动，努力优化未成年人的成长环境，为他们的家长提供阅读指导服务。"小脚印故事吧"活动的受众群体为 3~7 岁的学龄前儿童，武汉少儿馆利用讲故事的活动形式激发他们的阅读兴趣，培养他们的阅读习惯，自 2010 年首次举办以来，已连续举办 280 期以上，参与人次超过 20000 人。"亲子快乐阅读分享会"是由读者担任志愿者，自主策划并参与的亲子阅读活动，吸引了众多读者家庭参与，该系列活动增进了参与家庭的亲子感情，使少儿家长认识到阅读的重要性，推动了全民阅读工作的开展。

（四）创新类活动

武汉少儿馆邀请专业乐队走进图书馆，开展"音乐与阅读"活动，用优美的乐曲辅以动人的故事，向少年儿童讲述了无数趣闻和人生哲理。活动设置讲述、评论、演奏等环节，由主讲人为参与者讲故事，由音乐家们带领参与者探寻古典音乐之美，拉近了参与者与艺术的距离。武汉少儿馆多次受邀走进书店、社区、旅游景区及其他图书馆开展该活动，成为武汉市重要的文化名片。武汉少儿馆还将"剪纸读书会"活动进行创新，推出了"非遗文化读书会"活动，除剪纸外，还增加了面塑、草编、京剧脸谱等 15 个非遗项目，邀请非遗民间传承人，以讲座或故事会的形式，为听众讲述技艺背后的故事，并现场传授制作要领，提高了少年儿童对传统文化的兴趣，增强了他们的民族自豪感。该活动也时常以教学实践课的形式在校园开展，深受在校师生的欢迎。

（五）开展流动类服务

流动服务体现了公共图书馆在现代公共文化服务体系中所追求的公益性、普遍性、均等性的发展理念，是少儿图书馆推广全民阅读的重要途径。武汉少儿馆秉承"阅读无处不在"的理念，于 2006 年制定了分馆设立制度，在武汉市的郊区和边远地区建立分馆，以解决这些地区少年儿童读书难的问题。例如，武汉少儿馆为解决未成年犯的阅读问题，在湖北省未成年犯管教所设立了图书流通点，从 1986 年开始向未成年犯提供送书服务，由于读者的阅读需求提高，2006 年将该图书流通点提升为分馆，累计送书数万册；为解决留守儿童的阅读问题，设立了黄陂区研子小学和东西湖区青少年活动中心分馆；为方便在武汉上学的西藏儿童借阅书籍，在西藏中学设立了分馆；为解决在老工业区内居住的农民工子女读书难的问题，设立了武东社区分馆；为解决盲童的阅读问题，设立了武汉盲童学校分馆。目前，武汉少儿馆共设有分馆 11 个、固定流通网点 36 个。自 2013 年起，武汉少儿馆配备的多功能图书车开始提供馆外送书服务，服务范围覆盖武汉市区及蔡甸区、新洲区、东西湖区、江夏区等远中心城区和乡镇，重点关注社区、学校、幼儿园、居民聚集点等场所，同时为特殊儿童群体提供相应的服务。为方便武汉全市少年儿童阅读书籍，武汉少儿馆自 2014 年开始设置"小书箱"图书流动服务站点，现有"蒲公英悦读小镇"、水果湖第二小学、吕锡三小学 3 个站点。其中，"蒲公英悦读小镇"是武昌区教育局下辖的儿童阅读推广组织，在武昌区内的学校及社区共设有 26 个阅读分站，"小书箱"图书流动服务站以"蒲公英悦读小镇"的总站为基点，为其 26 个阅读分站提供图书服务。

武汉少儿馆开展的少儿阅读推广工作通过优化服务环境、充实馆藏资源、打造品牌阅读活动层层递进，通过了解读者的阅读偏好、信息需求，为读者提供智慧化的服务，培养了一批专业的少儿图书阅读推广人。他们具备以下三种基本能力：一是掌握不同年龄段儿童的心理特征，能够与他们进行有效的沟通。二是爱读书、会读书，具有丰富的知识积累，能够为儿童提供可靠的导读服务。三是善于策划、组织阅读推广活动，能够充分调配各类阅读推广资源。通过广播、海报、公益广告、大型活动、网络新媒体宣传等多种方式全方位展示阅读推广工作的进展，使读者能正确认识少儿图书馆的功能，进而达到"每个儿童都能充分利用图书馆"的共识。武汉少儿馆还非常注重跨界合作，与政府部门、企业、社会图书公司、民间阅读组织、社区、媒体等建立广泛且深入的共同推广机制，形成独树一帜的儿童阅读推广模式，值得广大公共图书馆学习借鉴。

第三节　少儿数字阅读服务的推广模式构建——以无锡市图书馆为例

自 2002 年国际儿童数字图书馆建成后，我国也建设了一批少儿数字图书馆，如中国少儿数字图书馆、天津市少儿数字图书馆及江苏省少儿数字图书馆等，积极为少儿提供数字阅读服务，取得了良好的社会反响。江苏省少儿数字图书馆是目前我国规模较大的少儿数字图书馆建设项目，无锡市图书馆作为成员馆之一，积极参与建设和推介，为少儿营造了良好的数字阅读氛围，激发了他们的阅读热情。2016—2018 年，无锡市图书馆开展各类宣传推广活动 50 余场次，吸引了近万名少儿读者积极参与，少儿数字资源体验服务受众达 1.6 万人次。

一、线上少儿阅读推广活动

江苏省少儿数字图书馆拥有丰富的少儿数字资源，根据少儿的年龄段和阅读特点将少儿数字资源划分为生物科学、安全教育、育儿指导等 11 种，以绘本、期刊、电子书、连环画、动漫、视频、3D 立体书等方式呈现这些资源，以期提升少儿的数字阅读兴趣，激发他们的数字阅读热情，帮助他们获取合适的数字资源。截至 2019 年 10 月，江苏省少儿数字图书馆无锡地区的网站、App 访问总量近 5000 次。为了引导少儿正确利用少儿数字资源，提高他们的动手能力，无锡市图书馆依托丰富的少儿数字资源，在少儿活动室设置了少儿数字资源体验区，利用江苏省少儿数字图书馆统一配发的少儿数字图书馆触摸屏、平板电脑、点读笔等设备，积极开展线上体验活动，获得了少儿读者的一致好评。此外，无锡市图书馆还积极参与江苏省少儿数字图书馆发起的"E 路畅游悦读暑假""乐享暑假 E 学一夏"线上系列活动，利用网站、微信、海报等形式宣传推广活动，吸引了众多少儿读者参与"分享吧，宝贝""可以听，可以读，动物知识大通关""最酷的动物爸爸"、玩转国学·快乐成长——"贝贝国学知识大赛"、小小足球迷"视界杯"等线上答题抽奖、知识竞赛活动。

二、线下少儿阅读推广活动

无锡市图书馆利用跨界合作,积极探索多元的服务形式。

(一)联合数字资源供应商,开展少儿数字资源推广工作。

暑假期间,无锡市图书馆与中国少年儿童新闻出版总社、北京爱迪科森教育科技股份有限公司、萌克教育、北京新东方迅程网络科技股份有限公司、澳通(大连)科技发展有限公司等数字资源供应商紧密合作,联合开展了针对低幼儿童的亲子阅读及面向青少年的夏令营、数字阅读体验等活动。其中,昆虫绘本故事会以萌趣、幽默的情节引领小朋友们进入无限想象的童话世界;"环境保护你我做起"青少年主题夏令营活动以播放科普视频的方式,提高了青少年的绿色环保意识;"远古地球的称霸者恐龙""文明礼仪在心中""设计未来的图书馆""畅游双语阅读世界"等少儿数字阅读体验活动,以生动、活泼的形式提升了青少年的创新创造、阅读表达、合作协调能力,激发了他们的学习探究热情,引导他们掌握了探究世界的有效方法。

(二)创新服务理念,促进创客教育的发展。

为了提升少儿读者的创新创造能力,无锡市图书馆还依托江苏省少儿数字图书馆的资源,积极促进青少年创客教育的发展,举办了"彩虹桥"系列创客阅读活动,取得了良好的社会效益。如:"小创客大梦想"青少年创客教育体验活动吸引了 1000 余名青少年及其家长积极参与;"小创客大梦想"课堂——赫尔 3D 打印活动为少儿读者全面了解 3D 打印技术提供了帮助,提升了少儿读者的创新思维能力;"我是小创客"科学成长夏令营活动带领小营员们共同探索神秘、有趣的科学世界,通过观看奇妙的"电磁科学秀",引导他们动手搭建、安装、调试、运行光控台灯,集中学习航天基础知识,分组进行月球基地的模型搭建、遥控月球车的制作,开启了他们作为"小创客"的科学成长体验。

(三)拓展服务区域,加强数字阅读推广。

作为"互联网+"时代数字阅读的积极推动者,无锡市图书馆以"拥抱数字阅读，关注少儿读者"为服务宗旨，不断加大对少儿数字图书馆的建设力度，积极深入学校、社区开展少儿数字图书馆宣传推广工作，引导少儿掌握获取少儿数字资源的方法，开阔他们的视野，具体体现在以下三个方面：首先，依托无锡文博会等大型活动，积极开展少儿数字资源的展示和宣传工作。2017年，无锡市图书馆在第七届中国（无锡）国际文博会设置了"少儿天地"区域，展示并引导少儿体验江苏省少儿数字图书馆触摸屏；携手北京新东方迅程网络科技股份有限公司，推出了少儿双语阅读活动，邀请少儿英语明星讲师带领小朋友们做游戏、听故事，从认识英文单词到朗读英文绘本、扮演角色，提升了他们对双语阅读的兴趣。其次，依托少儿流动图书馆，宣传推广少儿数字资源。无锡市图书馆不仅走进硕放南星苑小学、马山中心小学、坊前实验小学等流动点，现场演示了3D互动立体书、虚拟展厅、科普视频等互动性较强的少儿数字资源，还举办了江苏省少儿数字图书馆推介讲座，宣传推广少儿数字图书馆的资源。最后，走进社区、学校进行巡展。无锡市图书馆借助"阅读使者全城行"阅读推广系列活动，以江苏省少儿数字图书馆的资源为支撑，推出了"红色记忆——经典连环画微展览""阳光下的插画——世界经典儿童插画作品展"等，并走进社区、学校进行巡展，加强对优质少儿数字资源的推广。

三、依托新媒体，多渠道宣传活动

无锡市图书馆注重对少儿数字图书馆的宣传推广，一方面利用网站主页、微信、微博定期宣传推广少儿数字资源，及时发布与少儿数字阅读活动相关的预告通知；另一方面借助社会媒体对少儿数字资源进行全方位的宣传报道。目前，无锡市图书馆的少儿数字图书馆推广工作取得了显著成效，在江苏省少儿数字图书馆2016年"E路畅游悦读暑假"系列活动中荣获组织奖。该活动不仅拓宽了少儿读者的阅读视野，提升了他们的阅读能力，还成为受少儿读者欢迎的少儿数字阅读品牌活动。

四、少儿数字阅读推广工作的策略

（一）利用新媒体宣传少儿数字阅读

公共图书馆可利用新媒体对少儿数字资源进行宣传推广，定期在网站主页、微博、微信介绍少儿数字资源的使用流程，为少儿读者及其家长全面、深入地了解少儿数字资源的内容和功能提供便利，引导他们认识到少儿数字资源的重要性，引导他们接受并使用少儿数字资源。

（二）培养数字阅读推广人才

公共图书馆要积极打造少儿数字阅读推广人才队伍，充分发挥他们的专业优势，满足少儿读者的数字阅读需求，具体体现在以下两个方面：一是培养少儿数字资源讲解员。公共图书馆可在少儿数字资源体验区配备专门的工作人员，为少儿读者介绍和讲解少儿数字资源，如资源内容和类型、使用方法和使用须知等。公共图书馆也可定期开展小型的问答和游艺活动，激发少儿读者使用数字资源的热情。二是培养数字阅读推广的组织者和策划者。公共图书馆可策划、设计少儿数字资源课程，走进学校、社区开展丰富多彩的数字资源推广活动，提升少儿数字资源的社会知晓率，引导少儿读者正确使用少儿数字资源。

（三）培养少儿的数字阅读习惯

由于我国的少儿数字图书馆建设起步较晚，我国公共图书馆的少儿数字资源的建设模式、少儿数字阅读的服务模式及管理模式都落后于国外发达国家的图书馆。为了引导少儿养成良好的数字阅读习惯，提高少儿读者的文明阅读意识，公共图书馆可采取以下措施：制定科学的数字阅读规章制度，定期对工作人员进行业务培训，加强阅读阵地的巡视和管理，评选网络文明小卫士，选评小小监督员，开展文明上网签名活动等。

随着科技文化的日新月异，人们的阅读方式已逐步从传统的纸质阅读发展为数字阅读，数字阅读已成为人们获取信息的重要途径，处在求知欲旺盛期的少儿需要通过数字化阅读获取知识。因此，公共图书馆应积极开展少儿数字阅读推广工作，正确、健康、科学地引导少儿养成良好的数字阅读习惯，提升他们的数字阅读兴趣，为他们快捷、有效地获取各种知识和信息提供便利，满足他们的多元化数字阅读需求。

第四节　少儿图书馆体验式科普阅读推广的实践——以大连市少年儿童图书馆为例

　　科普阅读作为提高公民科学素养的重要手段，已成为全民阅读的重要组成部分，并引起社会各界的普遍关注和高度重视。公共图书馆既是推动全民阅读的主要阵地，也是提高全民文化素质的公益性文化机构，肩负着向大众传播科学思想、科学精神、科学知识的社会职能。《中华人民共和国公共图书馆法》颁布的目的在于保障公民基本文化权益，提高公民科学文化素质和社会文明程度。未成年人是科学普及的重要群体，少儿图书馆以此类人群为主要服务对象，以提高科学素养为目标，组织、开展的科普阅读推广活动，是向未成年人传播科学精神，增强未成年人创新意识和实践能力的重要途径。

（一）体验式科普阅读的定义和作用

　　关于体验式阅读推广的含义，王丽认为，体验式阅读推广是将体验元素嵌入到阅读推广实践中，通过各种各样的体验活动让读者主动参与，亲历听、看、做、说、行，从而激发读者的阅读兴趣并加深其对阅读内容、内涵和情感的理解，增强阅读效果。体验式科普阅读推广是基于体验式阅读和科普阅读而开展的阅读推广活动，即图书馆在阅读推广的过程中，以普及科学知识和提高科学素养为目标，推广的主要内容为科普类读物。在阅读推广活动的组织、策划、开展过程中，通过互动体验的方式，使读者置身于阅读体验的情境中，在阅读实践过程中激发读者对科普读物的阅读兴趣，提高科普阅读体验和阅读效果，从而达到普及科学知识和技术、弘扬科学思想、倡导科学方法的目的。

对于未成年人读者而言，相较于传统阅读推广活动，体验式科普阅读推广活动将实践元素嵌入阅读过程中，让未成年人读者在实践过程中主动探索，对于激发未成年人的阅读兴趣、求知欲和想象力，增强实践能力和创新能力，提高科学素养有着重要的作用。①体验式科普阅读推广活动强调活动过程的趣味性，将晦涩难懂的科学知识、科学方法和技术手段，通过通俗易懂的讲解、简单便捷的操作和丰富有趣的活动过程，传递给未成年人读者，在快乐的学习过程中激发他们对科普知识的求知欲，提高对科普图书的阅读兴趣。②体验式科普阅读推广活动强调活动过程的实践性，让读者在实践体验的过程中发现问题，解决问题，亲历感觉、知觉、思维、想象的认知过程，有助于提高读者的动手能力和创造力。③体验式科普阅读推广活动强调活动过程的互动性，参与活动的未成年人读者在活动组织者的引导下，相互配合、沟通交流、团队协作，共同完成科普阅读体验项目，有助于提高未成年人的团队合作精神。④体验式科普阅读推广活动强调未成年人读者的主体性。在活动过程中少儿读者是阅读和活动的主体，充分发挥其主观能动性，让其参与探索科学世界并主动获取知识的过程，有助于培养未成年人读者的探索精神和创新精神。

（二）大连市少儿图书馆体验式科普阅读推广开展情况

大连市少儿图书馆作为大连市科普教育基地，要充分发挥图书馆的社会教育职能，深入调研和分析服务群体特征，结合本馆特点与区域特点，打造体验式科普阅读推广系列活动，将体验的元素嵌入阅读推广活动，开展一系列主题鲜明、针对性强的活动，引导未成年人读者积极主动探索科学世界，提升未成年人读者的科普阅读兴趣。

（1）引进高科技设备，开辟科普阅读体验区

大连市少儿图书馆将科普阅读推广与创客空间相结合，在馆内开辟科普阅读体验区。一方面，将原有的计算机检索培训区改为创客体验区，合理规划空间布局，依据科普知识的内容和读者阅读体验的要求而设计划分为制造体验区、数字媒体区、作品展示区等区域，并在空间设计上融入科普元素，为读者营造科技感十足的体验区域。另一方面，划拨专项经费，购置专业设备。先后购买了无人机、3D 打印机和打印笔、小型机床、沙画展台、实验器材等先进设备，为开展科学体验活动提供物质保障。考虑到科普体验活动

作为科普阅读的延伸，在体验区内还配备了多媒体演示、资料检索、数字资源阅读以及触摸式阅读体验设备，方便读者查找和使用科普阅读资源。

（2）借助新媒体，打造数字阅读服务平台

大连市少儿图书馆通过自建、购买、共享以及试用资源，不断扩充自身数字资源储备。现有数字资源馆藏 36.93TB，类别包括电子图书、电子期刊、电子连环画、动漫视频、全景展览等，其中优质科普类数字资源主要有科普动漫天地、中少快乐阅读平台、中华连环画数字图书馆以及数字展厅等，内容全面，生动有趣，深受未成年人读者喜爱。例如中少快乐阅读平台包括中少期刊和中少动画，是专门为 0 —18 岁青少年读者打造的数字阅读全体验平台，包括经典的报纸、期刊、图书资源；科普动漫天地依托乐儿网科普知识系统，包括动物森林、自然科学、虫虫世界、植物趣闻、海底世界等主题的科普视频和漫画；数字资源期刊库提供本馆保存的期刊数字阅读，包含了自 2015 年以来的 40 余种期刊，内容涵盖教育、儿童世界、航空知识和青年文摘等。为方便读者使用和阅览，大连市少儿图书馆对现有数字资源进行整合升级，依托网站和微信平台打造 PC 端与移动端数字资源使用平台，读者绑定读者证就可以在线阅览科普文献、观看科普动漫、收听科普故事、观看全景展览。与此同时，联合数字资源商，结合"4·23"世界读书日、"六一"儿童节、寒暑假等特殊时间节点，共同开展科普数字资源体验活动，如科普 VR 体验活动、Photoshop 趣味入门培训、数字化图书期刊阅读体验活动等，引导少儿读者了解不同类型的科普数字资源，开拓科普视野。此外还将电子书阅读机、有声借阅机、平板电脑等数字阅读体验设备放置在馆内大厅及阅览室等处，为少儿读者提供方便快捷的数字化科普阅读体验。

（3）紧扣科普主题，打造品牌阅读推广活动

"活动品牌化"就是通过加强组织、统筹规划、社会合作，有机整合图书馆资源，形成有积累、有影响、有内涵的阅读推广活动，提高服务与活动的绩效。大连市少儿图书馆体验式科普阅读推广活动品牌化建设，经历了"活动初设—实践探索—初步形成—经验借鉴—逐步完善—突破瓶颈—形成品牌"的历程，形成以阵地科普活动和线上科普活动为主，科普进校园和科普数字资源推广为辅的多元立体的体验式科普阅读推广品牌活动。

通过新媒体平台开发读者活动报名系统，对各项活动进行统一的管

理。活动前制定详细的活动方案和计划，明确活动主题、内容、时间等，前期宣传通过官方网站、微信公众号以及读者活动计划等渠道发布，读者根据活动预告内容自主选择感兴趣的科普活动。活动结束后，将活动的照片、总结以及反思整理汇总，通过图书馆网站和微信公众号等渠道进行报道，以扩大活动的影响力，吸引更多读者参与。

所有活动以读者需求为导向，分级分年龄段开展科普阅读推广活动。对于学龄儿童，依托少图创客体验区开展少图空间系列活动，将科学精神、创客精神与教育相结合，打造集创新教育、体验教育、项目学习等为一体的系列科普阅读体验活动。依据未成年人心理发展特征，以 STEAM 教育为载体，通过开展 Mini 机床、科学天地、沙画、无人机、3D 艺境等活动，培养小读者的想象力、创造力、动手能力以及解决问题的能力。学龄前读者，则主要以通俗易懂、易于操作的手工类活动为主，开展宝贝秀手工、创意少儿美学课堂以及非遗在身边 3 项趣味手工体验活动。

充分利用总分馆服务体系，开展体验式科普阅读推广进校园活动。大连市少儿图书馆现有分馆 168 所，流通站 96 个，智能书房 6 个，图书流通车 1 辆。分馆以学校图书馆为主，偏远农村地区分馆占全部分馆的81%。2018 年以来，大连市少儿图书馆先后邀请专业科普团队和科普教师，将无人机、机器人、编程以及 VR 技术带入偏远农村学校，让孩子们体验科学技术的魅力，开阔眼界，产生科普阅读兴趣。

依托新媒体服务方式，开展线上体验科普阅读推广活动。如开展中国传统节日、中华农业文化等主题的线上科普展览和图片文字展览。2020年新冠肺炎疫情期间，大连市少儿图书馆在暂停部分业务的同时，创新服务方式，先后开展"非遗在身边"系列科普活动、中国传统节日直播讲座以及儿童防拐安全教育课等直播科普讲座。充分运用"互联网 +"的方式，为读者提供全方位的科普阅读体验活动。

（三）体验式科普阅读推广活动所带来的启发

体验式科普阅读推广活动的核心是科普阅读推广，将互动体验、实践操作与阅读相结合，通过特定的体验方式帮助读者理解阅读内容，激发阅读兴趣。因此，打造集藏书和体验于一体的科普阅读体验空间，有助于体验式科普阅读活动的开展。要合理规划和设计整体空间，将空间分为阅览区、体验区、讲座区、展览区以及交流区域，并在设计上利用灯光、色彩、音响等增强空间氛围。在阅读空间的设计上以开放通透为主，书架设置高低错落，桌椅设计具有舒适性和趣味性。还可以依据不同科普内容设置不同的主题体验区，如创客体验区、理化试验区、电磁感应区、科学观察区、植物种植区等。云南省文山州图书馆设计了 8 个主题展厅，将自然常识和科学原理直观地演示出来。不同体验区域方便读者选择多样化的科学体验，提高学习科学知识的兴趣。

体验式科普阅读推广活动将实践和体验与阅读有机融合，活动内容和形式不再局限于传统的阅读推广活动，开展多样化、品牌化、常态化的科普主题活动，丰富读者科普阅读体验，是公共图书馆的重要使命。科学普及内容范围广，涵盖多学科知识内容，因此在开展体验活动时，要根据科普内容设定主题，选择体验方式。例如广州市少儿图书馆举办的蝴蝶培育计划系列活动，让读者通过亲子养育蝴蝶幼虫、记录生长过程等环节，感受"破茧成蝶"的变化；上海浦东图书馆在"数字体验嘉年华"活动中推出"触屏书法体验机"，以现代化方式代替传统书法体验，增加了读者对传统书法的兴趣；广东省科技图书馆开展科普剧创作表演活动，实现了科学与艺术诗意般的融合，让公众尤其是青少年觉得"科技有意思"。这些丰富的科学体验内容，利用新颖的体验形式吸引读者走进图书馆参与科普阅读推广活动，能够让读者在实践中体会科学的魅力和趣味，激发其探索世界的积极性，提高解决实际问题的能力，满足他们对于科学信息的个性化需求。

公共图书馆因业务范围和馆员业务能力的限制，单靠自身难以组织开展多种学科的体验式科普阅读推广活动，因此扩大合作渠道，与社会各类机构开展广泛合作，能够为读者提供更优质的科普阅读体验。首先是与具有科普工作职能的机构合作，如科技馆、天文馆、自然博物馆、动植物园等，充分利用其设备资源和专业优势，联合开展科技、天文、动植物等科普体验活动，为读者提供更直观的体验。其次是与文旅机构开展合作，如博物馆、文化馆、美术馆以及旅游景点和旅游部门，开展专题讲座、游学体验以及景点实地阅读打卡等体验活动，引导读者领略博大精深的中华文化内涵。最后是与大学创客产业孵化园和创客教育培训机构合作，当今很多大学已建有较完善的创客产业孵化园，拥有专业的设备、系统的课程体系、完整的活动设计以及专业的师资团队，图书馆可与之合作在馆内开展创客活动，实现互利双赢。

第五节　公共图书馆开展少儿阅读服务的创新与实践——以南京图书馆少儿馆为例

南京图书馆作为省级图书馆，自 2006 年新馆开放以来，一直都很重视对少儿阅读服务的投入，并就如何提高少儿阅读服务水平不断探索实践。2016 年 10 月，南京图书馆少儿馆经调整后对外开放，调整后的少儿馆划分为 0—3 岁幼童阅览室、4—6 岁儿童室和 7—15 岁少儿室，为不同年龄的少年儿童开展有针对性的阅读服务。

（一）少儿阅读服务硬件设施

自 2006 年新馆开放以来，南京图书馆少儿馆就专门开辟了少儿阅读区域，并根据少儿的身心特点，配备了造型可爱、色彩明亮的桌椅和其他硬件设施。2016 年少儿馆重新整合后，少儿馆的 3 个阅览室均分布在图书馆一层，光线明亮，宽敞舒适。0—3 岁幼儿室为安全起见，地面都是带有缓震功能的软垫。场馆的墙面上绘制了童趣盎然的图画，还专门辟出组合沙发区域，方便幼儿休息；在书架布置方面，低矮的书架便于幼儿取阅图书，造型可爱的书架深受幼儿的喜爱。4—6 岁儿童室分为阅览、外借和活动室 3 个区域，配备有造型可爱并舒适耐用的桌椅和沙发，可以最大程度地满足儿童多样化的阅读习惯和阅读需求。7—15 岁少儿室同样分为阅览、外借和活动室 3 个区域，不同的是，7—15 岁少儿室为引导孩子培养独立自主的阅读习惯，将阅览区域面积扩大，桌椅的数量增多，环境幽雅安静。

南京图书馆少儿馆4—6岁儿童室和7—15岁少儿室因提供外借服务，均配置了图书消毒柜，供少儿读者和家长自助使用，不让图书成为病菌传播的媒介，这也体现了南京图书馆少儿馆以人为本的服务理念。其作为省级公共图书馆，每到周末节假日，接待读者数量陡增，少儿馆更是如此。为营造更优质的阅读环境，少儿馆在0—3岁幼儿室和4—6岁儿童室的入口处设置了电子显示屏，告知读者目前室内人数与可容纳的人数，并提供预约取号服务。为保障哺乳期女性的权益，0—3岁幼儿室内配置有母婴室，采用暖色系的装修风格，尿布台、洗手台和沙发一应俱全，为哺乳期妈妈和幼儿提供了安全舒适的空间。考虑到幼儿的依赖性，特别设置了亲子卫生间，既为有需求的家长和幼儿提供了便利，同时也为其他家长和幼儿消除了尴尬。

南京图书馆少儿馆的藏书数量有6万多册，并且每周均有上新。3个阅览室的藏书根据各自接待读者的不同而有所差别，并且文献实行分区排列。0—3岁幼儿室主要是认知类绘本、洞洞书、玩具书和各类立体书；4—6岁儿童室的图书可以分为中文绘本、注音本和英文原版绘本；7—15岁少儿室的图书种类则更为多样，有期刊、热门书籍、热门作家作品、古今中外经典文学著作、英文原版书籍和国学经典著作。此外，少儿馆的工作人员还提供了非常精细的阅读分类标识，比如儿童注音版用黄色标识，热门作家作品用红色标识，热门书籍系列则用绿色标识等，便捷了家长和孩子，使他们在书海中能快速地找到自己要阅读的书籍。

（二）丰富多彩的阅读推广活动

根据不同年龄、不同阶段的少儿行为习惯与心理，南京图书馆少儿馆不断创新活动形式，策划并组织了一系列丰富多彩、寓教于乐的少儿活动。2017年在微信平台推出"书香南图"的公众号，专门用于少儿活动的预约报名和活动报道。

（1）研制推荐书目。帮助少儿读者挑选合适的读物，并给予正确的导读，是南京图书馆少儿馆的主要职责。南京图书馆少儿馆利用自身丰富的馆藏资源和专业的馆员团队，根据不同年龄的少儿读者的阅读需求，研制少儿阅读书目推介，并于每年暑假前印发。以2018年为例，南京图书馆少儿馆以"爱和成长"为主题，精选了少儿优秀读物 88 本，包括低幼绘本 30 本、注音版读物 14 本、综合读物 44 本。

（2）南图姐姐故事汇。南京图书馆少儿馆自 2018 年 12 月起，每周二上午 10 点面向 0—6 岁的小读者举办"南图姐姐故事汇"，读者都是现场招募。故事会采用忠实于绘本的讲读方式，由南京图书馆少儿馆的工作人员手持绘本向小读者们讲述绘本故事，同时辅以手指游戏、创意绘画等。所选绘本均是经过精挑细选并适合 0—6 岁儿童认知特点的优质童书，截至目前，已讲述了《蘑菇幼儿园》《小猪和小象》《年兽来了》《鼠猫吱咪》和《三字经》等。

（3）少儿朗读会。周末和节假日是少儿馆读者最多的时候，为了给孩子们提供更好的阅读服务，南京图书馆少儿馆每周末和节假日都会举办"少儿朗读会"，包括果果故事会、童创童话、国学小讲座、南师大幼教中心"黄领巾"阅读陪护团的绘本阅读、江苏省少儿数字图书馆线下体验活动、世界文化体验系列讲座、名著导读等，年龄涵盖了 0—15 岁的少儿读者，同时根据不同的节假日安排有针对性的主题，比如寒假期间，为孩子们分享关于十二生肖、二十四节气和中国年的绘本故事和讲座，还有各类手工活动，如写对联、剪窗花等。

（4）"七彩的夏日"少儿暑期活动。每到暑假，南京图书馆少儿馆每个阅览室都座无虚席，为了让孩子们爱上阅读、爱上图书馆，南图少儿馆组织持续两个月的"七彩的夏日"少儿暑期活动，不仅有绘本阅读、形式多样的朗读会，还有国学表演、东方娃娃智慧美术、"穿越古今"研学体验活动、文化体验讲座、主题展览和电影展播以及"畅游书海沐浴书香"等。其中，"畅游书海沐浴书香"由少儿馆工作人员带领小读者参观图书馆，帮助他们进一步了解图书馆、利用图书馆资源。2018 年"七彩的夏日"少儿暑期系列共开展少儿活动 60 场，吸引了 2.4 万人次参与其中。"七彩的夏日"少儿暑期大型系列活动已成为区域品牌活动，曾获江苏省第四届公共图书馆优秀服务成果二等奖。

（5）"我是南图小管理员"志愿者活动。为了让少儿读者进一步了解图书馆，学会使用图书馆资源，每年寒暑假南图少儿馆招募一批小读者，参加"我是南图小管理员"志愿者活动。活动采取自愿报名，集中培训，挂牌上岗的方式，通过角色互换，让小朋友参与少儿馆的日常管理与读者服务，如整理书架、帮助其他读者找书、借书和还书等，不仅有助于小读者深入了解少儿馆的阅读服务工作，而且培养了孩子们服务社会的意识。"我是南图小管理员"活动深受家长和少儿读者的欢迎，并且曾荣获江苏省文明办第二届未成年人思想道德建设工作创新三等奖。

（三）跨界合作，达到共赢

与名家面对面。为了让更多的孩子感受与发现阅读的美好，南京图书馆少儿馆邀请了一大批国内优秀的儿童文学作家，如范先慧、杨筱艳、韩青辰、胡继风、赵锐、李慧、章红，儿童诗人巩孺萍以及科学童话作家张冲等，到馆开展讲座，与家长和孩子们分享他们创作中的点滴与阅读体会，共同感受阅读的快乐。

与学校合作。南京图书馆少儿馆坚持"请进来，走出去"的原则，充分利用图书馆资源优势，主动联系中小学校和幼儿园开展"畅游书海沐浴书香"参观活动，让更多的少儿走进图书馆，学会利用图书馆。同时，先后在逸仙桥小学、洪武路小学、长江路小学等多所学校建立"图书流通点"，配合学校开展丰富多彩的课外阅读活动。除此之外，少儿馆与南京师范大学、省戏曲学校等建立起长期合作的关系，如：南京师范大学的学生社团来馆为孩子们做科普讲座、南京师范大学幼教中心定期为孩子们带来绘本阅读，南京理工大学、南京邮电大学的大学生到馆做志愿者，协助馆员做好图书整理、维持秩序等日常服务工作，成为少儿馆服务工作的有力支撑。如苏州图书馆充分利用幼师学校学生的幼教专业背景，长期吸纳这些学生作为"故事姐姐"志愿者，为小读者带来绘本故事和手工制作等阅读项目，深受小读者们的欢迎。

与媒体和社会其他机构合作。经过多年举办少儿活动的积累，南图少儿馆与新东方英语培训机构、萌克培训机构、爱德基金会等保持长期合作关系。《南京日报》《金陵晚报》《扬子晚报》《新华日报》、江苏卫视、江苏教育电视台、南京电视台等多家媒体对少儿馆的服务工作进行跟踪报道，使少儿活动在社会上引起更多人的关注，吸引了更多的少儿读者走进图书馆。

第六节　公共图书馆少儿阅读服务创新——以济南市图书馆为例

一、七彩泉少儿阅读推广活动

2016 年，济南市少儿图书馆在充分利用馆藏优势、努力遵循少儿阅读特点和规律的基础上，推出了"七彩泉"这一少儿阅读推广活动品牌，其中包括七彩泉谈书吧、七彩泉诗词课堂、七彩泉美工坊、七彩泉亲子旅行课、七彩泉故事会等一系列丰富多彩的少儿活动（见表 1）。

表 1　"七彩泉"系列活动表

活动名称	面向儿童年龄	活动内容	活动频次
谈书吧	6—12 岁	以多媒体形式推荐、赏析优秀儿童文学作品	每月一次
国学堂	5—12 岁	依托传统文化绘本，讲解中国传统优秀文化	每月一次
亲子旅游课	6—12 岁	在书海中遨游世界，增长知识见闻，激发阅读兴趣	每月一次
美工坊	3—10 岁	折纸、剪纸、画画，完成精美的手工作品	两周一次
故事会	3—8 岁	依托优秀的中外绘本，讲故事，读故事	两周一次
放映室	3—18 岁	普及影视小知识，欣赏经典影视作品	每月一次
图书馆课堂	4—15 岁	参观图书馆、主题阅读、心理沙龙、金融及健康讲座	不定期
青少年讲坛	10—18 岁	邀请专业人士为青少年人际交往、升学留学、心理健康等指点迷津	两月一次

七彩泉少儿阅读推广活动的 Logo 色彩丰富、布局活泼、主题鲜明（见

图1）。Logo主体为一本摊开的书本，象征着阅读，七颗色彩不同的水滴像绽开的花瓣一样围绕在书本周围，象征着七彩的泉水，代表着七彩泉少儿阅读推广活动为泉城少儿带来阅读的乐趣，将知识播撒到孩子们的心间。

图1　七彩泉少儿阅读推广活动Logo

七彩泉少儿阅读推广活动借助网站、微博、微信等新媒体平台发布活动预告、分享活动内容，一经推出就受到了少儿读者和家长们的广泛关注。目前，年均举办少儿活动百余场，累计参与人数达到三百万人次。随着参与人数越来越多，少儿读者及家长的反馈也越来越热烈，社会影响力不断增强，我们欣喜地看到七彩泉少儿阅读推广活动，不仅拓展了少儿的阅读视野，提高了少儿的阅读品位，更引发了少儿及家长对读书意义、人生价值的深刻思索。

2020年初，新冠肺炎疫情席卷全球，公共图书馆作为馆舍相对封闭、人群高度聚集的公共文化场所也因为疫情防控的要求闭馆。闭馆期间，七彩泉少儿阅读推广活动并没有停止为少儿读者提供服务，活动由线下转为线上，借助新浪微博"一直播"平台，建立"七彩泉少儿公益阅读"频道，2020年累计直播少儿活动21场，累计观看人次达三十余万，其中包括七彩泉谈书吧、七彩泉故事会、七彩泉诗词课堂和七彩泉亲子旅行课活动。后疫情时代，七彩泉少儿推广活动积极响应"少出行、少聚集"的防疫口号，实现了"线上线下双结合"的模式。线下活动均通过微信发布活动预告，限定报名人数，少儿读者佩戴口罩，严格遵守防疫要求，有序参与活动。线上活动内容不断充实，时间安排一般选择在晚间，相较线下活动更加灵活，关注人数也越来越多，反响热烈，受到了小读者和家长们的一致好评，新引入的直播模式为七彩泉品牌活动注入了新的生机和活力。

（1）七彩泉谈书吧

七彩泉谈书吧是济南市图书馆书友会品牌活动，该活动充分利用图书馆资源，遵循少年儿童的阅读特点和规律，与山东师范大学教育学院、济南幼儿师范高等专科学校合作。从2012年9月起，它们联手推出的少儿读书活动品牌至今已成功举办了五十余期。从最初每期三十多个儿童参加，到现在少儿及其家长都可参加，每期都有百余人，活动影响力越来越大。2014年，其被划入"书香泉城"全民阅读节的重点活动，同年获得中国图书馆学会颁发的"书友会"优秀案例三等奖。目前已成为深受济南少儿喜爱的读书活动品牌。

七彩泉谈书吧的参与对象是6—12岁的儿童及其家长。每三周举办一期。每期由指导老师以多媒体的形式，如PPT、Flash、动画片、电影的形式，推出一部优秀的儿童文学作品与儿童及家长分享。活动首先是儿童读书经验分享、分享读过的作品内容或人物介绍，或者是个人才艺展示，引导少儿放松心情，融入活动情境；然后由主讲老师介绍优秀儿童文学作品，分享作品的精彩篇章，引导儿童及家长理解作品的闪光点及深刻主题；最后是派发积分卡，拍照留念。参与活动的少儿可赢得七彩泉谈书吧送出的一个积分，积极参与交流的少儿可赢得2个积分。积满200个积分，借阅额度会由原来的2本提高为4本；积满400个，借阅额度由原来的每次4本提高为5本，并成为少儿阅读专刊《童阅》的小编辑。

七彩泉谈书吧活动通过读书交流、图书分享与讨论的形式，与儿童共同营造轻松积极的阅读环境，锻炼儿童的口头表达能力和逻辑思维能力，提高儿童审美情趣和选择图书的能力。

七彩泉谈书吧的老师们都是义务到图书馆为孩子们开展各种读书活动。她们有来自高校的教授和研究生、有来自教学一线的语文老师，老师们不仅给孩子和家长传授了知识，其神态气质、言谈举止还展现了一种对社会有责任心、对生活有担当、对人对事坦诚相待的状态，得到少儿及家长的敬佩与感激。她们的付出应该得到社会和组织的赞扬和鼓励，使她们的行为像一面旗帜引领具有相同思想、却还在徘徊中的潜在志愿者加入其中。我们现在的做法是每期活动内容及引导老师介绍都在报纸上刊登，扩大社会影响力；为她们提供文化志愿者证书，邀请她们出席我馆的大型活动；对老师们所在学校图书室建设提供力所能及的帮助，给予各种讲座资源优先选择的权利。

另外，为使谈书吧活动走出图书馆，走向学校、走进社区，积极培养优秀少儿图书馆员自主主持谈书吧活动将作为一个重要举措。通过对优秀儿童作品的阅读、对谈书吧活动的积极参与，我们鼓励年轻馆员在实践中主持开展谈书吧活动，提高他们参与活动和组织创新的能力。

七彩泉谈书吧一路走来，收获了众多粉丝，得到了家长的普遍认可，在培养孩子的阅读兴趣和提高家长的亲子阅读能力方面取得了可喜的进步。每期活动结束，孩子们都会与指导老师合影留念，家长们纷纷表示指导老师对所选作品的多角度解读、延伸和拓展，不仅加深了听众对作品内容思想性、艺术性的理解，更重要的是给家长和孩子传递了对社会、对人生的积极态度，拓展了对文学、对写作的理解，开启大家的智慧阅读人生。参与过活动的家长和老师还在各自班级 QQ 群中宣传，用实际行动影响周围的人到图书馆读书，参加七彩泉谈书吧活动。

（2）图书馆课堂

七彩泉图书馆课堂活动主要是由图书馆与学校合作举办，该活动通过与学校班级和家委会合作，围绕小学生喜欢的内容展开活动，引导未成年人多读书、读好书、善读书。

图书馆课堂自开创以来，先后有十六所中小学以及幼儿园以班级或家委会为单位走进市图书馆。为增强吸引力，图书馆课堂创新推出各类花样阅读，在周末举办陶艺培训、心理沙盘游戏等活动。

自泉城书房陆续开业运营以来，不断面向儿童、青少年开展各类少儿共读、读者沙龙、青年读书会等主题突出、特色鲜明的阅读活动；组织阅读交流、非遗手工、文化展览、家庭教育等主题特色阅读推广活动、志愿服务活动 640 余场次，参与读者 8 万余人次。慧阅读公益讲座、健康阅读小导师、泉城书房线上故事会等拉近了与青少年读者之间的距离，让未成年人感受到"书房如家"的感觉。

（3）亲子课小小旅行家

七彩泉亲子课小小旅行家是由济南市图书馆馆员自主创新策划的一项少儿亲子阅读推广活动，自 2018 年推出以来，每月一期，已经连续举办 3 年，受到了广大小读者和家长们的喜爱。

"读万卷书，行万里路。"活动中家长和小朋友们将跟随阅读推广员一起在书海中"环游世界"，借助馆藏多媒体资源，阅读推广员全方位展示、介绍世界各地著名旅游城市的自然风光、历史人文和美食美景来开拓小朋友的眼界，增长见闻，激发阅读兴趣。

图2　七彩泉亲子课登陆"一直播"平台线上直播

每次活动由四个环节构成。第一部分是"地理知识小课堂",阅读推广员会介绍适合小学生理解的与主题城市相关的地理知识,包括知名的山河湖海、气候地形分布、与地理相关的人文知识等。第二部分是"童眼看世界",阅读推广员会借助多媒体设备,播放主题城市的介绍视频,让小朋友们直观地感受到世界各地不同城市的风光。第三部分是"一起去旅行",阅读推广员会选取主题城市具有代表性的知名景点展开讲解,穿插图片、故事、历史典故等。最后一部分是答题和荐书,阅读推广员会总结本次活动比较重要的知识点进行当场提问,最后向大家推荐与主题城市相关的馆藏资源。

2020年受新冠肺炎疫情影响,亲子课活动登陆新浪微博"一直播"平台,进行线上直播,吸引了很多小读者的关注。后疫情时代,活动采取线上线下相结合的模式,持续为小读者提供服务(见图2)。

二、童声书韵诵读大赛

济南市图书馆自2016年开始举办首届"童声书韵"诵读大赛,至2020年已连续成功举办四届。"童声书韵"诵读大赛旨在探索构建多方联动的青少年阅读推广格局,展现新时代泉城青少年良好的文化素养和精神风貌。该活动是公益活动,全程免费参与,四年来受到市民的高度关注和喜爱。

2020年11月,为进一步推动"书香济南"建设,充分整合政府、学校、社会、企业等多方优势资源,第四届济南市"童声书韵"诵读大赛拉开帷幕。

本次大赛由中共济南市委宣传部、济南市教育局、济南市文化和旅游局、共青团济南市委员会、山东城市出版传媒集团、中共济南市委讲师团共同主办;济南市图书馆、济南图书馆学会、济南出版社、济南教育电视台和济南时报联合承办,全部为线上比赛。大赛的主题为:畅响泉城——童声传颂黄河故事。活动希望以有力的文字与声音,让孩子们感受家国情怀，让童心在九曲黄河厚重的历史文化和生生不息的文明传承中闪光。

本次大赛共分"亲子诵读""童声讲故事""童声诵国学""集体诵读"四个类别，在防疫常态化之下，本次大赛的初赛、复赛、决赛均在"山东公共文化云"线上平台举行，各类别参赛作品题材不限，鼓励展现黄河文化符号、弘扬真善美、展现城市文化特征及变迁等正面积极题材的优秀作品。

三、"书香妙笔"征文活动

2021年4月17日，是第26个世界读书日，济南市图书馆举办了第三届中小学生"书香妙笔"现场作文大赛。本次作文大赛的主题是"红色基因我传承"，参加的中小学生都要围绕该主题提交作品，该活动是"书香泉城"全民阅读节的重要活动之一。本届活动在各主承办单位的广泛发动和通力合作下，共吸引来自全市152所中小学的5万余名小学生报名参加，且从中挑选了2089名优秀者参加了现场作文大赛，产生了积极而广泛的社会影响。最终经过由市作协作家、资深教研员和一线教师等组成的专业评审组的科学评定，本届征文活动共评出一等奖91名；二等奖262名；三等奖425名；优秀教师89名，大赛圆满落下帷幕。

截至2021年，"书香妙笔"征文活动已成功举办三届，该活动的参与对象为小学三年级至高中三年级的中小学生，大赛自启动以来，将社会主义核心价值观与未成年人生活、学习、成长体验高度融合，分别以继承和发扬中华优秀传统文化精髓，传承红色文化和革命精神，营造和谐健康的校园文化氛围，推进中小学生对家乡的热爱和树立美好的理想为主题，具有鲜明的时代感和科学性，三届共吸引9区3县170多所中小学10万多名学生参与，征文活动得到教育系统的认可，成为全市中小学校语文写作与思想教育的重要抓手和展示平台。

四、流动书车进校园

济南市图书馆的汽车流动图书馆创办于2006年。当时利用书车为市民读者送书是一项重大的创新举措，属于国内同行业前列，省内独家。流动书车采用中型客车为载体，里面搭乘了一整套的图书借还服务系统，包括自动借还书机、电脑，以及开放式的书架。除此之外，还有配套的活动式阅览桌椅。

读者除了可以将书借走，还可以坐下进行阅览、挑选，非常方便、舒适。另外通过网络服务，图书可以实现与总馆通借通还，读者可以当场办证、查询书籍、下载文献等，大大拓展了图书馆的服务功能，打破了空间的限制，对传播先进文化，满足读者大众的文化需求起到了非常积极的促进作用。

为适应新环境，2017 年 7 月我馆购置新款流动图书车，车内配备涵盖政治、文学、经济、历史、科技、健康、少儿等方面各类新书 5000 余册，现场办理借书证，书籍通借通还；配备投影机、幕布、桌椅，为读者提供电影放映服务；随车提供高速 WIFI，为读者提供数字阅读服务，随时随地用手机就能看到馆内的数字资源。新流动图书车每月按时进学校，年出车二十余次、年办证 1000 余个、年借阅图书 8000 余册。流动书车进校园活动极大丰富了少儿读者的课余生活，足不出校园就可以享受到在图书馆的服务，丰富的线上少儿阅读资源也受到了小读者的一致喜爱。

五、新媒体荐书

图书推荐是图书馆的传统阅读推广活动，新媒体的时代来临，也为传统荐书开启了新思路。自 2017 年起，童书荐读栏目正式登陆济南市图书馆微信公众号。童书荐读栏目由馆员精心打造，每周三与小读者见面，截至 2021 年年底，已累计发布近 300 期，推荐优秀童书两千余册。该栏目所推荐的图书面向 3—15 岁的少儿读者，每一期都包含了优秀中外绘本、小说、童话等，类别丰富，可满足不同年龄段少儿读者的阅读需求，在读者群体中关注度较高。除了常规的童书推荐，该栏目还会不定期推出特别版荐书，围绕当下热门主题，如传统节日绘本推荐、建党百年优秀红色少儿读物推荐、新冠肺炎疫情相关图书推荐等。其帮助好书找读者，帮助读者找好书，真正起到了桥梁作用。

2021 年，济南市少年儿童图书馆推出了省内首个青少年分级阅读指导及手语互动式体验活动——"妙手释卷"。该活动通过线上视频的方式，由馆员推荐优秀馆藏图书，与此同时，邀请了专业的手语老师现场将推荐内容通过手语翻译给大家。最后还会教大家几个简单易学的手语单词，分享好书、学习手语，一举两得。

六、少儿数字阅读资源建设

济南市图书馆为满足儿童数字阅读需求，免费向读者提供"爱不释书"童书馆资源（见图3）。该资源库是一款专门为儿童阅读设计的特色资源库，内容涉及数字绘本、有声绘本、漫画、科普百科、分级阅读、连环画、少儿期刊等十一大专辑，每个专辑下设多个主题鲜明的阅读专题，为孩子提供所需的符合阅读要求的数字图书，从而培养孩子良好的阅读习惯。

本资源馆内访问无须登录，还支持馆外本市 IP 免费使用，持证读者只需输入借书证号、密码即可，无证读者也可凭身份证在线免费申请账号，均可实现馆外免费使用，方便儿童读者随时随地享用海量儿童数字资源。

图 3　少儿数字阅读

七、少儿多媒体阅读空间

2015 年，济南市图书馆为了满足少儿读者日益增长的数字阅读需求，提升阅读品质，设置了少儿多媒体阅览室。阅览室为 16 岁以下少年儿童免费提供网上阅览、多媒体视听阅览、数据库查询等服务。阅览室现有座席 18 个，配备了丰富的视听资料，内容涉及学前教育、课堂同步、爱国主义教育、优秀中外少儿读物等。

2019年，少儿多媒体阅览室引进了"AR互动百科"设备，4D百科全书集合AR技术，将文字、图片、音频、视频、3D模型及动画场景多元素集合一体，把百科知识生动地呈现出来，为小读者们开启全新阅读模式。目前，AR互动百科有三大场景：恐龙百科、蝴蝶百科和海洋百科。所有的百科知识里都包含有100多种3D生物模型。AR体验活动每周末固定开放，馆员会对小读者和家长们进行专业操作指导。活动可以体验到满满的科技感，一经推出就受到了小读者的广泛关注。

八、"童心向党"小主讲人荐书秀

2021年是中国共产党成立100周年，红色基因作为中华民族的精神纽带，蕴含着丰富的革命精神和厚重的历史文化内涵。百年征程波澜壮阔，百年初心历久弥坚。济南市图书馆在暑假期间，精心策划开展了"童心向党"小主讲人视频征集活动，让广大少年儿童铭记党的历史，讴歌党的光辉历程，发扬党的优良传统，增强热爱祖国、热爱党的情感。依托"新时代红色主题馆"，小主讲人们设身处地感悟革命精神，以荐书、讲故事、朗诵等多种形式阅读红色经典，致敬革命先烈。家长们也积极参与孩子红色图书导读、写作、背诵、视频拍摄、配乐全过程，引导孩子知史爱党、知史爱国。本次活动共收集优秀作品100部，于9月初登陆济南市微信服务号，每周展播一期。小读者们在学思践悟、融会贯通中听党话、感党恩、跟党走，厚植爱党爱国爱社会主义的情怀。一段段精彩的读书视频，"秀"出孩子的成长，家庭的陪伴，映衬出红色的城市基调！

九、馆员小助理志愿活动

馆员小助理活动是济南市图书馆专门面向11—17岁未成年小读者开展的志愿服务活动，其宗旨是提升未成年人的公民意识，提高其综合素质和能力，从而推进和谐社会建设的步伐。馆员小助理活动通过"济南市图书馆"与"济图志愿"微信公众平台、济南市图书馆网站、"济南市图书馆"微博等线上平台发布相关招募信息，并向周边社区、小学发出邀请函，扩大宣传，积极鼓励小朋友们广泛参与进来。济南市图书馆利用"志愿中国"平台，为小志愿者提供注册、报名、志愿服务内容分类及服务时长统计等服务。小志愿者报名后，统一进行入馆培训，学习自助借还机的使用流程、按照中图分类要求整理图书、维持借书室借阅秩序。培训结束，按照分组进行志愿服务。通常每组每天进行志愿服务 4 小时，共服务 5 天，服务期结束后，按照服务内容与时长进行评定考核，获得社会实践证明，其中表现优秀的小志愿者还可以额外获得"优秀志愿者"证书。馆员小助理活动为小读者们提供了适合其成长及发展的社会实践平台，产生了积极的教育影响。